AF482383

Karel Čapek

Masaryk erzählt sein Leben

e-artnow 2018

Pierre de Brantôme
Das Leben der galanten Damen (Aufsehenerregende Memoiren)Sittenbild der französischen adligen Gesellschaft des 16. Jahrhunderts …und Kunstgriffe der vorigen Jahrhunderte

Leopold von Ranke
Gesammelte Werke: Politische Schriften + Historiografische Werke + Biografien: Aus Zwei Jahrtausenden Deutscher Geschichte + Friedrich …von England + Bacon und Shakespeare…

Karl Bleibtreu
Bismarck (Band 1-4)

Heinrich von Treitschke
Deutsche Geschichte des 19. Jahrhunderts (Band 1&2)

Franz Joseph von Österreich
Kaiser Franz Josef von Österreich: Tagebücher:

Karel Čapek

Masaryk erzählt sein Leben

Übersetzer: Camill Hoffmann

e-artnow, 2018
Kontakt: info@e-artnow.org

ISBN 978-80-268-8648-8

Inhaltsverzeichnis

I. Jugend

Kindheit

Meine frühesten Erinnerungen … das sind nur unzusammenhängende Bilder. Einmal – ich war damals etwa drei Jahre alt – sah ich in Hodonín ein scheuendes Pferd. Es jagte über die Straße; alles lief auseinander, nur ein Kind fiel ihm vor die Hufe; aber das Pferd setzte darüber hinweg, und das Kind blieb unversehrt. Das blieb mir im Gedächtnis haften. Dann erinnere ich mich aus dieser Zeit, wie mein Vater in Mutenice Krähen im Eisen fing. Ich weiß auch, daß ich in Mutenice, noch bevor ich schreiben konnte, zum Herrn Richter ging und ihn um ein Stückchen »Bleiweiß« und Papier bat, das ich dann verschmierte.

Meine Heimat war die Gegend um Hodonín; dort gab es überall kaiserliche Güter, und wohin Vater, der zu Beginn seiner Dienstlaufbahn auf diesen Gütern Kutscher war, geschickt wurde, dorthin zogen wir mit ihm. Gleich in meinem zweiten Lebensjahr kamen wir von Hodonín nach Mutenice; dort blieben wir bis zum Frühjahr 1853. Dann kehrten wir nach Hodonín zurück und wohnten in der Bauernhütte »Am See«. Noch heute sehe ich die weite Ebene vor mir und glaube, daß dieser Kindheitseindruck mir geblieben ist. Darum liebe ich die Ebene. Die Berge liebe ich aus der Ferne, aber ich lebe nicht gern zwischen ihnen; die Täler engen mich ein, schon weil nicht Sonne genug da ist.

Im Jahre 1856 kamen wir auf den Hof in Čejkovice; nach zwei Jahren mußten wir nach Čejče übersiedeln, ein Jahr darauf wieder nach Čejkovice, und dort wohnten wir bis 1862. Im Jahre 1861 kam ich an die Realschule in Hustopeč, und die Familie kehrte inzwischen nach Hodonín zurück, wurde aber schon im Jahre 1864 abermals nach Čejče geschickt; von dort zog sie nach drei Jahren – das war im Jahre 1867 – von den kaiserlichen Gütern fort in Privatdienst nach Miroslav und auf das Gut Suchokrdly, »Socherle« sagte man deutsch. Am längsten blieb sie in Klobouky, vom Jahre 1870 bis 1882, und dorthin pflegte ich auf Ferien zu kommen. Aber meine eigentliche Heimat – das war Čejkovice.

Mutter hatte größeren Einfluß auf mich als Vater; er war begabt, aber einfach, der »Capo« im Haus war die Mutter. Sie war Hanakin von Geburt, aber unter Deutschen in Hustopeč aufgewachsen, und so bereitete ihr das Tschechische anfangs Schwierigkeiten; ihre drei Kinder, wahre Reißteufel, hatte sie riesig gern; vielleicht war ich ihr Liebling, aber mehr verdient hätte es Bruder Martin, von uns dreien der bravste, reinste, eine anima candida, wie man sagt.

Mutter war klug und erfahren, kannte ein Stück Welt, hatte längere Zeit in »bester Gesellschaft« gelebt, wenn auch nur im Dienst; sie war bei »Herrschaften« in Hodonín Köchin gewesen, die hatten sie gern gehabt und kamen später in schwierigen Augenblicken zu ihr um Rat und Hilfe. Aus der herrschaftlichen Zeit war ihr die Sehnsucht geblieben, uns Kinder auf der gesellschaftlichen Stufenleiter etwas höher zu bringen; überdies kannte sie das Elend noch gut, in dem das dienende und arbeitende Volk damals lebte. So wollte sie aus uns Kindern »Herren« machen; es war ihr Verdienst, daß ich in bessere Schulen kam.

Mutter war fromm. Sie ging gern in die Kirche, hatte aber wenig Zeit dazu; sie mußte sich für die Familie abplagen. Von ihr hörte ich: Herrendienst geht vor Gottesdienst. Dessen erinnerte ich mich später, als ich die politische Rolle der Kirche und Feuerbachs Theorie von der Religion, die der Politik diene, begriff. Statt in der Kirche pflegte Mutter zu Hause ihre Gebete aus dem Gebetbuch herzusagen; das Büchlein war voll kleiner Bilder – ich erinnere mich eines Bildchens des gemarterten schweißtriefenden Christus. Das hatte sie am liebsten, und auch ich betrachtete es gern.

Vater war Slovak aus Kopčany, als Leibeigener geboren und Leibeigener geblieben. Neben Mutter hatte er wenig positiven Einfluß auf mich. Er war von Natur aus begabt, aber nicht in die Schule gegangen; in Kopčany hatte er nur ein wenig lesen gelernt, bei einer alten Frau, einer Soldatenwitwe, der die Gemeinde diese Funktion übertragen hatte, eine Schule gab es dort nicht; für das bißchen Lesen mußten die Kinder Kartoffeln ausgraben. So war er ein ländlicher, unstädtischer Naturmensch; er lebte stets in der Natur, besonders seitdem er zur Landwirtschaft

gekommen war; die Natur kannte er, beobachtete sie, beobachtete sie gut, er hatte einen besonderen Sinn für die Einzelheiten von Natur und Leben. Ich erinnere mich noch, wie er einmal
im Frühjahr einen kleinen Märzhasen, den er in einer Pferdespur zusammengekauert gefunden
hatte, an der Brust nach Hause brachte; damals erzählte er uns bis ins kleinste, lebhaft und
interessant, den ganzen Lebenslauf eines Hasen.

Selbst ungelehrt, billigte er doch, daß ich lernte, und schämte sich nicht, mit mir zu lernen;
es versteht sich, daß er dieses Lernen wie alles utilitaristisch beurteilte: danach, was es einbringe.
Fromm war er nicht, fürchtete sich aber vor der Hölle und ging zeitweise am Sonntag in die
Kirche. In allen Dingen entschied Mutter; er unterwarf sich, selbst wenn er widersprach.

Als er uns viel später in Prag besuchte, interessierte ihn nur, wie die Pferde in der Stadt
beschlagen waren, was für Deichseln, Achsen und Räder die Wagen und Kutschen in Prag
hatten; in den Palästen der Kleinseite interessierten ihn die Portiers, nach ein paar Tagen hatte
er mit allen Bekanntschaft geschlossen und ging zu ihnen plaudern. Nach zwei, drei Tagen
hatte er jedesmal von Prag genug, und wir konnten ihn nicht mehr zurückhalten – er wollte
dann nur nach Hause zurück, aufs Dorf und in die Natur!

Ich merkte am Vater die Wirkungen der Robot, der Knechtschaft; er diente und arbeitete
mit Unlust, aus Zwang, zog zwar den Hut vor seinen Herren, liebte sie aber nicht. Auf den
kaiserlichen Gütern erhielt sich die Leibeigenschaft de facto auch nach dem Jahre 1849; man
bedenke, daß mein Vater von der Herrschaft die Erlaubnis erbitten mußte, mich die Realschule
besuchen zu lassen.

Meine ersten sozialen Eindrücke empfing ich, als ich sah, wie grob manche Herrschaftsbe-
amte gegen meinen Vater waren. Oft sann ich darüber nach, wie ich es anstellen könnte, ihnen
das zu vergelten und sie dafür zu verprügeln. Wenn die Herren zur Jagd ankamen, pflegten sie
ihre Pelze bei uns aufzubewahren; ich hatte solche Lust, meinen Kindeszorn an diesen Pelzen
auszutoben! Nach der Jagd aßen die Herren im Jagdhaus im Walde, und die Bedienten warfen
den Dorfleuten die Reste zu; man raufte um sie. Einmal warfen sie etwas heraus, wahrscheinlich
waren es Makkaroni; die Leute kannten sie nicht und nannten sie »Würmer«, aber das machte
ihnen nichts aus, sie rauften um sie wie Tiere. Solche Dinge blieben mir im Gedächtnis haften.

Kinder untereinander

Wir drei Brüder liebten einander sehr; aber mein Verhältnis war zu jedem ein anderes. Martin,
der dem Alter nach der mittlere von uns war – wir waren je zwei Jahre auseinander –, liebte ich
nicht nur, sondern verehrte ihn geradezu; er war lieb, vertrauensvoll, ohne Falsch, anspruchslos.
Den Jüngsten, Ludwig, kommandierte ich ziemlich viel, benützte ihn als kleinen Boten. An
Martin denke ich bis heute als an einen idealen Jungen zurück.

Die Brüder waren mir keine Kameraden, wir gingen jeder seines Weges. Kameraden hatte
ich unter den älteren Jungen; ich hielt mich gern in Gesellschaft der Älteren auf und gehorchte
ihnen. Zu einem, zwei Hofknechten hatte ich ein kameradschaftliches Verhältnis.

Die Schule besuchte ich zuerst in Hodonín – es war eine deutsche Schule – und dann in
Čejkovice. Noch heute sehe ich die Hände meines ersten Lehrers in Čejkovice vor mir, behaarte
und knochige Hände, mit denen er uns schlug. Zu Hause lernte Vater von mir schreiben. Als er
Schaffner und danach Verwalter geworden war, brauchte er das Schreiben, um einzutragen, was
und wie lange zu tun war. Die Ausweise für die Leute pflegte ich ihm zu schreiben; ich linierte
sein Notizbuch und machte die nötigen Rubriken hinein. Vater arbeitete ungern, nur wenn er
mußte, so wie jeder Leibeigene. Darin besteht die Leibeigenschaft: nicht wollen und müssen.

Der Dorfschullehrer war in meinen jungen Jahren ein armer Teufel, viel Gehalt bezog er
nicht, und so verschaffte er sich einen Nebenverdienst durch allerlei Schreibarbeit und Kir-
chendienst; er sang bei Begräbnissen und in der Weihnachtszeit von Haus zu Haus. Bei der
Weinlese gingen wir Knaben von einer Weinpresse zur andern und sammelten für den Lehrer
Wein in ein Fäßchen, soviel uns jeder Bauer abgoß. Das Fäßchen hatte der Lehrer dann den
ganzen Winter in der Schule hinterm Ofen stehen, weil er einen Keller nicht besaß, und dort

gährte ihm der Heurige. Solch eine Bettelei war das. Ein Bauer, besonders wenn er Ratsherr oder Bürgermeister war, ging mit einem Lehrer um wie mit einem Hungerleider. Es versteht sich, daß der versklavte Lehrer bei den Kindern keine große Autorität genoß; so prügelte er sie, und Prügel waren sein Haupterziehungsmittel. Der Sklave hat immer die Methoden des Sklavenhalters und rächt sich, wo er kann.

Die heutige Schule bedeutet schon einen Fortschritt; aber sie läßt sich noch in vielem reformieren, um selbständige und selbstbewußte Menschen zu erziehen, Menschen mit Lebensmut. Die Schulreform ist eben auch eine Reformierung der Lehrer; es gilt, ihr soziales Niveau und ihre Bildung zu heben. Heute streben sie selbst Hochschulbildung an.

Die Hauptsache ist: die Kinder lieben, sich in ihr Seelenleben, das eher konkret und bildhaft ist als abstrakt-wissenschaftlich, hineindenken und hineinfühlen können; anschaulich unterrichten, an Dinge anknüpfen, welche die Kinder greifbar in ihrer Umgebung sehen; und den Unterricht tunlichst individualisieren. Überhaupt sollte man an Schule, Erziehung und Unterricht viel mehr denken ... und viel mehr Mittel dafür ausgeben als bisher. Die Entwicklung der Schule, das ist die Entwicklung der Demokratie.

*

So ein Junge auf dem Lande hat viel zu tun! Er muß mit den Lippen pfeifen können, zwischen den Zähnen, mit einem Finger, mit zweien und mit der ganzen Faust; dann auf zweierlei Art mit den Fingern schnalzen; er muß ringen können, auf dem Kopf stehen, auf den Händen gehen und radschlagen und – gut laufen, hauptsächlich das! Ein beliebtes Spiel war »Sturmbock«. Man muß dabei auf einem Bein hüpfen, die Arme kreuzweise verschränken und so mit der Schulter gegen die Schulter des andern stoßen, daß der Gegner auf das emporgezogene Bein fällt; gewöhnlich gehen zwei gegeneinander los, aber auch drei, vier und ein ganzer Haufen von Jungen. Dann muß man mit Schleuder und Bogen schießen können, mit einem Stein treffen, reiten, mit der Peitsche knallen, auf jeden Baum klettern, Krebse und Käfer fangen, schwimmen, Feuerchen anmachen, schlittern, rodeln, Schneeball werfen, auf Stelzen gehen und so weiter.

Einmal fingen wir an, einen Tunnel zu graben, ein Eisenbahnzug sollte darin hin- und herfahren; aber wo einen Zug hernehmen? Darüber zerbrachen wir uns vorläufig nicht den Kopf. Was gibt es nicht alles an Handfertigkeiten der Jugend: Knallrohre verfertigen aus Hollunderzweigen und Gänsekielen; Pfeifen schnitzen aus Weidenholz oder Gänseknochen und Klarinetten aus Kirschenholz; Trompeten fabrizieren aus Getreidehalmen und Kürbisstengeln; einen einfachen Bogen oder eine Armbrust mit Schindelschaft und die Pfeile dazu herstellen; dann Flinten, Säbel und Tschakos; Bälle verfertigen.

Wasser- und Windmühlen schnitzen oder gar eine Osterklapper, einen gordischen Knoten knüpfen und aus Roßhaar Ringe und ganze Ketten flechten, das lehrte uns ein deutscher Austauschjunge. Und zu alledem hat man nur ein Groschenmesser. Ein Taschenmesser, wir pflegten »Fedrmessl« zu sagen, war das Ideal aller Ideale; wer konnte, lieh sich zu Hause eine Feile, ein Stemmeisen oder ein Beil aus, und schon schnitzte und zimmerte er etwas. Jeder Junge ist ein Stück Ingenieur.

Einmal hätte ich ums Leben gern eine »Grumla« gehabt; das ist ein Zigeunermusikinstrument, in der Form etwa wie eine kleine Lyra, mit metallener Zunge, auf dem man bläst und mit dem Finger klimpert. Nun, so eine Grumla wollte ich haben und bat einen Zigeuner, sie mir anzufertigen. »Gut«, sagte der Zigeuner, »aber dazu mußt du mir ein Eisen bringen.« – Ich brachte ihm ein Eisen, das ich im Hof fand. – »Und jetzt mußt du mir Brot bringen.« – Ich gab ihm also Brot, dann noch Butter und Eier, ich weiß nicht mehr, was ich dem Zigeuner alles bringen mußte, aber die Grumla habe ich am Ende nicht zu sehen bekommen!

Kinderspiele gab es viele, alle draußen in freier Luft; ganz unpazifistisch pflegten wir Soldaten zu spielen, eigentlich Krieg. Oder Räuber; ich war dann gewöhnlich der Räuberhauptmann und ein Sohn des Gutsdirektors der Gendarmeriekommandant; es versteht sich, daß ich ihn verhaute, so oft es ging.

Ein Junge hat sein Schatzkästlein und darin farbige Bohnen, Knöpfe, schöne Steinchen, eine Pfauen- und eine Häherfeder, Würfel aus geschliffenen Ziegelstückchen, bunte Gläser, ein

Prisma oder eine Linse, von einem Lüster, etwas von einem Kirchenleuchter, und andere Kostbarkeiten. Auch ihre Geschäfte betreiben die Jungen; sie verleihen Bohnen gegen hohe Zinsen, tauschen sie und verkaufen sie mitunter für einen Kreuzer.

Selbstverständlich muß ein Bauernjunge neben dieser Jungensorganisation vor allem der Mutter in der Hauswirtschaft und dann dem Vater auf dem Felde helfen. Wie die Mädchen leben, das weiß ich aus eigener Erfahrung nicht; wir Jungen hatten mit den Mädchen nichts Gemeinsames und lebten völlig getrennt. Einmal, ich zählte etwa acht Jahre, nahm mich Mutter nach Šaštin auf Wallfahrt mit. Wir schliefen dort bei uns bekannten Forstleuten, die ein Töchterchen ungefähr in meinem Alter hatten; wir blieben dort zwei Tage, und wir Kinder spielten vom Morgen bis zum Abend zusammen. Als wir nach Hause zurückgekehrt waren, war mir furchtbar bange nach ihr.

Die Jungen in der Stadt haben nicht mehr den Genuß so vieler Spiele. Kinder soll man ein wenig toben lassen. Das auf dem Land aufgewachsene Kind ist erfinderischer, selbständiger und praktischer, das Stadtkind kann sich oft nicht einmal den Bleistift spitzen und überhaupt seine manuelle Geschicklichkeit nicht ausbilden. Dabei geschehen draußen im ganzen wenig Unglücksfälle; manchmal schlägt man sich die große Zehe wund, manchmal kriegt man einen Stein auf den Kopf, das ist wahr. Ich erinnere mich an drei ernste Unfälle: ein Junge fiel von einer Pappel herunter, ziemlich hoch, und man sagte, daß ihm das an der Brust Schaden zugefügt habe. Einer vergiftete sich an Tollkraut, als er ein Pferd nachmachte und die Jungen ihn mit »Mohn« fütterten; und einer ertrank beim Baden im Teich. Als man ihn nach Hause brachte, war ich dabei, wie seine Mutter neben ihm niederkniete und mit gedehnter, weinerlicher Stimme seine guten Eigenschaften zu preisen begann: »Du mein lieber Josífek, wie warst du brav, ich werde dich nie mehr schelten«, und so weiter. Später habe ich gelesen, daß dieses Beweinen und Lobsingen der Toten bei allen Primitiven Brauch ist.

Ein Kind fühlt ganz gut, ob die Erwachsenen frei sind und was für ein Verhältnis sie zueinander haben. Ein Kind in Amerika ist freier als in Europa, ist naiver und schlichter im Verkehr sowohl mit andern Kindern als auch mit den Erwachsenen; es fürchtet die Erwachsenen nicht, es sieht, daß auch sie untereinander unbefangen sind. Das ist der Einfluß der Republik und der Freiheit; die Menschen lügen nicht und haben nicht immer die Angst, man könnte sie übervorteilen oder ihnen etwas antun; dort hat der Mensch vor dem Menschen keine Furcht. Heute sehe ich den Kindern gern zu und rede mit ihnen; es kommt mir vor, daß sie schon couragierter und unmittelbarer sind, und ich sage mir, daß sie zu freien Menschen aufwachsen werden. Die Republik ist eine gewaltige Sache!

Und wieder fällt mir die Frage der Schule und des Lehrers ein. Der Schullehrer soll den Kindern den Republikanismus, die demokratische Freiheit und Gleichheit einimpfen; er soll der Kamerad der Kinder werden. Seine Autorität soll auf dem Altersunterschied, auf seiner Überlegenheit in allen Dingen des Wissens, der Praxis und des Charakters beruhen. Ich habe beobachtet, daß die amerikanischen Kinder zu ihren Lehrern und Lehrerinnen ein viel kameradschaftlicheres Verhältnis haben als die unsrigen, und daß die Amerikaner ihr Leben lang sich gern ihrer Lehrer und Schulen erinnern. Bei uns atmen die Kinder auf, wenn sie die Schule verlassen; und doch ist es für gesunde Kinder eine Freude, zu erkennen und zu lernen. Der amerikanische Lehrer spielt mit den Jungen Fußball und fürchtet nicht, sich dabei etwas zu vergeben. Ein Lehrer-Bürokrat ginge mit den Kindern nicht rodeln oder Schlittschuh laufen, er hätte Angst, vielleicht hinzufallen und seine Autorität einzubüßen. Zwischen Lehrer und Schüler ebenso wie zwischen den Beamten und dem Bürger besteht noch eine künstliche Entfernung und Entfremdung. Mehr Lebendigkeit, mehr Herzlichkeit in der echten Demokratie! Die Schule Komenskýs Jan Amos Komenský (1592-1670), der große Volkserzieher, bekannt unter dem humanistischen Namen Comenius, Verfasser des pädagogischen Werkes »Orbis pictus«, des utopischen Romans »Das Labyrinth der Welt«, letzter Bischof der Unität der böhmischen Brüder, mußte nach der Schlacht am Weißen Berge aus seiner Heimat flüchten, lebte und wirkte dann in Polen, England, Schweden, Ungarn, Holland. (Anm. d. Übers.) war eine Officina humanitatis; die Schule bildet den Menschen nicht nur individuell, sondern auch kollektiv aus, sie erzieht ihn für die Gesellschaft, für die Demokratie.

Es versteht sich, daß das auch von der Familie gilt. Nicht blinde Autorität der Eltern, nicht passiver Gehorsam des Kindes, durch ewiges Anschreien und Schelten erzwungen, sondern Erziehung durch das Beispiel!

Das Kind und seine Welt

Der Mutter nachgeraten, war ich sehr fromm. Ich pflegte in Čejkovice bei unserm Kaplan Pater Franz – er hieß Satora – Ministrant zu sein und habe ihn geradezu geliebt. Er gefiel mir so gut in seiner weißen Halsbinde und dem anliegenden schwarzen Klerikarock mit den runden Knöpfchen vom Hals bis zu den Füßen. Wenn ich bei ihm ministrierte, war es mir, als wäre Pater Franz der Herrgott und ich sein Engel; das war mein höchstes Glück, ein viel größeres, als wenn ich auf der Empore sang. Nun, ich war auch auf meinen Ministrantenrock stolz. Pater Satora war ein merkwürdiger, zwiespältiger Mensch. Manchmal war er geradezu fanatisch, und ein anderes Mal schien er sich mit Zweifeln zu quälen; weder bei der kirchlichen noch bei der weltlichen Obrigkeit war er gut angeschrieben. Eine Zeitlang hörte ich die Frauen von Pater Franz und der Frau des Dorfrichters munkeln, als sie in die Wochen kam; ich verstand es nicht und zerbrach mir den Kopf darüber, was es bedeuten könnte. Und Pater Franz predigte eines Sonntags, daß auch ein Priester der Sünde unterworfen sei und die Menschen sich kein Beispiel an seinem Leben nehmen sollten, sondern an Christus und den Worten, die er sie gelehrt. Das war sozusagen eine öffentliche Beichte; ich begriff es damals nicht, war aber von der Predigt sehr betroffen. Warum sollten die Menschen sich kein Beispiel an seinem Leben nehmen? Erst als ich reifer wurde und auf meine Kindheit zurückblickte, begriff ich dies und noch anderes.

Mit der Zeit begann ich, aufgeklärt durch Lesen und Erfahrungen, die Geistlichen kritischer zu sehen, und mir dämmerte, daß es einen Unterschied gebe zwischen Religion und Kirche; die Katecheten in der Mittelschule geben selbst zu, daß die Kirche zwar eine Einrichtung Gottes sei, aber manche unwesentliche, veränderliche und darum je nach Volk und Land verschiedene menschliche Seiten habe. Ich lernte von diesen menschlichen Seiten allerdings immer mehr kennen. Aber niemals zweifelte ich an Gott und der Teleologie, immer war ich Optimist.

In jener Zeit konnte ich mir gar nicht vorstellen, daß es irgendeinen anderen Glauben geben könnte. In Čejkovice fand ich in einem alten Kalender einen Aufsatz über Rußland; darin war von der rechtgläubigen Kirche die Rede; ich wurde beunruhigt durch die Nachricht, daß auch ein anderer Glaube als der unsrige Wallfahrten, Einsiedler, Heilige und Wunder hatte. Mir imponierte damals das Argument, daß es mehr Katholiken gebe als Protestanten und Rechtgläubige; aber der Vergleich, daß es noch mehr Mohammedaner und Heiden gebe, regte mich auf.

Ich hörte auch, daß im nahen Klobouky Protestanten, Helvetianer, lebten; das wollte ich bei einer Wallfahrt auskundschaften und schlich mich in eine evangelische Betstube. Ich litt furchtbare Angst, in den Boden zu versinken oder zur Strafe vom Blitz erschlagen zu werden, aber nichts geschah. Die kahlen Wände, das Pult an Stelle des Altars, der Ernst und die Schlichtheit, all dies machte einen solchen Eindruck auf mich, daß ich nach Atem rang. Ich vernahm damals, daß man den Evangelischen vorwerfe, sie lehnten die Glocken ab. Die Protestanten durften noch nicht zur Kirche läuten; erst hundert Jahre nach dem Toleranzpatent bekamen sie das Recht darauf. Mich verwunderte, daß die Katholiken die Protestanten als gebildeter, ordentlicher und sparsamer anerkannten. Ich zerbrach mir den Kopf, woher das käme. Oder ich sann darüber nach, warum man sagte: »Das hält fest wie der helvetische Glaube.« Ich löste diese Rätsel damals nicht, aber der Protestantismus beunruhigte mich weiter und reizte mich.

Vor den Juden fürchtete ich mich; ich glaubte daran, daß sie Christenblut brauchten, und darum ging ich lieber um ein paar Straßen weiter, als daß ich an ihren Häusern vorübergekommen wäre. Ihre Kinder wollten mit mir spielen, weil ich ein wenig deutsch konnte; aber ich mochte nicht. Erst später söhnte ich mich mit den Juden aus; das war in der Realschule in Hustopeč. Einmal machten wir einen Schulausflug in die Berge. Als wir nach dem Mittagessen im Wirtshaus lagerten und Dummheiten trieben, verlor sich ein jüdischer Mitschüler auf den Hof hinaus. Ich ging ihm aus Neugierde nach; er stellte sich hinter den Flügel des offenen Tores, verneigte sich mit dem Gesicht zur Wand und betete. Da empfand ich irgendeine Scham, daß der Jude betete, während wir spielten. Es ging mir nicht aus dem Sinn, daß er ebenso inbrünstig betete wie wir und nicht einmal während des Spiels das Beten vergaß ... Mein ganzes Leben lang gab ich darauf acht, gegen Juden nicht ungerecht zu sein; darum hat man gesagt, daß ich zu ihnen hielte.

Als Kind glaubte ich selbstverständlich nicht nur an das, was uns in der Schule und in der Kirche gelehrt wurde; mein Katholizismus war abergläubisch, von slovakischer Mythologie durchsetzt. Ich glaubte an alle möglichen und unmöglichen Geister, vielleicht am meisten an die Mittagsfrau und die Abendfrau, und zwar weil ich beim Spielen die Zeit vergaß und zum Mittag- und Abendessen zu spät nach Hause zurückkam. Der »Hastermann« Wassermann. (Anm. d. Übers.) war unter den Jungens besonders populär; manch einer wollte ihn gesehen haben, aber es gab viel Widerspruch über sein Aussehen und die Farbe seiner Haare, seines Bartes und seines Gewandes. Auch Hexen spielten eine große Rolle, dann der Tod und der Teufel; den hörten wir einmal alle in der Kirche, als während der Messe ein Mann von epileptischen Krämpfen befallen wurde. Auch der »Schwarzpriester« beunruhigte mich, als ich von ihm las. So lebte ich in einer doppelten, zweifachen Geisterwelt, sagen wir in einer orthodoxen und in einer nichtorthodoxen. In der nichtorthodoxen, in dem Aberglauben und den vielfältigen Anthropomorphismen (eigentlich Pädomorphismen!) gab es kein System; die Abendfrau, der »Hastermann« und die anderen Wesen und Gespenster waren jedes gleichsam für sich, ohne Zusammenhang untereinander – ich empfand das als seltsam. Ich wußte sogar, daß es Aberglaube war, aber ich sah die Grenze zwischen Aberglauben und Glauben nicht klar und vermochte den Aberglauben nicht ganz abzuwehren; so eingewurzelt und allgemein übernommen war er. Der Herr Kaplan unterrichtete uns zwar in der Schule im Katechismus, widerstand aber selbst dem Aberglauben nicht. Ich hätte vielleicht sagen können, daß die Mittagsfrau eigentlich das unheimliche Schweigen des Mittags sei, die Abendfrau die Dämmerung mit dem Abendläuten, aber der kindliche Verstand hängt an diesen Pädomorphismen; dem Kinde gefällt die Poesie der Mythen. Allerdings wird es von dieser Poesie bald getrennt: gestern, als ich nach dem Abendläuten nach Hause kam, drohte Mutter, die Abendfrau würde mich einmal davontragen; heute mußte ich bis in die Dunkelheit auf dem Felde Kartoffeln hüten und fürchtete mich vor der Abendfrau. »Aber du weißt doch, Junge, daß es keine Abendfrau gibt ...«

Weder in der Schule noch daheim hörte ich je ein tieferes Wort über das geistige Wesen der Religion; ich hörte nicht, daß man über Religion nachdenken kann und soll. Die Volksreligion war wie ihre Symbole und ihr ganzer Kult sehr materiell, ganz objektiv, objektivistisch. Daß die Religion subjektive, subjektivistische Elemente enthalten sollte, kam niemandem von uns in den Sinn; die Religion war uns die geoffenbarte Wahrheit Gottes, das Gebet Gottes und der Kirche, und war das, was Vinzenz von Lerinum klassisch formuliert hat: quod semper, quod ubique, quod ab omnibus creditum est. Ich sann damals so offenkundigen Dingen nach, wie z. B. wer der größere Herr sei, der Kaiser oder der Papst? Wenn ich auf die heilige Dreieinigkeit kam, die Verwandlung Gottes in den menschlichen Leib und andere Lehren, die ich nicht begriff, pflegte ich den Pater Franz zu fragen, aber ich mußte mich mit der stereotypen Antwort begnügen: Das ist ein Geheimnis. Dieses Wort verhinderte die Diskussion, befriedigte mich jedoch nicht. Die Religion wurde einfach gelebt und praktiziert, die Kirchenlehre einfach übernommen. Aus der Bibel erfuhren wir nur, was in den Schulbüchern stand und was wir in der Kirche hörten; zu Hause wurde die Bibel nicht gelesen, nur manchmal Gebetbücher.

Im Pferdestall des Schlosses hatte sich einmal ein Knecht erhängt. Man zeigte mir dann die Tür, wo er gehangen, und ich hatte geradezu Angst; ich betrachtete sie mit solchem Grauen, daß ich nie mehr die Schwelle zum Stall überschritt. Es kam mir entsetzlich und unbegreiflich vor, wie sich jemand das Leben nehmen konnte. Man stelle sich das wahrhaftig vor, sich das Leben nehmen! Das ist etwas so Unnatürliches, so Verkehrtes! Das ging mir nicht aus dem Kopf, besonders als ich später ein kleines Buch über Menschen fand, die das Leben in den fürchterlichsten Lagen ertrugen. Da wurde zum Beispiel ein Klosterbruder in einer Krypta begraben, war aber nur scheintot; er wachte auf und konnte nur entweder so lange warten, bis ein anderes Begräbnis ihn befreien würde, oder sich töten. So lebte er zwanzig Jahre unter der Erde, nährte sich von Insekten, die durch die Luke in die Krypta fielen und leckte die Feuchtigkeit von den

Mauern und Särgen ...Ich machte mir selbst den Einwand, was im Winter gewesen sein mochte, wenn es keine Insekten gab: aber die Kasuistik dieses und ähnlicher Fälle fesselte mich doch und zwang mir das Problem des freiwilligen Todes auf. Meine Schrift über den Selbstmord ist die Antwort auf meine Kindheitserlebnisse und späteren Erfahrungen.

*

Von Prag und von Böhmen wußte ich damals nichts. Für die Slovaken meiner Gegend gab es damals nur eine einzige Stadt: Wien. Nach Wien ging man von uns in die Lehre und zur Arbeit, mitunter bekamen wir herausgeputzten Besuch aus Wien. Einmal kam ein Fleischergeselle aus Budapest in magyarischer Tracht, mit Sporen an den Stiefeln, den Tschagan Stock. (Anm. d. Übers.) in der Hand – schade nur, daß er einäugig war; irgendwie paßte das nicht zu seiner Montur. Er kam in die Kirche; man sah ihn von allen Seiten an, als seine Sporen auf dem Pflaster klirrten. Über Wien schwadronierte uns ein slovakischer Wiener vor, da sei eine Brücke aus Gummielastikum; sie biege sich durch, wenn man über sie gehe und fahre. Die Tschechen nannte man »die goldenen Herren«; angeblich sagten sie immerzu »mein Goldener«. Von Prag erfuhr ich zum erstenmal etwas aus einem Buch aus der Reihe »Das Erbe der Kleinen«, in dem geschildert wurde, wie irgendeine Wanderfamilie in ihrem Wagen nach Prag fuhr und wie schön dieses Prag wäre. Ich fühlte mich als Slovak. Die Großmutter aus Kopčany hatte mir stets weiße slovakische Hosen zum Geschenk gemacht; ich ging aber städtisch angezogen. Als ich in die Realschule geschickt wurde, ließ man mir einen Anzug aus Vaters Kutscheruniform nähen; er war blau mit Metallknöpfen – in Hustopeč lachten mich die Jungen sehr aus damit.

Hodonín war für mich schon eine große Stadt, besonders weil es einen Turm hatte, während in Čejkovice nur ein Glockenstuhl da war, eine Kirche ohne Turm. Hustopeč lernte ich auch bald kennen; Mutters Familie lebte dort. Einmal war ich dort auf dem Jahrmarkt, bekam vom Onkel einen ganzen Sechser und kaufte mir Farben dafür. Es waren farbige Plättchen mit einem kleinen Pinsel in einer Holzschachtel; ich trug das nach Haus – damals nach Čejče – wie einen Schatz. Unterwegs zog ein Gewitter mit einem Wolkenbruch herauf; ich verbarg die Farben unterm Arm, unter Rock und Hemd, damit sie nicht naß würden. Als ich nach Hause kam, hatte ich alle Farben auf dem Hemd und am Leibe. Und so wurde kein Maler aus mir. In der Realschule kam ich mit dem Malen nicht recht voran, eher mit dem Zeichnen; später auf dem Gymnasium liebte ich beschreibende Geometrie, die uns der Mathematikprofessor außerhalb des Lehrplanes beibrachte. Ich war ein tüchtiger Mathematiker, und er nahm mich in den Konferenzen bei meinen Plänkeleien mit seinen Kollegen in Schutz.

Das Jahr auf dem Dorfe

Wenn ich an alles zurückdenke: wie viele Eindrücke bekommt ein Kind auf dem Dorfe! Im Winter, da geht der Nikolo mit dem Teufel um. Der Teufel ist eine sehr einflußreiche Persönlichkeit; noch als Professor machte ich meinen Kindern den Nikolo. Dann ist Weihnachten da und die Bettelgesänge; zu uns kam, Gott weiß woher, ein Mann mit einer Krippe gefahren, die war eine Sehenswürdigkeit für das ganze Dorf. Dann die Heiligen Drei Könige und im Fasching die Maskeraden ... Immerfort stehen dem Kinde neue Freuden bevor. Vor allem das Federrupfen; dazu kamen bis zu zwanzig Menschen und saßen zusammen – wieviel wurde da geschwatzt! Wir Kinder zwickten und stießen einander, um nicht einzuschlafen und keine der fürchterlichen Histörchen zu überhören, und dann wurden Kolatschen oder Fladen verteilt.

Kaum kam das Frühjahr, so wurden die Schuhe heruntergetan; noch war es eisig, und doch liefen wir schon barfuß herum. Sobald die Erde austrocknete, begann die Hochsaison mit Bohnenspiel oder der »Palästra« Holzschläger beim Ballspiel. (Anm. d. Übers.); ein Ball, wir nannten ihn »Haban«, war eine große Kostbarkeit, wenn er aus etwas Gummielastikum bestand, so daß er von der Erde oder den Wänden absprang; Gummi war für uns eine teure Masse, und wo wir es erwischten, schnitten wir es ab und machten einen »Haban« daraus. Und schon war wieder Ostern. Da liefen wir mit Klappern herum; am Ostermontag gingen wir mit geflochtenen Ruten die Mädchen peitschen und um Eier singen. Die Auferstehung war ein großer Feiertag, in Hodonín allerdings der größte, weil dort beim Gottesgrab zwei Dragoner mit gezücktem Säbel standen. Wir konnten die Augen von ihnen nicht lassen.

Im Mai sind dann Prozessionen und Litaneien in die Felder hinaus, um für die Ernte zu beten, und Visitationen, bei denen die Pfarrer aus der Umgebung mit dem Dekan zusammenkommen und schmausen; die Köchinnen buken und brieten eine ganze Woche vorher, und wir Jungens, als Ministranten, bedienten bei Tisch. Oder ein Brand auf dem Dorfe, das war für die Jungens auch ein Fest. Kaum vernahmen wir, während wir in der Schule saßen, das Glockenläuten und Blasen, so sprangen wir zum Fenster hinaus. Die Mädchen liefen durch die Tür. In der Schulstube gab es einen Kachelofen, aus dem entfernten wir ein paar Kacheln, und durch das Loch liefen wir davon. Manchmal bereitete sich ein Junge selbst einen Feiertag: er schwänzte die Schule. Besonders mein Bruder Martin schwänzte gern – dann suchten wir ihn in ganz Čejkovice. Wenn so ein Junge die Schule schwänzt, erlebt er ein besonderes, fast beklemmendes Gefühl der Stille im Dorf, weil das übrige Kindervolk auf den Schulbänken sitzt.

Soldaten kommen in die Gemeinde – wieder ein Ereignis! Ein großer Feiertag ist die Errichtung des Maibaums zu Pfingsten; wir Jungen versuchten ihn zu erklettern. Pfingsten wählten die erwachsenen Burschen ihren Obmann, ihren Ältesten und ihre Älteste, und dann gingen sie im Dorf einsammeln, was sie nur irgend bekamen, Geflügel, Kolatschen oder Wein ... Manchmal kamen Komödianten und spannten auf dem Dorfplatz ihr Seil; wir Jungen machten ihnen dann ihre Künste nach, equilibrierten auf einer Gartenmauer oder einem Dachgiebel, ja selbst auf dem Kirchendach. Herunterfallen wäre das Ende gewesen; aber wir fielen nicht herunter.

Eine besondere Feier auf dem Dorfe ist ein Begräbnis, besonders eins mit Musik; in der großen Beteiligung der Mitbürger und vor allem der Mitbürgerinnen liegt ein schönes Gefühl, aber freilich auch eine willkommene Gelegenheit, die Arbeit zu verlassen und ein wenig zu plaudern. Bei uns war die Gemeinde Podvorov eingepfarrt; wenn von dort ein Begräbnis kam, legte man den Toten vor das Kreuz an der Kirche und ging in das gegenüberliegende Wirtshaus, um »sich zu erwärmen«, solange der Herr Dekan oder der Kaplan sich umkleidete – einer mußte draußen aufpassen, bis der geistliche Herr erschien; dann trank man rasch sein Glas aus und hob den Sarg auf. Wir Ministranten froren inzwischen draußen und rechneten nach, was wir auf dem Friedhof bekommen würden. Im besten Fall war's ein Vierkreuzerstück; wenn es nur ein Kreuzer war, waren wir natürlich unzufrieden und machten uns durch spitze Reden Luft.

Im Herbst gibt es Feldfeuerchen und die Weinlese. Man kocht Pflaumenmus, Tag und Nacht rührt man Schlehdornbeeren über der Herdflamme. Dabei wird nicht viel erzählt; um so öfter schlecken die Jungen den Kochlöffel ab. Beim Kartoffelausgraben mußte ich mitunter bis in die Dunkelheit Wache stehen – und ich fürchtete mich so sehr vor der Abendfrau! Obst wurde nicht gehütet, es gab keinen Grund dafür. Wir rissen es ab, solange es noch grün war. Damals war ein Obstbaum für den Bauer eine Last. Man betrachtete das Obst gar nicht als Nahrung; darauf mußten erst die Gelehrten mit ihren Vitaminen kommen. Dagegen wurden die Weinberge streng bewacht; der Wächter hatte ein Gewehr. Vielleicht war es gerade das, was uns reizte, Trauben holen zu gehen. Wir rotteten uns bis zu zwanzig Jungen zusammen und versuchten, den Wächter zu überlisten. Die Expedition wurde von Jungen geführt, deren Eltern selbst Weinberge hatten – man sagt, daß gestohlenes Obst am besten schmeckt. Es versteht sich, daß gleich bei meiner Rückkehr die Meinen schon wußten, wo ich gewesen war; Vater tauchte ein Seil ins Wasser, damit es sich bei der Tracht Prügel besser »anlege«, aber Mutter verhinderte die Strafe. Allerdings kam am Tag darauf der Wächter in die Schule, um sich zu beschweren, und zeigte an, wer dabei gewesen wäre. Da half keine Ausrede; wir mußten uns auf die Bank legen, und der Lehrer oder der Kaplan maßen uns fünfundzwanzig an – ja freilich, auch der Herr Kaplan!

Wie schön und reich ist das Jahr auf dem Dorfe gegliedert, durch die Natur und die Religion! Das ganze Leben auf dem Dorf ist zeremonieller als in der Stadt, ist gleichsam eingefügt in den religiösen Rahmen; es schadet nichts, daß es vielfach noch Überreste aus dem Heidentum sind. All diese Gebräuche haben den Charakter von Institutionen; das Leben wird durch sie geregelt, empfängt durch sie seine Ordnung. Wer die herrschende Ordnung stört, den meiden die Menschen. So gab es zum Beispiel eine ungeschriebene Vorschrift, daß jede Familie selbst ihr Brot buk; man stand schon um drei Uhr morgens auf, das am Abend vorher vorbereitete Mehl wurde mit dem Rührscheit im Backtrog geknetet – wieviel Arbeit machte das! Der Backofen mußte gesäubert und geheizt werden, dann wurden zugleich mit dem Brot oder nachher Fladen aus Brotteig gebacken – was gab es da für Leckerbissen! Eine Hausfrau, die ihr Brot nicht selbst buk, sondern fertig kaufte, wurde von den andern geradezu verachtet. Ich glaube, daß man bei uns auf dem Lande jetzt schon fast allgemein Brot kauft; selbst auf dem Dorf ändert sich die alte Ordnung. – Auch der Sonntag gibt dem Leben diesen zeremoniellen Rhythmus.

Als ich reifer wurde, studierte ich bewußt das Leben auf dem Dorf; ich verbrachte die Ferien in Klobouky bei Brünn, und damals – ich war Universitätshörer in Wien – wollte ich einen Roman über das Dorfleben schreiben. Der dortige Doktor, ein interessanter Mensch, sollte der Held und Mittelpunkt des Romans sein, und rings um ihn sollte sich die Chronik des Dorfes entfalten. Noch unlängst fand ich einige Blätter dieses Versuchs. Später, als ich in Bystřička die Ferien verlebte, beobachtete ich Jahr um Jahr, wie und wodurch solch ein Dorf lebt. Wenn unsere Doktoren, Priester und Lehrer dieses Leben auf dem Dorf beobachten wollten und könnten, wieviel interessantes Material gäbe das!

Schule und Lehrzeit

Lehrjahre

Mutter war es, die durchsetzte, daß ich die Schule besuchte, damit ich nicht so hart zu arbeiten brauchte wie die Eltern; als mich bei der Visitation sogar der Herr Dekan belobt hatte, schickte man mich auf die höhere Schule. Mutter stammte aus Hustopeč, und so ließ man mich dort die deutsche Realschule besuchen. Ich war bei einer Tante in Austausch; eine Kusine kam dafür zu uns. Ich dachte nicht daran, was ich werden möchte; eine Zeitlang, während bei uns im Haus ein Schneider nähte, lockte mich die Schneiderei. Mir gefiel auch das Schmiedehandwerk, das ich am häufigsten beobachten konnte. Es ist merkwürdig, ich war so fromm, aber niemals kam ich auf den Gedanken, Geistlicher zu werden. Ein Junge in einem verlorenen Dorf hat nicht viele lebende Vorbilder, die ihm den Weg weisen, über den landwirtschaftlichen und handwerklichen Gesichtskreis hinaus – den Lehrer, den Kaplan und den Dekan, den Doktor, die Herren auf dem Gut und ihre Dienerschaft oder noch den Kaufmann. Was ein Junge wird, darüber entscheiden nicht so sehr seine Gaben, sondern die nächste Gelegenheit.

Die Realschule in Hustopeč wurde von Piaristenpatres geleitet. Ich erinnere mich des Rektors, der ein wohlbeleibter, hübscher, älterer Mann war, und des Professors Vašatý; ich hatte ihn sehr gern; er war der erste Tscheche aus dem Königreich, den ich kennenlernte, und deshalb interessierte er mich. Er sprach mit mir über allerlei.

Ich lernte gut; besonders fesselte mich die Physik, eigentlich die Mechanik. Noch heute erinnere ich mich, wie erstaunt ich war, als der Professor uns darlegte, daß der einfache Schubkarren ein einarmiger Hebel um das Rad sei und den theoretischen mechanischen Formeln entspreche. Das öffnete mir geradezu einen neuen Ausblick auf das praktische Leben – ich hatte stets eine Vorliebe dafür, die Theorie der Vorgänge in der Natur, der Gesellschaft und der täglichen Arbeit zu suchen und die allgemeine Regel zu finden; damals war es wie die erste Offenbarung für mich.

Nach zwei Realschulklassen sollte ich an die Lehrer-Vorbereitungsanstalt kommen; dort wurden aber erst Knaben mit sechzehn Jahren aufgenommen, und so entstand das Problem, was man inzwischen mit mir beginnen sollte. Ich ging einige Zeit müßig und schlenderte herum. Das war in Hodonín; auf den Rat meiner früheren Herrschaft gaben mich meine Eltern nach Wien in eine Kunstschlosserei, weil ich ein wenig zeichnen konnte. Dort stellte mich der Meister bei einer Maschine zur Herstellung von Beschlägen für Stiefelabsätze ein. Man steckte einen Eisenstab in die kleine Maschine, zog den Hebel, und der gebogene Beschlag fiel heraus. Ich machte das einen, zwei Tage. Nachdem ich es aber eine Woche, zwei Wochen, drei Wochen gemacht hatte, entlief ich nach Hause. Ich arbeitete immer gern; aber die stets gleiche Fabrikarbeit, die stets gleichen ein oder zwei Handgriffe hielt ich nicht aus! Vielleicht hätte ich noch ausgeharrt, aber einer meiner Mitlehrlinge stahl mir meine Bücher aus der Realschule; ich griff jedesmal, sobald ich mit der Arbeit fertig war, nach diesen Büchern und las in ihnen; als ich sie nicht mehr hatte, wurde mir so bange, daß ich nach Čejče davonlief. Besonders den Verlust eines Atlas trug ich schwer; darin war ich jeden Abend in der ganzen Welt herumgereist.

In Čejče gab mich Vater zum Herrschaftsschmied, unserm Nachbarn, in die Lehre. Warum nicht? Die Schmiedearbeit gefiel mir. Das ist eine Arbeit, zu der man Kraft und Gewandtheit braucht und bei der man nicht viel redet; das Eisen darf nicht kalt werden. Im Sommer wurde in der Schmiede oft von drei Uhr morgens bis zehn oder elf Uhr nachts gearbeitet, Pflüge ausgebessert und Pferde beschlagen. Aber diese Arbeit ist schön; der Schmied beim Feuer und am Amboß ist Herr der harten Materie. Noch als Gymnasiast überraschte ich einen Dorfschmied dadurch, daß ich aus einem nur ein einziges Mal geglühten Eisenstück einen Nagel schmieden konnte. Ich weiß nicht, ob die Finger meiner rechten Hand von der Arbeit mit dem Hammer so gekrümmt sind. Noch im Jahre 1887, in dem ich in Jasnaja Poljana war, betrachtete Tolstoj meine Hände und fragte mich, ob ich Arbeiter gewesen sei.

Vielleicht wäre ich beim Schmiedehandwerk geblieben; aber da kam mir ein Zufall dazwischen. Einmal trug ich dort in Čejče Wasser in Butten vom Brunnen in die Schmiede, als ein Herr des Weges kam und mir aufmerksam nachsah. Ich erkannte ihn – es war Professor Ludvík, der mir in Hustopeč Klavierunterricht erteilt hatte. Aber ich meldete mich nicht bei ihm. Ich schämte mich ein wenig, weil ich so verrußt aussah. Und ihm merkte ich an, daß er nicht erwartet hatte, mich als Schmiedelehrling zu sehen. Als ich nach Hause gekommen war, sagte Mutter: »Professor Ludvík war da und läßt dir bestellen, du sollst nach Čejkovice zu seinem Vater, dem Rektor, als Lehrerpraktikant gehen.« So fiel die Entscheidung. Ich war damals vierzehn Jahre alt. Die Vorbereitungsanstalt konnte ich erst nach zwei Jahren besuchen; darum sollte ich vorläufig in der Schule aushelfen, selbstverständlich ohne Gehalt. Der Rektor lehrte mich dafür nur Klavier spielen. – Nun gut, ich unterrichtete Knaben und Mädchen, so gut ich konnte, spielte eine Zeitlang an Wochentagen die Kirchenorgel und sang bei Begräbnissen, wie es die Kantoren damals tun mußten. Wenn ich bei den Begräbnissen mein Latein hersagte, warf mir Kaplan Satora vor, ich spräche es schlecht aus. Ich wollte auch verstehen, was ich hersagte. Damals hatte ich auch meinen ersten Konflikt mit der Kirchenobrigkeit. Ich legte den Kindern in der Schule nach dem, was ich in der Realschule gelernt hatte, dar, daß die Sonne stehe und die Erde sich um die Sonne drehe. Die Kinder erzählten das zu Hause, und die Mütter kamen zum Herrn Dekan, um sich darüber zu beklagen, daß ich die Kinder verdürbe, daß ich unerhörte Dinge gegen die Heilige Schrift lehre. Pater Franz brachte das in Ordnung. Ein paar Tage darauf war Jahrmarkt; die Bauern steckten die Köpfe zusammen und folgten mir in die Schule. Es gab mir innerlich einen Stoß, nun würde die Sache böse werden. Aber ich wollte mich nicht ergeben. Da trat einer von ihnen vor und sagte: »Herr Lehrer, gut, erklären Sie's den Kindern; nehmen Sie auf unsere alten Weiber keine Rücksicht und unterrichten Sie so weiter.« Dann griff einer nach dem andern in die Tasche und ließ mir auf dem Klavier ein Vier- oder wenigstens ein Einkreuzerstück zurück.

Gern vergrub ich mich in die Bücher. Im Schloß von Čejkovice waren von den Jesuiten alte Bücher aus dem 17. und 18. Jahrhundert zurückgeblieben, lauter Polemiken gegen die Protestanten; eine davon ist ziemlich bekannt, sie heißt »Vogel friß oder stirb« und bekämpft Luther in schauderhafter Weise. Ich verschlang diese Bücher geradezu und wurde ein so wütender Katholik, daß ich die Frau des Schmiedes, bei dem ich Lehrling gewesen war, zum Katholizismus bekehrte. Sie war eine Deutsche – ihr Mann hatte sie aus Deutschland mitgebracht –, und ich redete ihr so lange zu, bis sie übertrat. Es war für mich auch der erste Fall einer religiösen Mischehe, den ich damals allerdings rein vom katholischen Standpunkt aus betrachtete. In den deutschen Büchern gab es lateinische Zitate, die ich verstehen wollte. Das war ein weiterer Grund, Latein zu lernen. Ich begann damit allein und lernte nach einem alten Wörterbuch die Worte von A bis Z der Reihe nach auswendig. So eignete ich mir eine bedeutende copia verborum an, aber mit der Grammatik haperte es. Pater Satora erteilte mir dann regelmäßige Lateinstunden.

Auf seinen Rat legte ich in Strážnice die Prüfung der ersten Gymnasialklasse ab. So kam ich im Jahre 1865 in das deutsche Gymnasium in Brünn.

In Brünn

Ja, in Brünn … Als ich dort in die zweite Gymnasialklasse kam, mußte ich mich schon selbst erhalten; die Meinen konnten mir keine regelmäßigen Zuschüsse geben, nur die Mutter kratzte, Gott weiß woher, immer wieder etwas für mich zusammen.

Ich wohnte zuerst bei einem Schuster in der Neugasse. Wir waren dort etwa sechs Jungen; für zwei Gulden monatlich hatte ich Wohnung, Frühstück und sogar Wäsche. Wie der Kaffee beschaffen war, kann man sich denken – aber er war wenigstens warm.

So mußte ich irgendwelche »Konditionen« auftreiben. Ich unterrichtete den Jungen eines Bahnbeamten. Der gab mir zwei Gulden monatlich und das Mittagessen am Sonntag – ich hätte drei solche Mittagessen verzehrt. Dann unterrichtete ich das Töchterchen eines Bäckers; der zahlte mir nichts, aber dafür durfte ich mir Brot nehmen, soviel ich aufessen konnte. Es waren sehr brave Leute, wir freundeten uns an. Ich war Primus in der Klasse und bekam deshalb eine Empfehlung als Präzeptor in der Familie des Polizeidirektors Lemonnier; das war vielleicht der angesehenste Mann in Brünn. Dort bekam ich später täglich mein Essen, und so unterhielt ich auch meinen Bruder während des Studiums; aber ihm ging das Lernen nicht in den Kopf. Uns Jungen, die wir zusammen wohnten, verging die Zeit recht fröhlich; abends, nach der Arbeit, trieben wir allerhand Spaß, im Sommer gingen wir irgendwohin nach Zábrdovice zum Baden und aßen für sechs Kreuzer im Bräuhaus zu Abend: Brot, Käse und ein Seidel Bier. Ja, das waren Zeiten!

In Brünn gefiel es mir, weil ich an die Bücher herankam. Es versteht sich, daß mir in dem deutschen Gymnasium deutsche und katholische Bücher in die Hände fielen; aber das schadete mir nicht, im Gegenteil, ich verschlang damals die katholische Literatur geradezu, wie schon vorher in Čejkovice. An manche Romane erinnere ich mich noch heute; einer hieß »Fabiola« und war von Wiseman; Fabiola war eine schöne Römerin, die den Märtyrertod starb. Ein zweiter Roman war auch eine Übersetzung aus dem Englischen und hieß, glaube ich, »Die Märtyrer von Tilbury«; die Märtyrer waren während der englischen Reformation hingerichtete Katholiken. Ein drittes Buch war »Glaubenskraft und Liebesglut« betitelt, von einer Frau Polko; es handelte von einem jungen katholischen Missionar, der nach Indien ging; dort verliebt sich eine schöne Hindu in ihn, eine Prinzessin Damajanti oder so ähnlich, aber sein Glaube überwindet die Leidenschaft, und wiederum endet es mit irgendeinem Märtyrertod. Damals gefielen mir das Missionartum, die Glaubenspropaganda und vor allem die Beständigkeit im Glauben und Märtyrertum; ich war ganz erfüllt davon.

Wenn ich genau sagen sollte, was vom Katholizismus in der Jugend am meisten auf mich gewirkt hat, so ist es vor allem sein lebendigerer Transzendentismus; dann der katholische Universalismus, die Internationalität, das Weltumfassende und der energische Geist der Propaganda und des Missionartums; ferner das Streben nach einer einheitlichen Welt- und Lebensanschauung. Und schließlich imponiert am Katholizismus seine kirchliche Organisation und ihre Autorität.

Natürlich geraten einem älteren Schüler auch antikatholische Schriften in die Hände, die ihn auf den kirchlichen Absolutismus, die Exklusivität und den Zwang hinweisen; die Schulkatecheten machen selbst auf die kirchenfeindlichen und antireligiösen Autoren aufmerksam, indem sie mit ihnen polemisieren.

Meine Entwicklung fiel in die Zeit des wachsenden Liberalismus und seines Kampfes gegen den politischen und kirchlichen Absolutismus; selbstverständlich konnte ich nicht umhin, über Bücher wie Renans »Leben Jesu« und andere nachzudenken.

*

Am Gymnasium in Brünn hatten wir einen Pater Procházka als Katecheten. Er war einer der damaligen christlichen Sozialisten; ich besuchte seine und andere Versammlungen, und das machte mich mit dem Sozialismus bekannt. Etwa in der fünften Klasse erklärte ich dem Pater Procházka, ich könne nicht zur Beichte gehen. Pater Procházka liebte mich, er war ein guter und wahrhaft religiöser Mensch; er redete mir so zu, daß ihm selbst die Tränen kamen, aber vergeblich. Mir gefiel der Formalismus nicht; die Jungen prahlten damit, wie schlau sie gebeichtet hätten, und außerdem quälte mich die landläufige Praxis: heute wird mir die Schuld verziehen, und morgen fange ich wieder zu sündigen an. Seine Sünden bekennen, warum nicht? Der Mensch hat das Bedürfnis, einem Freunde oder überhaupt einem anständigen menschlichen Wesen zu beichten; aber es kommt darauf an, nicht weiter zu sündigen. Wie gesagt, mir gefiel die Bequemlichkeit nicht, und deshalb ging ich nicht zur Beichte. Allerdings reiften in mir schon Zweifel an so mancher kirchlichen Lehre.

Damals hatte ich auch meinen ersten Konflikt als Tscheche. Wir waren in der Schule Tschechen und Deutsche zusammen, und es versteht sich, daß wir über die Vorzüge unserer Nationen stritten und zankten. Wir Tschechen waren älter, weil wir ein oder zwei Jahre länger das Deutsche pauken mußten; ich selbst war älter, weil ich an der Realschule und in der Lehre gewesen war. Bei den harmlosen Knabenkeilereien verprügelten wir gewöhnlich die Deutschen. Das Gymnasium war deutsch, aber zu meiner Zeit war der Direktorstellvertreter Tscheche, ein gewisser Kocourek, Autor eines lateinischen Wörterbuches, ein grundgütiger Mann, für uns Jungen jedoch eine lächerliche Figur. Dieser Kocourek betrieb nebenbei eine Farbenfabrik; er hatte weiße Haare und einen weißen Backenbart, wischte darin seine farbigen Hände ab und kam so blau, grün, rot gefärbt zu uns. Er unterrichtete Tschechisch. Das war kein Pflichtgegenstand, und infolgedessen ging es in seiner Stunde immer drunter und drüber. Kocourek bat uns flehentlich, still zu sein, damit man den Lärm wenigstens nicht bis in die andern Klassen höre; wenn das nicht half, sagte er, daß er eine Anekdote erzählen wolle. Da wurden wir mäuschenstill, und er begann zu erzählen. Der arme Kerl kannte nur eine einzige Anekdote, eine ganz naive, und die dehnte er, um die Ruhe aufrechtzuerhalten, aus, solange er konnte; sobald er aber die Pointe ausgesprochen hatte, brachen wir in ein solches Hallo aus, daß er sich an den Kopf faßte und uns beschwor aufzuhören. Nun, wir waren eben Jungen ...

Nach Kocourek kam ein neuer Direktor, ein blonder Germane, und mit ihm begann ein scharfes Regime. Wir hatten einen Latein- und Griechischlehrer, der sich während Kocoureks Zeit noch Staněk genannt hatte, jetzt aber begann, in deutscher Weise Staniek zu unterschreiben. Das brachte mich auf, und einmal, als er mich prüfte, schrieb ich an den Rand eines Buches: Staniek = Staněk. Er nahm mir das Buch aus der Hand, und mir erging es – das kann man sich denken – schlecht.

In der fünften Klasse bekamen wir für Latein und Griechisch einen Professor, der Wendelin Förster hieß, einen später gefeierten Romanisten; der war erst recht ein harter Germane. Er sprach das Griechisch deutsch aus und verlangte, daß wir es auch so aussprechen sollten; also zum Beispiel Zois statt Zeus, paithain statt peithein, wie wir es vor ihm ausgesprochen hatten. Ihm zum Trotz begann ich das Latein tschechisch auszusprechen; selbstverständlich wurde Förster wütend, aber ich sagte zu ihm: »Herr Professor, Sie sind Deutscher und sprechen Latein und Griechisch deutsch aus; ich bin Tscheche und spreche es tschechisch aus.« Dabei beharrte ich, selbst nachdem mich der Direktor ad audiendum verbum gerufen hatte. Dann bekam ich wegen Ungehorsam und Trotz einen Fünfer in »sittlichem Betragen« und schließlich auch das »Consilium abeundi«.

Glücklicherweise wurde damals der Polizeidirektor Lemonnier nach Wien versetzt und nahm mich mit. Dort nahm man mich in die sechste Klasse auf, aber nur auf seine Fürsprache hin und vorläufig auf Probe.

*

Als Knabe hatte ich keinen Nationalismus gekannt, es wäre denn den Čejkovicer. Zur Pfarre Čejkovice gehörte die Gemeinde Podvorov, aber natürlich sagten wir Potvorov Ein Wortspiel. Potvora mit t heißt »Luder«. (Anm. d. Übers.); dafür sangen die Jungen von Podvorov ein Liedchen auf uns:

> Wer aus Čejkovice,
> Der hat nicht viel Grütze ...

Weiter weiß ich es nicht. Jeden Sonntag prügelten wir uns mit den Jungen von Podvorov um das Glockenläuten. Da haben wir den Nationalismus im kleinen.

In Brünn ging mir mein Tschechentum auf; vorher, zu Hause, empfand ich einen primitiven Sozialismus. Dadurch, daß ich die Geschichte kennenlernte, verfeinerte sich mein Nationalbewußtsein. Unsere Geschichte lernte ich aus den Romanen Herloßsohns kennen, die ich verschlang.

Wie aufregend ist unsere Geschichte! Die Přemysliden und ihre ganze Politik gegenüber Deutschland. Wie richtig erfaßten sie unsere internationale Lage! Dann die Reformation, die Wiedergeburt – wie ungewöhnlich dramatisch ist dieses ganze Ringen. Die Landkarte zeigt, wie wir uns erhalten haben! Das lohnt sich schon. Man muß sich unserer Geschichte nur richtig bewußt werden; ich weiß nicht, welche auf der Welt größer wäre.

Wir werden in der Welt immer nur eine kleine Minderheit sein, aber wenn eine kleine Nation mit ihren kleinen Mitteln etwas erreicht, so hat es einen besonderen und unermeßlichen moralischen Wert wie jener Groschen der Witfrau. Wir sind nicht schlechter als irgendeine Nation in der Welt, ja in manchen Dingen sind wir besser; man beginnt es auch schon im Ausland zu merken. Es schadet nichts, daß wir eine kleine Nation sind; das hat seine Vorzüge, wir können uns besser kennenlernen und intimer leben, uns mehr daheim fühlen. Es ist eine sehr große Sache, wenn eine kleine Nation hinter den großen nicht zurückbleibt und ihren Anteil hat am Aufstieg zur höheren Menschlichkeit. Auch wir wollen im Glockenstuhl der Welt mitläuten wie die Podvorover in dem der Čejkovicer.

Das ist das Problem der kleinen Nation: wir müssen mehr arbeiten als die anderen und gewandter sein; aber wenn einer mit Gewalt gegen uns vorginge, dann los … Sich nicht kleinkriegen lassen, das ist alles.

*

Wenn es auch keine tschechischen Bücher gab, so gab es wenigstens Volkslieder. Wir tschechischen Jungen am Gymnasium kamen zusammen, sangen Lieder um die Wette, und die, die wir nicht kannten, schrieben wir auf. Noch heute erinnere ich mich an manches Lied.

Von Brünn pflegte ich mit anderen Jungen aus unserer Gegend zu Fuß nach Hause zu gehen, und dann sangen wir während des ganzen Weges. Einmal machten wir auf dem Weg in einem Wirtshaus halt, und einer von uns, der älteste und lustigste – später wurde er Geistlicher –, scherzte mit der Wirtin, die noch jung und hübsch war; sie benahm sich merkwürdig ernst. Als unser Kamerad sie dann um die Hüfte faßte, sagte sie nichts und öffnete nur die Tür zur Nebenkammer; dort lag ihr Mann tot auf dem Stroh, zu Häupten eine brennende Kerze …

Ein andermal kehrte ich von Haus nach Brünn zurück und trug Pfannkuchen, die Mutter mir mitgegeben hatte, vielleicht etliche zwanzig Stück. Als ich nach Brünn an die Zollschranke kam, hielt mich ein Finanzer an, was ich da trüge? Pfannkuchen, sagte ich; er meinte, daß ich für sie die Verzehrsteuer bezahlen müsse. Ich wußte mir keinen Rat; Geld hatte ich nicht, von den Pfannkuchen mochte ich mich nicht trennen – so setzte ich mich am Schlagbaum hin, und wir futterten, die Kameraden und ich, alle Pfannkuchen auf. Auch der strenge Finanzer ließ es sich schmecken.

Die Kriege in den Fünfziger und Sechziger Jahren

Es versteht sich, daß mich als Jungen der Krieg unermeßlich interessierte. Es gab in meiner Kindheit und Jugend mehrere Kriege.

Im Jahre 1859 kehrte einer unserer Knechte aus dem italienischen Feldzug zurück, ein Bein war ihm abgefroren, und ich hörte ihm atemlos zu, so oft er von den Schlachten erzählte. Politisch brachte er alles merkwürdig durcheinander; offenbar wußte er nicht, für wen er eigentlich gefochten hatte und warum.

Im Jahre 1863 war der Polenaufstand gegen Rußland. Damals las ich schon Zeitungen, wenn ich welche erwischte; ich stand leidenschaftlich auf der Seite der Polen. In Olmütz waren einige polnische Rebellen interniert, darunter die Adjutantin Pustowojtówna; über sie wurden bei uns ganze Legenden erzählt. Ich versuchte dann noch Romane und Schauergeschichten aus dem polnischen Aufstand aufzutreiben und hatte den Kopf voll davon. Später gab ich einem Mitschüler, der in Polen geboren war, Stunden, und er erzählte mir noch mehr; damals begann ich polnisch zu lernen.

Im Jahre 1864 war der Schleswiger Krieg, und da hielt ich fanatisch zu den Dänen, weil sie, als kleine Nation, sich gegen zwei große wehrten.

Als der Krieg im Jahre 1866 kam, setzten wir uns, ein paar tschechische Jungen des Brünner Gymnasiums, in den Kopf, freiwillig gegen die Preußen zu ziehen. Gegen die Preußen – das bedeutete nicht geradezu für Österreich. Wir steckten die Köpfe zusammen und berieten, und ein Mitschüler, der älteste und kräftigste, ließ sich wirklich sofort anmustern. Dann wurden die Schulen geschlossen, ich ging zu Fuß nach Hause, nach Čejče.

Die Preußen siegten bald darauf bei Königgrätz, und die österreichischen Soldaten zogen sich durch Mähren nach Ungarn zurück. Überall herrschte Angst; man sagte, die Preußen machten Jagd auf junge Burschen und führten sie als Soldaten mit sich fort. Das ging mir nicht aus dem Sinn, ich suchte einen älteren Kameraden auf und drang in ihn, uns lieber, wie wir es verabredet hatten, der österreichischen Armee anzuschließen. Franz redete es mir aus, wir sollten lieber davonlaufen und uns verbergen. Da flüchteten auch schon die österreichischen Regimenter vor den Preußen nach Ungarn, und nach Čejče kam eine Fouragekolonne. Der Offizier, der sie anführte, fragte nach dem Weg nach Hodonín; ich bot ihm an, ihn hinzubringen. So gingen wir, Franz und ich, mit den Soldaten; unterwegs sagte ich zu dem Offizier, daß ich gern zu den Soldaten möchte. Er riet mir ab, ich wäre zu jung und zu schwach, es fände sich kein Arzt, der mich ausmusterte, auch ginge der Krieg schon zu Ende. Als wir in Hodonín einfuhren, brach in einem Haus am Wege Feuer aus, es entstand eine Panik; man sagte, die Preußen hätten es getan, die überall ihre Spione hätten. Von Hodonín zogen die Soldaten weiter nach Ungarn, und ich ging mit ihnen bis Holič; ich kannte die ganze Gegend gut und fand mich zurecht wie daheim.

Bei Holič holten uns die preußischen Patrouillen ein. Es gab Alarm, und eine Handvoll Infanterie und Reiterei wandte sich gegen die Preußen. Auf den Feldern waren die Garben und Haufen aufgestapelt, der österreichische Kommandant hielt zu Pferd hinter einem Getreidehaufen. Es war schon recht spät am Abend, es dämmerte. Ich lief mit Franz, einem Juden aus Holič und noch einem andern Holičer auf den Kirchhofshügel, um einen besseren Ausblick auf den Zusammenstoß zu haben; dort verbargen wir uns hinter der Mauer; Franz hatte Angst und legte sich in ein frisch geschaufeltes Grab, der Jude zu ihm. Der Slovak und ich lugten über die Mauer hinaus; erst sahen wir eine Kolonne Infanterie daherziehen und schießen – der Slovak sagte, das wären Italiener, die würden sich davonmachen. Dann stieß Reiterei aufeinander; wir sehen, wie sie mit den Säbeln aufeinander loshauen und sich schlagen, und in diesem Augenblick reitet ein Soldat gerade auf uns zu. Als er näher kommt, erkenne ich, daß es der Offizier ist, der mich mitgenommen hatte, und daß seine Wange von der Schläfe bis zum Kinn zerschnitten ist. Ich rief ihn an, er sprengte um die Kirchhofsmauer herum zum Tor. Der Slovak, ein vernünftiger Mann, sagt zu mir: »Laufen Sie in das nächste Bauernhaus, ziehen Sie das Laken vom Bett herunter und tauchen Sie es in den Brunnen!« – Ich lief, und er und der Jude – Franz blieb im Grab liegen – führten den Offizier mir nach. Ich nahm in einem Haus ein Laken, hängte es an den Brunnenhaken und machte es naß; aber das durchtränkte Laken war schwerer, als ich erwartet hatte, und ich stemmte mich mit dem Knie fest gegen die Brunnenmauer, um es heraufzuziehen. Dabei riß ich mir das Fleisch über dem Knie an einem Nagel auf, bemerkte es aber in der Aufregung nicht; wir wuschen den Offizier, verbanden ihn und zogen ihm die Uniform aus, die der Jude davontrug; da erst spürte ich meine Wunde. Ich wollte weiterlaufen, aber es ging nicht mehr; einer der abfahrenden Militärwagen nahm mich auf, und erst bei Preßburg wurde ich in einem Feldlazarett richtig verbunden.

Dann machte ich mich mit Franz zu Verwandten nach Kopčany auf. Dort hörte ich, daß sich der Jude durch die Offiziersuniform verraten hatte und von den Preußen festgenommen worden war, aber auch der verwundete Offizier.

Im Jahre 1866 erlebte ich noch ein Abenteuer. Ich pflegte nach Hovořany zu gehen, wohin Pater Satora aus Čejkovice versetzt worden war. Einmal verspätete ich mich bei ihm bis zum Dunkelwerden; er hatte ein feierliches Begräbnis gehabt. Ich ging, in der Hand eine Begräbniskerze, nach Hause. Wie ich so gehe, bemerkte ich, daß sich hinter einer Pappel jenseits des Straßengrabens ein Mensch verbarg. Ich fürchtete mich zwar, ging aber weiter; und wie ich herankomme, springt der Mann über den Graben und packt mich beim Hals. Das geschah so rasch, daß ich gar nicht weiß, wie; ich erinnere mich nur, daß ich ihn, als er mich am Halse faßte, fortstieß; er geriet mit einem Bein in den Graben, ich hieb ihm mit der Kerze über das Gesicht; dabei stach er mich mit einem Messer oder etwas anderem in die Hüfte. Ich nahm alle Kräfte zusammen und schoß wie ein Pfeil nach Hause. Erst daheim beim Licht sahen wir, daß er Rock und Hemd durchstochen und mir eine lange Kratzwunde an der Hüfte beigebracht hatte; aber es wurde wieder gut. Ich glaube, der Mann hatte jemandem anderen aufgelauert und sich in mir geirrt.

Als ich später, es war schon in den ersten Jahren in Prag, an meinem Roman zu arbeiten begann – er sollte »Dichtung und Wahrheit« werden –, verwendete ich dieses Abenteuer darin, wie es mir in der Erinnerung geblieben war, nur romantisch ausgestaltet (mein Held war Soldat usw.). Ich habe diesen Roman längst aufgegeben und alles, was davon geschrieben war, verbrannt; aber noch jetzt male ich mir ihn manchmal aus, wenn ich nicht einschlafen kann.

*

Dies war aber nicht mein erster Versuch mit einem Roman; meinen ersten Roman begann ich am Gymnasium in Brünn zu schreiben. Damals ernährte ich mich schon selbst und ließ meinen Bruder studieren; ich war der Älteste in der Klasse, hatte Konflikte mit den Lehrern und lernte die Liebe kennen ... Kurzum, ich dachte Gott weiß was für Erfahrungen zu haben, und so begann ich den Roman meines Lebens zu schreiben. Sowie ich einige Kapitel fertig hatte, las ich sie meinen Kameraden vor dem Baden im Flusse vor; natürlich wollten die Jungen lieber baden und wurden ungeduldig, aber ich hörte nicht auf, bis ich zu Ende gelesen hatte. Dann sagte mir einer von ihnen, ein richtiger Hanake Bewohner der mährischen Ebene Hana. (Anm. d. Übers.): »Thomas, etwas so Albernes hab' ich mein Lebtag nicht gehört.« Daraufhin verbrannte ich alles.

Verse zu schreiben, hatte ich schon früher versucht, als ich mich nach den zwei Realschulklassen einige Zeit in Hodonín aufhielt; ich schrieb Liebesgedichte an ein Mädchen, mit dem ich Theater zu spielen pflegte; sie müssen fürchterlich formlos gewesen sein, ich hatte keine Ahnung von Rhythmus und Form, und die Gymnasiasten lachten mich deswegen aus. Damals begriff ich zum erstenmal, was humanistische Bildung bedeutet.

Die Gedichte aus jener Zeit möchte ich heute sehen! In Brünn fiel mir dann eine »Poetik« in die Hände; nach ihr versuchte ich Gedichte in allen möglichen Formen, selbst indischen, zu machen ... Nun, und dann habe ich es sein lassen; aber die Literatur hat mich mein Leben lang gefesselt.

*

Ich ging von Brünn fort wegen einer Liebesgeschichte. Als ich in der fünften Klasse war, kam zu meiner Wirtin eine Schwägerin zu Besuch, ein Mädchen etwa in meinem Alter; wir verliebten uns in einander – das war meine erste, große Liebe. Ich war ganz benommen von ihr, wollte Antonia heiraten und rechnete immerfort nach, wann dies möglich sein werde; ich fühlte mich als reifer, selbständiger Mensch. Die Eltern des Mädchens waren natürlich dagegen; wir kamen heimlich zusammen, auf der Straße. Das erfuhr man auch in der Schule; und da man gegen mich nicht anders vorgehen konnte, rief mich der Direktor zu sich und sprach sehr häßlich von meiner Liebe, als triebe ich irgendeine Unsittlichkeit. Das beleidigte mich und regte mich so auf, daß ich nicht wußte, was ich tat; da er den Schuldiener gegen mich herbeirief, packte ich einen Feuerhaken und schrie, ich ließe weder mir noch dem Mädchen solches Unrecht geschehen. Dafür bekam ich das »Consilium abeundi« wegen Widerspenstigkeit. Sonst geschah mir nichts, der Direktor fühlte wohl selbst, daß er nicht recht hatte.

Das war meine erste Liebe. Seither habe ich viel über die Liebe nachgedacht, durch eigene Erfahrung veranlaßt, sowie durch das, was ich rings um mich beobachtete, vor allem auch durch die Literatur, die sich doch in hohem Maße mit der Liebe befaßt. Ich habe darüber nach meinen späteren Erlebnissen und unter dem Einfluß meiner Frau ziemlich viel geschrieben und wiederhole nur: Die Liebe, die starke Liebe, die wahre Liebe, die Liebe von Mann und Frau, die sexuell unverdorben sind, ist, wie es im Lied der Lieder steht, stark wie der Tod – ist stärker als der Tod, weil sie das Leben erhält und neues Leben hervorbringt. Mit Recht wendet die Literatur ihr die größte Aufmerksamkeit zu. Nur daß sie gerade darin meist nur »Literatur« ist.

In Wien

Wien hatte für meine geistige Entwicklung große Bedeutung; ich verbrachte dort nicht weniger als zwölf Jahre, von 1869 bis 1882, dazwischen war ich ein Jahr (1876 bis 1877) in Leipzig. Mähren neigte damals zu Wien, und Brünn war, wie man zu sagen pflegte, eine Vorstadt von Wien.

Zum erstenmal war ich dort als Schlosserlehrling; einmal ging ich als Gymnasiast in den Ferien zu Fuß nach Wien. Beidemal lief ich eigentlich von dort weg, so bang wurde mir; durch den Aufenthalt in reiferen Jahren gewöhnte ich mich an die Stadt um so mehr, als ich hier eine Möglichkeit für meine Bildung und meinen Lebensunterhalt fand.

Ich kam an das Wiener Akademische Gymnasium in die sechste Klasse. Das Abitur legte ich 1872 ab. Die Mittelschule wurde mir bald peinlich; ich hatte sozusagen viele Lebenserfahrungen, war verhältnismäßig alt und mußte mich selbst ernähren. In den ersten Jahren in Brünn schrieb ich den Zeugnisnoten noch einen Wert zu; ich war auch mehrere Semester Primus, aber bald sagte ich mir, daß es genüge, die Schule anständig zu absolvieren und mich dafür nebenher mit Sprachen, den Dichtern, der Kunst und der Lektüre von Historikern, Philosophen usw. zu befassen. Ich war immer ein leidenschaftlicher Leser.

Einen starken Antrieb zum Lesen und Denken gab mir das Interesse für Religion, Politik und Nationalität. In Brünn kam ich durch den Pater Procházka zur Theorie des christlichen Sozialismus; dort konnte und mußte ich mir auch der nationalen Probleme bewußt werden, wie die Schule sie selbst bot – Schüler und Professoren schieden sich nach der Nationalität – und wie sie die tschechisch-deutsche Atmosphäre von Brünn, allerdings auch die tschechische und die deutsch-österreichische Politik, soweit ich sie verfolgen konnte, mit sich brachte. In Wien suchte ich tschechische Vereine auf, namentlich den Akademischen Verein. Als Gymnasiast konnte ich noch nicht Mitglied werden. Ich vereinbarte mit dem Ausschuß, mich als Philosophiekandidat anzumelden, weil die zwei letzten Gymnasialklassen noch kurze Zeit vorher »philosophische Klassen« oder kurz »die Philosophie« genannt wurden. Nach einiger Zeit trat dasselbe Mitglied, das den Einfall mit der »Philosophie« gehabt hatte, gegen mich auf, ich hätte kein Recht, Mitglied des Vereins zu sein; das war richtig, und so zahlte ich wieder Lehrgeld. Jede Lüge hat kurze Beine, auch die fraus pia.

Was ich werden würde, darüber dachte ich nicht viel nach. Als Gymnasiast wollte ich Diplomat werden; ich hätte gern die Orientalische Akademie besucht. Deshalb machte ich praktische Kurse der arabischen Sprache mit. Als ich dann sah, daß man in der Orientalischen Akademie nur Adelige aufnahm, ließ ich diesen Gedanken fallen. Ich glaube, daß ich mir unter Diplomatie vor allem Reisen in ferne Länder vorstellte. Ich reiste immer gern, sei es auch nur im Atlas. Noch heute liebe ich Landkarten. Und immer interessierten mich die Statistik, die Verhältnisse in allen Ländern. Beim Abitur stellte mir der Geographieprofessor eine Frage aus der nationalen und religiösen Statistik Ungarns; ich wußte darüber mehr als er, und das nahm ihn und den Schulrat so sehr für mich ein, daß sie dann über meine Unkenntnis in andern Fächern, die mir nicht besonders lagen, hinwegsahen.

Nach dem Abitur ging ich an die Wiener Universität. Die Philosophie hatte mich schon lange interessiert; ich erinnere mich, wie ich Professor Zimmermann, einen Herbart-Ästhetiker, aufsuchte, er möchte mir raten, wie ich die Philosophie fachgemäß anpacken solle. Er riet mir, die ganze Geschichte der Philosophie durchzulesen; welcher Philosoph mir am meisten zusage, den solle ich mir zu eingehenderem Studium wählen.

Ich hatte die Geschichte der Philosophie und mehrere Philosophen am Gymnasium gelesen und damals schon eine Zuneigung zu Plato gefaßt. Platoniker blieb ich mein Leben lang. Ich ließ mich in Griechisch und Latein eintragen, um meinen Plato, aber auch die andern griechischen und römischen Schriftsteller lesen zu können. Einer der Professoren, Vahlen, erklärte uns während des ganzen Semesters vier Stunden wöchentlich Catull. Ich hatte den ganzen Catull auf einen Sitz gelesen, und nun erklärte und erklärte der Mann, wie viel Catullsche Handschriften es gebe, in welchen Wörtchen sie voneinander abwichen, was irgendein Gelehrter darüber geschrieben habe und daß dieser Gelehrte ein Ignorant sei.

Dann studierte ich außer der Philosophie die Naturwissenschaften (auch Anatomie). Mich interessierte die damals moderne physiologische Psychologie.

Professor wollte ich eigentlich nicht werden; ich hatte keine Lust, andere zu belehren, sondern wollte selbst lernen und erfahren. Wie es bei Aristoteles am Anfang seiner Metaphysik steht: »Dem Menschen ist angeboren, nach Erkenntnis zu streben.« Es ist doch so schön, etwas zu erkennen, etwas zu erfahren und immer wieder etwas Neues zu erfahren! Interesselosigkeit, Gleichgültigkeit ist schlimmer als Unwissenheit.

Wie reimt sich dieses Interesse an Tatsachen und immer wieder an Tatsachen mit meinem Platonismus zusammen? Nun, ganz gut. Ich will die Tatsachen kennen, aber ich will auch sehen, was für einen Sinn sie haben, worauf sie hindeuten. Und damit sind wir bei der Metaphysik angelangt.

*

Ich lebte vom Stundengeben; ein Tscheche namens Bílek hatte in Wien eine Erziehungsanstalt und brachte mich als Präzeptor in die Familie des Bankiers Schlesinger, des Direktors der Anglo-Österreichischen Bank; dort bekam ich ganze hundert Gulden und volle Verpflegung, was mehr als genug war. Im Kreise dieser Familie und ihrer Bekannten erhielt ich einen Einblick in das Leben reicher Leute. Die Reichen sind keineswegs glücklich, das viele Geld isoliert sie von den andern Menschen wie eine Mauer, und oft tragen sie alle mögliche Unvernunft und Verkehrtheit mit sich herum.

Freundschaft ist für einen jungen Menschen ein ebenso starkes Gefühl wie Liebe. Ich hatte einen lieben Freund, Herbert hieß er, einen Mitschüler vom Gymnasium, einen zarten und braven Jungen, Historiker und Geographen; er war ein kranker Mensch und starb am Ende der Studienzeit. Sein Vater war Arzt bei einem siebenbürgischen Grafen gewesen. Ich besuchte Herberts Familie; er hatte zwei Schwestern. Ich denke noch heute an ihn; mein erster Sohn bekam zur Erinnerung an diesen Freund meiner Jugend den Namen Herbert.

Herbert besaß als Vermächtnis seines Vaters eine große Bibliothek, und so lasen wir zusammen die deutschen Klassiker aus dem 18. bis zur Mitte des 19. Jahrhunderts. Ich selbst vergrub mich damals in die französische Literatur, in Chateaubriand, Musset und andere. Die Jugend in Wien befaßte sich mit Hebbel. Ich war stets skeptisch gegen modische Strömungen. Eine solche Strömung war unter den deutschen Studenten damals der Wagnersche Nationalismus, sowohl die Musik, als auch die germanische Philosophie Richard Wagners und seiner Kommentatoren. Mir blieb auch seine Musik fremd. Zu den Nationalisten gehörten Viktor Adler und Pernerstorfer, die späteren sozialistischen Abgeordneten; damals kam ich nur von ferne mit ihnen in Fühlung.

Als die zweite Ausgabe des »Kapital« von Marx erschien (es war, glaube ich, im Jahre 1876), vertiefte ich mich eingehend in seine Gedanken; den Geschichtsmaterialismus und die Hegelsche Philosophie lehnte ich schon damals ab. Ich befaßte mich ernsthaft mit dem Volkswirtschaftler Menger und besuchte seine Vorlesungen. Später hörte ich in Leipzig den eklektischen Roscher. Im ganzen war ich in meinen Interessen ziemlich isoliert.

Ich hatte keine Zeit zu vielen Jugendstreichen, weil ich mich seit dem vierzehnten Lebensjahr selbst ernähren mußte; auch machte ich keine Pubertätskrise durch. Die erste junge Liebe ist keine Zuchtlosigkeit; ich glaube an die Reinheit der Jugend. Überhaupt scheint mir die Geschlechtsfrage der Jugend sehr künstlich und unnatürlich aufgebauscht durch Literatur, Theater, Zeitungen und alles mögliche.

Als ich noch das Gymnasium in Wien besuchte, war ich in Hustopeč auf Ferien. Dort verkehrte ich mit der Familie eines tschechischen Kapellmeisters, bei der ein Mädchen aus Böhmen zu Besuch war. Sie interessierte mich darum, weil sie die erste Tschechin aus dem Königreich war, die ich kennenlernte. Sie war gebildet und national bewußt. Ich korrespondierte mit ihr, und später kam sie nach Wien. Sie hatte dort einen Bruder, der Beamter war; bei dem lebte sie. Dieser Bruder war ein merkwürdiger Mensch; er lieh sich von mir Geld aus, und dafür wollte er mir sozusagen seine Schwester überlassen; ich bemerkte, daß er immer fortging, wenn ich zu Besuch kam, und Spaziergänge und Ausflüge arrangierte er wohl mit derselben Absicht. Das widerte mich an; ich wußte, daß sie daran unbeteiligt war, aber ich gab den Verkehr auf.

Noch einer Erfahrung erinnere ich mich; sie ist vielleicht typisch für die Jugend. Ich verbrachte die Ferien in Klobouky und lernte dort beim Tanz ein Mädchen kennen, verliebte mich in sie auf den ersten Blick, schrieb ihr gleich und überlegte, wann wir heiraten könnten. Aber kaum hatte ich den Brief durch eine Botin abgesandt, so wußte ich schon, daß ich eine schauderhafte Dummheit begangen hatte. Es wurde nichts daraus.

Wenn unsere Erziehung mehr Freundschaft zwischen Jungen und Mädchen erlauben würde, so gäbe es nicht soviel Jugendkrisen, unglückliche Liebe und Enttäuschungen. Wenn die Eltern so leben sollen, daß sie ihren Kindern ein Beispiel geben, so hat auch die sogenannte Gesellschaft eine ernste Pflicht gegen die jungen Menschen. Wo der gesellschaftliche Verkehr gesund und gut ist, dort ist auch die Jugend gesund.

Ich bitte Sie, was ist das noch für ein unschönes, sklavenartiges Verhältnis zu den Frauen!

Die Belehrung über das Geschlechtsleben soll man nicht nur von der Schule verlangen; in erster Linie sind dazu die Eltern berufen. Ich erinnere mich an ein schönes Kapitel in einem Roman von Mrs. Canfield, worin die Mutter ihre Tochter, die durch die Grobheit ihres Verlobten beleidigt und aufgebracht ist, zur rechten Zeit über die physische Seite der Liebe belehrt. Mehr Takt und edlen Ernst sowohl in den Anschauungen über diese Dinge als auch im Leben selbst – dessen bedarf es, und darin liegt alles.

Heute gibt es wenigstens mehr Vernunft in diesen Dingen. Auch der Sport hat viel Gutes; heute raucht, trinkt, bummelt solch ein Junge nicht, wenn er Sportsmann ist, weil er in Form bleiben will. Wenn die Jungen dabei nur kulturell nicht vergröbern, dann wird es der größte Fortschritt und eine Rückkehr zur antiken Kultur sein.

Noch etwas über den Sport: Auch das ist gut an ihm, daß er die angeborene und anerzogene Rauflust regelt oder ersetzt. Jeder Junge wird durch seine Natur, die Umgebung und die Geschichte zu einem einseitigen Kult der Kriegsheroen und Kriegerherrscher verleitet; beim Sport lernt er den andern ohne Blut und Grausamkeit übertreffen. Der Sport erzieht auch zur Ehrenhaftigkeit.

Ich selbst hatte noch keine Gelegenheit, Sport zu treiben. Ich habe nur geturnt, und bis heute vergeht kein Tag, an dem ich nicht turne.

Der junge Mann

Die Welt des Lesers

Mrs. Browning sagt in »Aurora Leigh«, daß der Dichter zweierlei Nationalität haben könne – aber das weiß ich nicht; man sagt oft, daß die Kenntnis einer Sprache gleichbedeutend sei damit, ein Leben mehr zu leben – und darin habe ich einige Erfahrungen.

Deutsch konnte ich schon als Kind, von der Mutter her; aber die deutsche Sprache war mir doch nie eine zweite Muttersprache. Das erfuhr ich nur zu gut, als ich an die deutsche Realschule in Hustopeč kam. Die Jungen verlachten mein Deutsch, mit den deutschen Schulaufgaben hatte ich Schwierigkeiten; das hörte erst mit dem Gymnasium auf, und auch da nicht ganz. Als ich meinen »Selbstmord« herausgab, las ihn ein deutscher Schriftsteller auf das Sprachliche hin durch; er fand etwa ein Dutzend Slavismen in dem Buch. In der deutschen Umgebung sprach ich fast immer tschechisch, zu Hause, mit Kameraden, in tschechischen Vereinen; deutsch hörte ich nur in der Schule, und Stunden gab ich in deutscher Sprache; aber vor allem las ich deutsch.

Ich kam bald auf Goethe und Lessing. Goethe packte mich anfangs mehr durch seine Lyrik als durch den »Faust«, und Lessing lenkte mich auf die Griechen und Römer hin. Außerdem eröffnete mir die deutsche Sprache die Bildungsliteratur und in Übersetzungen vor allem die Weltliteratur. Shakespeare und die andern großen Dichter lernte ich zuerst durch deutsche Übersetzungen kennen.

Unter dem Einfluß Wiens befaßte ich mich ziemlich viel mit der österreichischen Literatur, mit Grillparzer und anderen; ich versuchte, durch diese Literatur Österreich und Wien zu verstehen. Mit Interesse verfolgte ich die Literatur aus Böhmen (Hartmann, Meißner) und lese unsere deutschen Schriftsteller noch heute mit Aufmerksamkeit. Von den Dichtern, die ungarischer Herkunft waren, fesselte mich Lenau durch seine Poesie und sein Leben; auch Karl Beck stammte aus Ungarn, in Wien kam ich indirekt in Berührung mit ihm.

Französisch begann ich einmal in Čejkovice zu lernen, als ich dort Unterricht gab. In Čejkovice und einigen Nachbarorten gab es Nachkommen französischer Kolonisten aus Lothringen, die dort, wenn ich nicht irre, von Maria Theresia angesiedelt worden waren; Namen wie Doné (donner), Biza (bison) und andere kamen hier vor. Allerlei Geschichten gingen über diese Kolonisten um. Pater Satora schlug mir und dem Unterlehrer Štancl vor, französisch zu lernen; er unterrichtete uns selbst darin, obwohl er die Sprache nicht konnte, aber er kannte sich in der Grammatik aus, und das Lateinische half ihm dabei. Lange dauerte dieser Unterricht nicht. In der dritten Klasse nahm ich Französisch selbst in Angriff; es interessierte mich nämlich, die französische Grammatik mit der lateinischen zu vergleichen. Ich lernte allein; aber ich unterrichtete damals einen Mitschüler, in dessen Haus eine Französin Lehrerin war, und bemühte mich, ihre Aussprache aufzufangen. Man sagt, daß Leute mit musikalischem Gehör sich eine fremde Aussprache leichter aneignen – das wäre für uns Tschechen und Slovaken gut, da wir, wie man behauptet, gute Musiker sind. Ich las viel französisch, alles, was ich auftreiben konnte; von dem wenigen Geld, das ich besaß, kaufte ich französische Lehrbücher, eine Geschichte, eine Geologie usw. Ich las Romane: Balzac, die Sand, Dumas, Hugo, aber mehr interessierte mich Renan; auch Père Hyacinthe spielte damals eine große Rolle für mich.

Erst an der Universität in Wien und später, wo und wann immer ich Zutritt zu Bibliotheken hatte, studierte ich die französische Literatur systematischer; ich kam auch auf Rabelais – in ihm fand ich den eigentlichen französischen Charakter. Sehr fesselte mich Molière; von den Lyrikern liebte ich Musset am meisten; aus Chateaubriand übersetzte ich mir dieses und jenes sogar selbst, so nahe war er meinem Romantismus. Von Denkern beschäftigte mich Descartes und dann Comte; tief ergriff mich Pascal, in Maìstre studierte ich den Katholizismus. Rousseau hielt mich durch seine »Heloise« ebenso gefangen wie durch seinen »Sozialen Vertrag«. Voltaire las ich, aber er machte keinen besonderen Eindruck auf mich, im Gegensatz zu d'Alembert.

Der französische Geist ist bewunderungswürdig. Man sagt, daß den Franzosen seine besondere Logik oder Klarheit kennzeichne – möglich; ich möchte dies Deduktivität und Folgerichtigkeit nennen. Und dabei die starke Initiative: die französische Revolution, der französische Sozialismus gaben der Welt neue Probleme und neue Lösungen, die französische Kunst, die französische Literatur bringen immer neue Anregungen. Man nehme den französischen Formensinn dazu – mit Recht erblickt man in den Franzosen die eigentlichen Vollender der Römer und den lebendigen Quell des Klassizismus.

Da ich soviel und stets französisch las, unterließ ich es, nach Frankreich zu gehen; ich glaube, daß das ein Fehler ist, denn der Mensch versteht die Nationen besser, wenn er sie auch mit den Augen sieht. Aber ich besaß dazu nicht Geld genug, und wenn ich schon irgendwohin reiste, so wählte ich Länder, die ich nicht so gut aus ihren Literaturen kannte. Bis heute verfolge ich die französische Literatur, so gut ich kann.

Die französischen Einflüsse suchte ich von Anfang an ganz bewußt als Gegengewicht für die deutschen. Es verstimmte mich, daß so viele unserer Leute von Frankreich und von den Russen so viel redeten und sich praktisch dabei aufs Deutsche beschränkten. Ich erlebte unsere Franko- und Russophilie konkret, versuchte mich in die Literatur und den Geist dieser Nationen einzuarbeiten. Man nannte mich manchmal einen Germanophilen; de facto wurde ich mehr als irgendein anderer durch die nichtdeutschen Literaturen ausgebildet; wie gesagt, durch die französische, aber auch die russische; wie ich diese las, davon gibt mein Buch über Rußland »Rußland und Europa«, Studien über die geistigen Strömungen in Rußland. Zwei Bände, Jena 1913. Der dritte, im Manuskript vollendete Band wurde während des Weltkrieges mit anderen Handschriften Masaryks von der österreichischen Polizei beschlagnahmt. ein Zeugnis.

Ich mochte unsere marktschreierischen Erzslaven, die nicht einmal die Azbuka Die russischen Schriftzeichen. (Anm. d. Übers.) gelernt hatten, nicht leiden, das ist wahr. Von den Russen hatte ich Puschkin, Gogol, Gontscharow lieb; Tolstoj ist für mich ein großer Künstler, obgleich ich mit ihm über seine Anschauungen stritt. Dostojewskij interessierte mich auch negativ. Ich mußte gegen seinen russischen und slavischen Anarchismus sein, den er trotz seiner Rückkehr zur Rechtgläubigkeit nicht überwunden hat. Dostojewskij wurde durch seine Zwiespältigkeit der Vater des russischen Jesuitismus. Ich liebe Gontscharow und Gorkij; bei Turgenjew stört mich etwas.

Die andern slavischen Sprachen kann ich leidlich lesen, aber ich ziehe Übersetzungen vor; Mickiewicz und Krasinski interessierten mich sehr.

Zur amerikanischen und englischen Literatur gelangte ich später, hauptsächlich unter dem Einfluß meiner Frau. Diese beiden Literaturen kenne ich nach vielen Jahren Lektüre ziemlich gut und lese sie bis heute am meisten; es scheint mir, daß wenigstens die Romane nach Form und Inhalt interessanter sind als in den anderen Literaturen – sie sagen mir mehr, ich erfahre mehr aus ihnen. Diese beiden Literaturen bieten viele zarte und weise Erfahrungen.

Italienisch kann ich lesen und zur Not auch sprechen; aber die meisten italienischen Autoren las ich in französischen, deutschen, englischen Übersetzungen; von Philosophen liebe ich Vico sehr. Die nordischen und die anderen Literaturen kenne ich nur aus Übersetzungen.

Von meiner Kindheit an bis heute bin ich ein unersättlicher Leser. Ich habe eine Studie über mein Verhältnis zur Literatur verfaßt; vielleicht werde ich sie veröffentlichen. Ich wollte mir darin klar werden, wie, in welchem Maße eine fremde Nation auf einen Menschen wirken kann, wie weit wir uns eine fremde Sprache aneignen und in den Geist dieser Nation eindringen können; wieviel von diesem Fremden wir übernehmen, wie die Synthese möglich ist und wie diese Einflüsse unseren Charakter intellektuell und moralisch formen. Längere Zeit hatte ich die Absicht, diese Anschauungen und Studien als »Tagebuch des Lesers« niederzuschreiben – wenn man von seinem achten oder zehnten Lebensjahr an liest, wieviel liest man da zusammen!

Neben den Philosophen und vielleicht noch intensiver als sie las ich von früh an die großen Dichter; man nennt sie ja mit Recht »Dichter-Denker«. Mich interessierte Goethe nicht weniger, ja eher mehr als Kant, und ebenso andere Dichter nach Shakespeare. Dante blieb mir irgendwie unzugänglich. Die Dichter und Künstler denken über das Leben und seine Probleme nicht weniger nach als die Philosophen und dabei konkreter. Wer lesen kann, dem schenken sie unermeßlich viele Erkenntnisse; und wer die Seele und den Geist fremder Nationen kennenlernen will, dem öffnet die Kunst den sichersten Weg dazu.

Ich fühle mich bei einer Nation nicht heimisch, wenn ich nicht in sie hineinsehe, ihre Sprache nicht kenne. Deshalb fuhr ich nur dahin, wo ich mich mit dem Volk in seiner Sprache verständigen konnte. Allerdings reiste ich auch nach Ägypten, Palästina und Griechenland, aber dort ging ich den alten Kulturen nach, nicht der Gegenwart.

Durch meine Bildung bin ich bewußt Europäer; damit will ich sagen, daß mir die europäische und amerikanische Kultur geistig genügt (Amerika ist ethnisch und kulturell – nicht völlig – ein Stück nach Amerika übertragenes Europa).

Die östlichen Philosophien und Literaturen kenne ich sehr wenig und aus zweiter Hand, weil ich die östlichen Sprachen nicht kenne; die Kulturen Indiens, Chinas, Japans sind mir unzugänglich. Ich bin sehr skeptisch gegen die Stimmen, die sie über die europäische Kultur hinaus preisen und erheben; aber ich weiß, daß man mir da einwenden könnte, ich spräche als Blinder von der Farbe.

Als Europäer bin ich Westler – das sage ich für die Slavophilen, die in Rußland und im Slaventum etwas Übereuropäisches erblicken. Die besten Russen waren gleichfalls Westler.

Und unsere Literatur, die tschechische und die slovakische? Ich las sie viel und kenne sie, wie ich sagen kann, ziemlich gründlich; aber die junge Generation ist in und mit ihr aufgewachsen und kann sie daher besser schätzen. In meiner Kindheit und Schulzeit war sie keine so umfangreiche und vollendete Literatur wie jetzt. Ich kam zur tschechischen Literatur, als ich mich schon in die Weltliteratur eingelesen hatte, der Vergleich mit den Weltvorbildern ließ keine Begeisterung zu; darum waren meine Kritiken unserer Dichter zumeist negativ.

Am liebsten ist mir Mácha Mácha und die in diesem Absatz genannten Dichter sind tschechische Dichter des 19. Jahrhunderts, von denen mehrere auch ins Deutsche übersetzt worden sind. (Anm. d. Übers.), obwohl ich in ihm nur einen Anlauf und etwas Unfertiges sehe, allerdings etwas Geniales; ich liebe Němcová, Neruda, Havliček, nicht nur den Publizisten, sondern auch den Dichter. Immer interessierte mich Vrchlický. In seiner Lyrik ist viel Ausgezeichnetes, aber man muß es aus seiner Überproduktion herausfinden. Ich kenne wohl alle unsere und alle slovakischen Romane – ich bemerkte, daß unsere Lyrik stärker ist als die Romane. Vor allem fehlt uns *ein* tschechischer und slovakischer Roman, nämlich einer, in dem unsere gegenwärtigen nationalen und nun auch staatlichen Probleme behandelt werden und aus dem der heimische wie der fremde Leser den Geist der Nation schöpfen könnte; man vergleiche zum Beispiel die Höhe des skandinavischen Romans mit dem unsrigen. Es gibt Partien bei Čapek-Chod, Holeček, Hermann und anderen, die ich mit Vergnügen lese. Ich schätze auch manche von unsern Jüngeren und Jüngsten, namentlich die Lyriker. Ich möchte sagen, daß ich in der fremden Literatur mehr Ideen, größere Schönheit und vollendetere Formen finde; unsere Dichter belehren mich über unsere nationalen Mängel und Schmerzen.

In unseren Jungen spüre ich ein starkes künstlerisches Streben und die Sehnsucht nach der Welt, nach dem Weltniveau. Vor dem Krieg und kurz danach waren unsere geistigen Kräfte einseitig politisch befangen; auch die allgemeine Armut engte uns ein, der tschechische Schriftsteller konnte sich durch Literatur nicht ernähren. Die Selbständigkeit, die Republik kann unser Geistesleben freier machen; das wird der Literatur zugute kommen und kommt ihr schon zugute, wie man an dem Interesse des Auslandes für sie und unsere Kunst überhaupt sieht.

Ich trachtete mein Leben lang außer in die eigene und slovakische Literatur auch in die griechische, römische, deutsche, französische, englische, amerikanische, italienische, skandinavische und spanische Literatur einzudringen und damit auch in diese Kulturen, in die übrigen weniger. Ich habe mich um eine organische, wertende Synthese bemüht und glaube, daß ich all diese Einflüsse von unserem nationalen Standpunkt aus gesehen so ziemlich in Übereinstimmung gebracht habe. Den entscheidenden, formenden Einfluß auf mich hatten aber, wie ich glaube, nicht Dichter und Philosophen, sondern das Leben, mein eigenes und unser Leben.

Universitätsjahre

Während meiner Wiener Studentenjahre übte der Philosoph Franz Brentano als Lehrer und Mensch den größten Einfluß auf mich aus. Ich besuchte ihn sehr häufig. Seine Vorlesungen, die an Nachmittagen lagen, konnte ich nicht hören, weil ich durch meine Privatstunden gebunden war.

Franz Brentano war katholischer Priester gewesen, aber aus der Kirche ausgetreten, weil er dem vatikanischen Konzil und dem Dogma von der Unfehlbarkeit nicht zustimmte. Dieses Konzil war auch für mich ein Stein des Anstoßes. Aber über das religiöse Problem pflegte Brentano weder in seinen Vorlesungen noch in seinen Gesprächen zu reden; seit seinem Austritt aus der Kirche schwieg er darüber.

Mir half er viel durch die Betonung der Methode, der Empirie und vielleicht am meisten durch das Vorbild seiner durchdringenden Kritik der Philosophen und ihrer Lehren. Besonders auf Kant hatte er es abgesehen.

Von anderen Philosophen lernte ich in Leipzig Drobisch, Zöllner, Wundt, Heinz, Avenarius persönlich kennen; ich besuchte ihre Vorlesungen und verkehrte mit einigen von ihnen in der Philosophischen Vereinigung, wo es lebhafte Diskussionen gab. Ich selbst hielt dort einmal einen Vortrag über den Selbstmord in der modernen Zeit. Fechner las nicht mehr; ich suchte ihn aber mehrmals auf, er war mir menschlich ungemein sympathisch.

Einige Vorlesungen besuchte ich zusammen mit Husserl, der später unter den Einfluß Brentanos und seiner Schule geriet.

Mehr als mit Philosophie befaßte ich mich in Leipzig mit theologischen Studien; ich hörte Luthardt, Fricke u. a. Überhaupt half mir Leipzig und seine Kultur dazu, den Protestantismus verstehen zu lernen.

Der Philosoph, der auf mich am stärksten gewirkt hat, ist Plato. Vor allem durch sein Interesse für Religion, Ethik und Politik und seine besondere Vereinigung von Theorie und Praxis. Überaus schön ist die Einheitlichkeit der Weltanschauung Platos, wenn sie auch eigentlich aus einer Unvollkommenheit stammt, nämlich daher, daß die wissenschaftlichen Fächer auf der damaligen Entwicklungsstufe noch nicht so streng voneinander abgegrenzt waren. Ich gewann zu Plato schon darum eine so innige Beziehung, weil er ein großer Dichter und Künstler war.

Ja, ich bin auch heute Platoniker. Das könnte ich an meinem Verhältnis zu den Entwicklungstheorien darlegen. Ich nehme Platos Ideen in dieser Form an: ich glaube an eine Idee des Lebens. Unter Idee des Lebens verstehe ich, daß das Leben, das einzige Leben in einer Menge von Formen verkörpert ist; jedes Lebewesen ist den anderen Lebewesen in manchem ähnlich, in manchem unähnlich, gerade darum, weil es lebendig ist wie sie. Nach der Ähnlichkeit vermag ich aus der ganzen Fülle der Lebewesen eine Stufenleiter von dem Einfachsten bis zum Menschen zusammenzustellen; eine solche Stufenleiter, eine solche Hierarchie führen wir auf allen Gebieten durch, sobald wir vergleichen, ordnen, werten. Wie die verschiedenen Formen und Arten entstanden sind, weiß ich nicht; aber ich lehne Darwins mechanische Zufälligkeit, lehne sein Ausleseprinzip im Kampf ums Leben ab. Bei all seiner englischen Empirie wendet Darwin eine phantastische Methode eben darin an, daß er aus der methodischen Ähnlichkeitsstufenleiter eine Entwicklungs- und Abstammungsstufenleiter schuf. Gegen Darwin stellten ja die Naturwissenschaftler Lamarck auf; durch den Neulamarckismus wurde ein Zugeständnis an den Darwinismus gemacht, durch den Neudarwinismus werden in allerlei Formen Zugeständnisse an den Lamarckismus gemacht. Schließlich melden sich die Vitalisten, wieder in verschiedene Schulen geteilt. Als Laie nehme ich für mich daraus die Lehre, daß wir über den wahren Ursprung der Arten, beziehungsweise der neuen Arten wissenschaftlich noch nichts wissen. Meiner Meinung nach ist der Darwinismus eine der Formen des Historismus und des Relativismus, gegen die ich stets den Realismus verteidigt habe. Ich glaube nicht, daß die Menge der Lebewesen, wie Haeckel wahrhaben will, sich aus einigen Urarten oder gar der Urart eines einzigen entwickelt hat, und glaube, wie gesagt, nicht an eine zufällige und mechanische Artbestimmung.

Ich halte an der Schöpferhypothese fest. Mit dem Schöpfer empfangen die Ideen eine gewisse metaphysische Grundlage, daß sie nämlich Ideen des Schöpfers sind und waren. Ganz ohne Metaphysik kommen wir nicht aus; aber ich hoffe, daß ich die Reserve, die ich mir in diesen Dingen auferlege, nie überschritten habe.

Über Plato gelangte ich zu Sokrates; und selbstverständlich verglich ich ihn mit Jesus. – Jesus war mir ein religiöser Prophet, Sokrates ein philosophischer Apostel. Diese seine Maieutik und Ironie! Er stellt auf der Straße einen Hohepriester und fragt ihn so lange über Religion aus, bis der griechische Priester selbst gestehen muß, daß er ein Dummkopf sei; oder er spricht mit einem General über Kriegswesen, mit einem Sophisten über Sophistik und zeigt, wie die Menschen sich nicht einmal über ihren Beruf Gedanken zu machen vermögen. Überlegen Sie nur einmal, was das für eine Zeit war; ein Erzieher wie Sokrates, ein Philosoph wie Plato, ein Systematiker und Scholastiker wie Aristoteles!

Aristoteles – was der für das Mittelalter und die Menschheit bedeutet! Sein Verhältnis zu Plato ist merkwürdig; er war zwanzig Jahre lang Platos Schüler, ist Platoniker, aber darin reifer, daß er das Mythische Platos mildert. In der Tat zwei Typen – die Platoniker und die Aristoteliker; ich wurde mir dessen auch in meinem Verhältnis zu Brentano bewußt, der der ausgesprochene Typ eines Aristotelikers war.

Als ich in Athen war, überraschte mich am meisten, daß zu den Tempeln auf der Akropolis weder Stufen noch ein richtiger Weg führten. Man stellte den Tempel mitten in die Natur, als wäre er dort aus dem Erdboden gewachsen. Erst die Römer als die größeren Formalisten gaben den Tempeln Stufen. Ebenso wächst die griechische Philosophie, Wissenschaft, Poesie und Kunst unmittelbar aus der griechischen Natur und aus dem primitiven Leben – eine Offenbarung, wie das Alte und das Neue Testament eine Offenbarung der palästinensischen Wüste und des jüdischen Primitivismus ist.

Welchen Einfluß hatten und haben die beiden kleinen Nationen, die Griechen und die Juden, auf die ganze Kulturmenschheit! Die Griechen schenkten uns Kunst, Philosophie, Wissenschaft, Politik, die Juden Theologie und Religion. Vor ihnen gab es zwar die Ägypter, die Babylonier, aber gerade ihre Kultur war es, die die Antike aufnahm und verarbeitete.

Wir leben noch heute von der Antike und dem Judentum, ganz Europa lebt von ihnen; wir wissen es kaum mehr, aber die Antike steckt in allem. Der amerikanischen Zivilisation merkt man an, daß sie nicht der Antike entstammt, sie enthält ein neues Element: das Pioniertum, den praktischen Optimismus. Darum können wir von den Amerikanern lernen und sie von uns.

Aber ebenso ist noch Mittelalter in uns. Schon der Katholizismus nahm die Antike in sich auf und bemühte sich von seinem Standpunkt aus um eine kulturelle Synthese, ja er war auf seine Art eine Fortsetzung der Antike. Selbst in den Evangelien gibt es antike Elemente. Deshalb sollte man an den Lateinschulen auch manche Kirchenautoren lesen.

Etwas besaß die Antike nicht, was wir unter unserm nördlichen Himmelsstrich haben, das warme Verhältnis zum Haus, zum Herd, zur Familie, zur Frau, zu den Kindern. Den Griechen und den Römern fehlte unser Winter. Sie wußten nicht, was es heißt, im Warmen zu sitzen, die Kinder rings um Mutter und Großmutter. Der antike Mensch politisierte und philosophierte auf der Straße; wir schließen uns zu Haus ab und können über Bücher spekulieren. Der russische Mensch gar sitzt hinterm Ofen und denkt nicht, sondern singt.

Mehr Einsamkeit und Abgeschiedenheit, mehr Familienleben, das ist nordisch. Beobachten Sie nur, wie die Bäume gelb werden und sich färben – was liegt alles in der Vierzahl der Jahreszeiten! Wieviel immer neue Schönheiten, andere Eindrücke, allerdings auch, wieviel komplizierter durch das Wetter, wieviel intensiver die notwendige Arbeit! Das kennen die Italiener so nicht, und das gab es auch nicht in der Antike.

*

Selbstverständlich bin ich für die klassische Bildung. Nur soll es keine Wörterbuchgelehrtheit sein. Es ist immer gut, die Seele eines anderen Volkes kennenzulernen. Die Antike war verhältnismäßig primitiv in religiöser, wissenschaftlicher, philosophischer und künstlerischer Beziehung, ebenso in technischer, wirtschaftlicher und politischer, und deshalb kann man um so leichter zum Kern der Sache vordringen. Namentlich dem jungen Menschen ist diese Primitivität gleichsam kongenial.

Es ist auch etwas daran, daß die klassischen Sprachen eine bestimmte Klarheit und Logik haben. Die lateinische und die griechische Grammatik lehren Genauigkeit und Pedanterie im Denken und Reden. Und die große Schönheit, Reinheit und Harmonie der antiken Kunst! Schöne Form und künstlerische Vollendung sind ewig. Immer sollte man Homer, Sophokles, Äschylos und in reiferem Alter Euripides lesen. Wenigstens in Auszügen sollte man Theokrit und andere kennenlernen. Im Lateinischen Virgil, Horaz, Tibull, Properz, allerdings auch die Historiker. Von Cicero genügt es vielleicht, ein, zwei Reden zu lesen; seine philosophischen Ausführungen haben für diejenigen Interesse, die die griechischen Philosophen kennen und vergleichen können, was Cicero von den Griechen übernommen hat und wie.

Das Griechische war in Rom, was im Mittelalter das Lateinische, was später das Französische war. – »Vos exemplaria graeca nocturna versate manu, versate diurna!« Ich habe mir diesen Vers gemerkt – schon die Römer hatten das Problem der Zweisprachigkeit und schämten sich nicht, die fremde Sprache zu lernen; ihre Legionen wurden bei der Eroberung der Welt durch das Griechische nicht aufgehalten.

Warum soll man am Gymnasium nicht den heiligen Augustin lesen? Und meinetwegen ein kleines Stück aus Plotin. Ich glaube, daß man sie im Original lesen sollte, doch mit einer guten Übersetzung in der Hand. Wir haben jetzt schon einige schöne Übersetzungen. Wenn ich Geld hätte, würde ich einen Fonds für die Herausgabe vorbildlicher Übersetzungen aller griechischen und lateinischen Autoren gründen. Das wäre eine gute Sache! Dann möchte ich ebenso die Klassiker der anderen Nationen herausgeben. Und gute Lebensbeschreibungen. Außerdem möchte ich eine Glyptothek gründen und eine mustergültige, lebendige Bibliothek – für eine Bibliothek des gebildeten Menschen habe ich einen Plan und überdenke ihn oft. Mein Gott, es gäbe so viele schöne Kulturaufgaben! Warten Sie nur, vielleicht kommen wir noch zu einer wahren Kulturpolitik!

Von Philosophen hatten Comte, Hume, Mill bedeutenden Einfluß auf mich. Man darf dabei nicht vergessen, daß auf uns auch Menschen und Autoren Einfluß zu haben pflegen, mit denen wir nicht übereinstimmen.

Das tschechische Leben in Wien sammelte sich in den Arbeitervereinen, dann in der »Beseda« und im akademischen Verein. In diesem gab es zumeist Leute aus Mähren; einige Prager gefielen mir weniger. Drei Semester lang war ich auch Vorsitzender des Akademischen Vereins – warum? Nun, jemand mußte Vorsitzender sein, und ich hatte ein wenig Geld – ich ließ es fast ganz in dem Verein, wenn er etwas brauchte. Geld aufzuheben, kam mir niemals in den Sinn.

Meine erste gedruckte tschechische Arbeit war ein Artikel über Platos Vaterlandsliebe, der in einem mährischen Almanach erschien; dann ein Essay über den Fortschritt, auch in einem Almanach. Damals gab ich mir den nom de plume Vlastimil; in meinen späteren Fehden in Prag klagten mich meine patriotisierenden Gegner an, daß ich diesen Namen von mir geworfen habe, als ich an die deutsche Universität kam. Ich indessen hatte mich geschämt, meinen Patriotismus so auszurufen. Als Wiener Dozent hatte ich doch meinen Vortrag über den Hypnotismus tschechisch herausgegeben.

Meine Doktorthese (1876) lautete »Plato über die Unsterblichkeit«. Ich habe sie mit vielen anderen Manuskripten verbrannt. Etwas Gutes mag an ihr gewesen sein, aber wer wollte so etwas aufbewahren!

*

Nach Leipzig ging ich schon als Doktor der Philosophie im Herbst 1878. Leipzig ist der Ort, wo ich meine Frau kennengelernt habe.

An der Universität befaßte ich mich mit Philosophie und Theologie. Ich studierte den Protestantismus, wie er sich in dem protestantischen und gebildeten Lande offenbarte. Wenn ich mich richtig erinnere, schrieb ich in Leipzig einen Artikel über den Fortschritt; er läßt erkennen, wie ich mich in der religiösen Frage entwickelte und reifer wurde. Im ganzen war ich noch nicht klar, nicht entschieden genug.

Mit den Kameraden in Wien stand ich in Briefwechsel. In Leipzig gab es damals tschechische Philologen, die sich für ihren Beruf vorbereiteten, den sie dann in Rußland ausüben wollten; es gab ein russisches Seminar und, wie ich glaube, ein Internat, wo die Studenten Russisch lernten und sich gleichzeitig an der Universität in der Philologie ausbildeten. Ich trat mit einigen von ihnen in Verbindung.

Ich pflegte einen tschechischen Verein zu besuchen, dessen Mitglieder vorwiegend Arbeiter waren. Dort lernte ich den Lausitzer Schriftsteller Pjech kennen (deutsch schrieb er sich Pech), einen glühenden Verehrer Havlíčeks. Für Havlíček hatte ich mich schon am Gymnasium interessiert; wir schrieben uns seine Satiren und alles, dessen wir damals – Mitte der sechziger Jahre – habhaft werden konnten, ab. Pjech legte mir nahe, die Tschechen sollten sich ernster als bisher mit Havlíček beschäftigen; durch einen merkwürdigen Zufall konnte ich dieser Aufforderung nachkommen Masaryk verfaßte ein Buch über den hervorragenden Publizisten und Satiriker Karel Havlíček (1821-1856), einen Geist von der Art Lessings und Voltaires. Charakteristisch für Havlíčeks unromantischen Nationalismus sind seine Worte: »Früher starben die Männer für die Ehre, für das Wohl ihres Volkes, wir aber werden aus demselben Grunde leben und arbeiten.« (Anm. d. Übers.).

Damals interessierte mich auch das Studium und die Beobachtung der Lausitzer Serben. In Dresden gab es ihrer mehr, dort konnte ich von Zeit zu Zeit mit denjenigen sprechen, die sich um die katholische Hofkirche sammelten. Vor allem konnte ich an Pjech beobachten, wie aus einem Lausitzer ein Deutscher wird und was an den Lausitzern noch slavisch geblieben war. Später reiste ich, schon von Prag aus, wiederholt nach Bautzen und setzte meine Beobachtungen fort.

In Leipzig befaßte ich mich damals auch mit dem Spiritismus. Ich hatte schon vorher in Wien viel über alle Arten von Okkultismus gelesen, in Leipzig kam ich auch unter Spiritisten und konnte sie beobachten. In dieser Zeit wurde, glaube ich, der Astronom und Philosoph Zöllner für den Spiritismus gewonnen. Dieses Interesse brachte mich dann in Wien zu einem sorgfältigeren Studium des Hypnotismus. Ich brauche nicht zu sagen, daß ich mich vom Spiritismus und von den okkulten Erscheinungen nicht einfangen ließ; es gibt manche Erscheinungen, die wir nicht begreifen – aber, mein Gott, was begreifen wir eigentlich?

Miß Garrigue

In Leipzig – es war im Sommer 1877 – hatte ich ein Erlebnis, das für mein ganzes Leben und meine geistige Entwicklung entscheidend wurde; das war meine Bekanntschaft mit Charlotte Garrigue.

Ich hörte von ihr und ihrer ganzen Familie, besonders ihrem Vater, sehr viel bei Görings. Frau Göring führte in Leipzig eine Pension, in der ich damals wohnte. Ich erfuhr, daß die Garrigues von einem alten Hugenottengeschlecht abstammten; Mr. Garrigue, der in Kopenhagen geboren war, hatte die Görings kennengelernt, während er in einer Leipziger Buchhandlung tätig gewesen war. Seine Frau, die Mutter Charlottes – eine geborene Whiting – stammte aus dem amerikanischen Westen und gleichfalls aus alter Familie. Der Vater also ein Nachkomme der Hugenotten, die Mutter aus dem Geschlecht der Pioniere im Westen Amerikas – was für eine Tradition von lebendiger, sittlicher Energie lag darin!

Im Jahre 1870 war Mr. Garrigue mit einem Teil seiner Familie in Deutschland gewesen; Charlotte widmete sich damals schon dem Musikstudium, dem Klavierspiel. Sie hatte Gelegenheit gehabt, Liszt zu besuchen. Sie wohnte den Gewandhauskonzerten und den Motetten in der Thomaskirche bei, deren berühmter Regens chori Bach in der Tradition fortlebte. Im Jahre 1877 sandte Mr. Garrigue Charlotte wieder zu den Görings, damit sie ihre Bildung am Konservatorium vollende; aber eine Teillähmung der Hand unterbrach ihre Musiklaufbahn.

Es war natürlich, daß ich von vornherein auf sie neugierig war. Als sie ankommen sollte, wartete ich am Fenster, um sie aus der Droschke aussteigen zu sehen. Einmal machten wir alle einen Ausflug dorthin, wo sich die ehemaligen slavischen Dörfer bei Leipzig befinden, die auch auf Kollár Tschechischer Dichter der Romantik, Verfasser des Epos »Slávas Tochter« (1793-1852). (Anm. d. Übers.) Eindruck gemacht haben. Wir fuhren auf einem Boot über den Fluß, das Boot stieß gegen das Ufer, Frau Göring stürzte ins Wasser. Die Arme war schrecklich beleibt und wäre ertrunken, da sprang ich ihr nach und brachte sie ans Ufer. Ich zog mir dabei wohl eine Erkältung zu, der Arzt verordnete mir ein paar Tage Hausarrest. Ich schlug Miß Garrigue und Fräulein Göring vor, zusammen mit mir irgend etwas zu lesen. Wir lasen englische Bücher, Gedichte und vor allem Buckles »Geschichte der Zivilisation«. Damals kamen wir uns näher.

Charlotte fuhr nach Thüringen, nach Elgersburg zu einer Freundin. Als sie abgereist war, wurde ich mir meiner Beziehung zu ihr bewußt und schrieb ihr einen Brief, in dem ich ihr die Verbindung fürs Leben vorschlug. Ihre Antwort war unbestimmt; da packte ich zusammen und reiste ihr nach – Geld hatte ich nur für die vierte Klasse. Wir wurden einig.

Dann reiste Charlie nach Amerika, und ich kehrte nach Wien zurück. Ich stürzte mich in meine Habilitationsarbeit über den Selbstmord. Plötzlich erhielt ich ein Telegramm von Mr. Garrigue. Charlotte sei von einem Wagen gefallen und habe sich verletzt, ich möchte kommen. Als ich mich zur Reise vorbereitete, traf ein Brief von ihr ein, es sei nicht so schlimm und ich brauche mich in meiner Arbeit nicht stören zu lassen. Ich war aber unruhig und fuhr dennoch – im Jahre 1878 – mit der »Herder« von Hamburg aus über Le Havre nach Amerika.

Damals dauerte die Reise von Hamburg nach Amerika zwölf bis vierzehn Tage; aber unsere Überfahrt war besonders stürmisch, und so brauchten wir siebzehn Tage. Die »Herder« und eine ganze Reihe von Schiffen der Hamburg-Amerika-Linie waren sehr schlecht; die »Herder« ging auf ihrer nächsten Fahrt unter, ebenso sank damals die »Schiller«. Eines Nachts, als ich schon in der Kabine lag, hörte man einen starken Krach, und das Wasser stürzte in den Raum. Ich mußte annehmen, daß wir sinken würden – aber es war seltsam: die anderen Reisenden waren entsetzt, schrien und beteten; ich blieb unbeweglich liegen und wartete, was geschehen würde ... Es war nur der Kessel mit dem Trinkwasser geplatzt.

Ich traf Charlotte fast genesen an. Aber was nun? Ich überlegte, ob ich in Amerika bleiben und mir eine Beschäftigung suchen sollte, da ich in Wien meinen Lebensunterhalt – die Stunden – infolge meiner Abreise verloren hatte. Vielleicht konnte ich auch in Amerika an eine Universität oder zu einer Zeitung kommen. Ich entschied mich jedoch, zurückzukehren und meine Habilitation durchzuführen. Ich bat deshalb Mr. Garrigue, uns für drei Jahre Geld zu geben, bis ich meine Familie ernähren könnte. M. Garrigue war ein alter Wikinger und Amerikaner. In Amerika versteht es sich von selbst, daß ein Mann, der heiratet, seine Frau selbst ernähren kann. Er lehnte darum die Unterstützung, die er als Mitgift ansah, von vornherein ab. Dann gab er uns trotzdem dreitausend Mark und die Fahrkarten. Eine Zeitlang schickte er uns eine kleine Unterstützung.

Charlottes Familie war väterlicherseits dänisch; die Mutter war Amerikanerin, und den Genealogen zufolge waren beide Familien ungewöhnlich alt; die Garrigues stammen aus Südfrankreich – es gibt dort noch heute einen Höhenzug La Garrigue – und sollen Nachkommen der Capetinger, sogar Ludwig IX., des Heiligen, sein; auch mütterlicherseits sind sie ein altes, man möchte sagen, aristokratisches Geschlecht. Sie stammen von den »Pilgervätern« ab, die England ihrer religiösen Überzeugung wegen im 17. Jahrhundert verlassen haben.

Für jedermann hat es einen gewissen Wert, wenn seine Vorfahren etwas zu bedeuten hatten und anständige Menschen waren; so setzte mir Tolstoj einmal mit Begeisterung auseinander, was für hervorragende Männer einige seiner Vorfahren gewesen seien. In der Familie und im Geschlecht ein glänzendes Vorbild und Tradition zu haben, ist ein glückliches Schicksal.

Väterlicherseits, von mir, haben meine Kinder slavisches, bäurisches Blut; vielleicht ist es gar nicht jünger – ein anständiger Bauern- oder Arbeitervorfahre ist um nichts schlechter.

Charlie war eines von elf Kindern. Zwei waren Söhne; der eine von ihnen wurde Kaufmann, der andere studierte und starb frühzeitig. Die Mädchen waren sehr begabt und selbständig; zwei sind noch heute vortreffliche Musiklehrerinnen. Jedes Familienmitglied hatte einen andern Glauben; alle waren frei erzogen worden, um sich religiös selbst zu entscheiden, sobald sie erwachsen waren. Mr. Garrigue war Agnostiker – damals nannte man die Agnostiker oft Atheisten –, aber ein sittlich ausgezeichneter Mensch, ein guter Gatte und Vater, ein echter Amerikaner, der seine Kinder zur Arbeit und Wahrheit erzog. Charlotte war Unitarierin.

Ihr Äußeres war schön; sie hatte einen vortrefflichen Kopf, besser als ich; charakteristisch ist, daß sie die Mathematik liebte. Sie sehnte sich ihr Leben lang nach strenger Erkenntnis; aber ihr Gefühl litt dadurch nicht. Sie war tief gläubig. Der Tod war ihr wie der Gang aus einem Gemach ins andere, so unerschütterlich glaubte sie an die Unsterblichkeit.

In moralischer Beziehung hatte sie keine Spur von dem Anarchismus, der in Europa, d. h. auf dem Kontinent so verbreitet ist; darum war sie auch gewissenhaft und fest in der Politik und in sozialen Fragen. Sie war gegen Kompromisse und log niemals; ihre Wahrhaftigkeit und ihre Kompromißfeindlichkeit übten einen großen erzieherischen Einfluß auf mich aus. Als im Jahre 1906 die Arbeiter für das freie, gleiche, geheime Wahlrecht demonstrierten, ging meine Frau in ihrem Zuge mit.

Mit ihr empfing ich das Beste vom Protestantismus für mein Leben: die Einheitlichkeit von Religion und Leben, das religiös Praktische, die Religion für den Alltag.

In Leipzig erkannte ich in den gemeinsamen Debatten ihre Tiefe; ihre sowie meine Dichter waren Shakespeare und Goethe, aber sie blickte tiefer in sie hinein und wußte Goethe durch Shakespeare zu ergänzen. Wir arbeiteten alles zusammen, auch Plato lasen wir gemeinsam; unsere ganze Ehe war Zusammenarbeit.

Sie war sehr musikalisch; sie liebte Smetana und schrieb für »Naše Doba« eine Analyse seines zweiten Quartetts; von diesem meint man nämlich, daß es Smetanas Geistesstörung erkennen lasse. Sie skizzierte über Smetana mehrere Studien; vielleicht wird man sie einmal veröffentlichen.

Was soll ich Ihnen darüber sagen! Es war eine so starke Verbindung … Während des Krieges erkrankte sie; ich habe es dort in der Fremde geahnt … Als ich im Jahre 1918 in all meinem Ruhm zurückkehrte, wartete ich nur auf den Augenblick, in dem ich mit der Kranken zusammensein würde.

Die Amerikanerin war Tschechin geworden, moralisch und politisch; sie glaubte an den Genius unserer Nation, sie half mir in meinen politischen Kämpfen und meiner ganzen politischen Tätigkeit. Nur während des Krieges, in der Fremde, mußte ich ohne sie arbeiten, aber ich wußte, daß ich im Einvernehmen mit ihr handelte. Es gab überhaupt Stunden, in denen ich, weit von ihr, das Zusammenspiel unserer Gedanken aus der Entfernung geradezu fühlte. Ich glaube nicht, daß das Telepathie war, sondern paralleles Denken und Fühlen von zwei Menschen, die in allem übereinstimmen und die Welt in gleicher Weise ansehen. Die Frau – das war ihre Überzeugung – lebt nicht nur für den Mann und der Mann nicht nur für die Frau; beide sollen die Gesetze Gottes suchen und sie verwirklichen.

An der Schwelle

Ja, meine Ehe vollendete meine Erziehung, meine Lehr- und Wanderjahre. Ich war 28 Jahre alt, als ich heiratete; bis zum Jahre 1882 dozierte ich in Wien.

Tag um Tag hatte ich Sorgen ums Brot, und dabei kamen Bankiers zu mir, die mir im Hinblick auf meine erheirateten »amerikanischen Millionen« ihre Dienste anboten! In den Ferien in Klobouky kam eine Deputation aus dem ganzen Bezirk zu mir, ich möchte eine Bahn von Hustopeč nach Klobouky bauen lassen. Ironie des Schicksals! Aber es lag darin auch viel Humor. Ein Mitbürger von Klobouky kam zu Besuch und beaugapfelte uns lange, bis er schließlich gestand, daß er gekommen sei, um meine Frau zu sehen, weil er noch niemals – eine Negerin gesehen habe.

Die Sorgen ums Brot verschlimmerten sich noch, als ich während der nächsten Ferien an Typhus erkrankte und verspätet nach Wien zurückkehrte; aber ich bekam wieder Stunden, mit Hilfe der Frau Hartmann; der Witwe unseres deutschen Revolutionsdichters Moritz Hartmann. Unter anderm hielt ich Vorträge in einem Kreis von Damen im Hause des bekannten Chirurgen Billroth. Meine ersten Vorlesungen an der Universität handelten über den Pessimismus. Geistig mußte ich damals als Dozent meine Kenntnisse vermehren; der Umfang meines Wissens war ziemlich groß, bedurfte aber der Vertiefung und Systematisierung. Wie ich Ihnen schon mehrmals gesagt habe, studierte ich die Literatur der großen Nationen und bemühte mich theoretisch und praktisch um eine philosophische Synthese.

Durch die aktive Politik unserer Abgeordneten wurde die Errichtung der tschechischen Universität in Prag erreicht. Dorthin wurde ich im Jahre 1882 als Professor der Philosophie berufen.

Im Grunde hätte ich lieber den Lehrstuhl für Soziologie gehabt, aber den gab es in Österreich nicht. Die Soziologie war in Frankreich, England, Amerika, Italien und anderswo schon als Wissenschaft anerkannt, aber in Deutschland und Österreich wollten die Fachmänner nichts von ihr hören. In Deutschland war eigentlich nur die Geschichtsphilosophie anerkannt, doch war es unklar, in welchem Verhältnis sie zur Soziologie und Geschichte stand. Auch meine Arbeit über den Selbstmord, mit der ich mich an der Universität habilitiert hatte, gehörte gleichsam in kein Universitätsfach. Ein Professor der Philosophie meinte, ich sollte sie bei der Rechtsfakultät einreichen, einem andern schien sie etwas Sozialistisches zu sein –, ich muß Brentano und Zimmermann dafür danken, daß sie mich trotzdem habilitierten.

In methodischer Beziehung ist meine Arbeit über den Selbstmord Geschichtsphilosophie, also Soziologie, in sachlicher Beziehung eine Analyse unserer großen Übergangszeit. Manche Kritiker meinten, ich führe ein neues Fach in die Philosophie ein, und billigten besonders, daß ich den brennenden Fragen des Tages und des Lebens nicht auswich.

Zugleich zeigt diese Schrift schon meinen wissenschaftlichen Charakter – Synthetik neben Analyse. Dennoch gaben mich meine Prager Kritiker lange für einen extrem analytischen, kritischen, skeptischen Geist aus. Indes habe ich an ein kritisches Wirken zunächst gar nicht gedacht. Solange ich in Wien war, schrieb ich keine einzige Kritik oder Polemik, obwohl mich Zeitschriften zur Mitarbeit aufforderten. Ich bereitete meine Vorlesungen vor und arbeitete meine Gedanken gründlicher aus; ich wollte sie in einer Reihe von theoretischen Arbeiten niederlegen – aber, wer weiß, die Natur verleugnet sich nicht; vielleicht hätte ich mich auch in der Fremde auf die praktische Laufbahn begeben.

Nach der Ankunft in Prag begann ich, als ich unsern Mangel an Kritik und Literatur erkannte, im »Athenaeum« die kritische Kleinarbeit und benützte diese Zeitschrift, wenn ich so sagen darf, als ideelle Kampferspritze. Vielleicht war ich einigermaßen nervös und ungeduldig. Ich war eigentlich ungern nach Prag gegangen, aber – nolentem fata trahunt. Alles Weitere entwickelte sich von selbst, ohne meinen Willen; in alle meine Konflikte geriet ich unwillkürlich, wenn ich auch infolge Unkenntnis der Verhältnisse Fehler beging. Auch später, als ich schon in der Politik tätig war, wollte ich keine neue politische Partei gründen; in alles brachten mich eigentlich die Umstände hinein. Auch heute noch trete ich sehr ungern und nur unter Zwang vor die Öffentlichkeit. Allerdings, wenn ich vor eine Aufgabe gestellt werde, weiche ich nicht mehr aus, und was ich angefangen habe, das trachte ich zu vollenden.

Mein Übergang von Wien nach Prag bedeutete für mich eine neue Krise, die ich schon in Wien durchmachte. Ich fürchtete die Kleinheit Prags, ich war den Menschen dort ganz unbekannt, dem nationalen Leben entfremdet, obgleich ich gelegentlich als kleiner tschechischer Schriftsteller aufgetreten war. Diese Entfremdung steigerte sich in Prag in gewissem Maße nicht nur während der Handschriftenkämpfe, Der Streit um die »Königinhofer Handschrift« und die »Grünberger Handschrift« bewegte jahrzehntelang die tschechische Öffentlichkeit. Beide Handschriften waren Fälschungen des dichterisch begabten Philologen und Bibliothekars am Böhmischen Nationalmuseum in Prag Václav Hanka (1791-1861). Entstanden aus dem nationalistischen Romantismus von 1817/18, sollten sie dem tschechischen Volke epische und lyrische Dokumente aus seiner halbmythischen Vorzeit geben. Ihre Veröffentlichung erregte großes Aufsehen; die Handschriften wurden in viele Sprachen übersetzt; sie galten als Beweis für ein Kulturniveau, das tatsächlich innerhalb des Slaventums erst in späterer Zeit erreicht wurde. Goethes »Sträußchen« entstammt der »Königinhofer Handschrift«. Wissenschaftliche Zweifel an der Echtheit der Handschriften, die bald auftauchten, wurden in der tschechischen Öffentlichkeit als nationaler Verrat zurückgewiesen, so daß sich der Streit geradezu zu einer Krise der nationalen Moral entwickelte. Masaryk und mit ihm mehrere Gelehrte, wie der hervorragende Literarhistoriker Jaroslav Göll und der Sprachforscher Jan Gebauer, verhalfen der Wahrheit rücksichtslos zum Sieg. – Vergl. auch S. 83, 89 u. ff. (Anm. d. Übers.) sondern auch durch die darauf folgende Beteiligung an der Politik.

Ich gründete Nationalität und Staatlichkeit auf Moralität und geriet so in Konflikt nicht allein mit den politischen Parteien, sondern auch mit dem engern Kreis von Bekannten, die den sogenannten Nationalismus über alles stellten und als vis motrix allen Lebens, des Einzelmenschen und der Gesellschaft, betrachteten. Ich sehe heute, daß ich mir noch nicht klar genug war und darum Fehler beging, Fehler nicht nur in der politischen Praxis, sondern auch in der Theorie.

Sehen Sie, seit der Zeit, in der ich in Čejče das Schmiedehandwerk gelernt hatte, kam ich aus dem Arbeiten nicht heraus. Als ich schon Präsident geworden war, suchte mich der deutsche Philosoph Fritz Mauthner auf, er wollte nichts anderes, als sehen, wie ein glücklicher Mensch aussehe.

Glücklich! Warum nicht? Aber wenn ich Schmied in Čejče geblieben wäre, wäre ich wohl ebenso glücklich, wie ich es jetzt bin. Die Hauptsache ist, ein an Ereignissen und innerer Entwicklung reiches Leben zu haben – und damit kann ich zufrieden sein. Visuri!

II. Leben und Arbeit

Neue Aufgaben

Der Privatdozent

Als ich in Wien als verheirateter Privatdozent begann, war das kein leichtes Leben. Wir wohnten in einer Stube mit einem Fenster und einem Vorraum, durch einen eigentümlichen Zufall gerade neben dem Haus, wo ich als Junge Schlosserlehrling gewesen war. Das Frühstück bereiteten wir uns zu Hause, sonst aßen wir in einem billigen Wirtshaus um die Ecke – was lag daran, es war ein Studentenleben, aber es ging. Schwerer wurde es, als die Kinder kamen.

In jener Zeit arbeitete ich meinen »Selbstmord« um. Ich hatte ihn schon vor meiner Abreise nach Amerika als Habilitationsschrift eingereicht, doch hatte er nicht entsprochen. Ich wußte das, war aber noch nicht mutig genug, rund herauszusagen, was ich dachte. Professor Brentano riet mir, die Schrift umzuarbeiten. So machte ich mich nochmals ans Werk; meine Frau interessierte sich dafür, es war unsere erste Zusammenarbeit. Und mit dem überarbeiteten »Selbstmord« habilitierte ich mich. Die Schrift war eigentlich eine Geschichtsphilosophie, hauptsächlich eine Philosophie der Gegenwart. Das eine oder das andere würde ich heute genauer und stärker formulieren, aber im wesentlichen würde ich nichts ändern.

Privatdozenten bezogen kein Gehalt. Für kurze Zeit nahm ich eine Hilfslehrerstelle an einem Wiener Gymnasium an; aber die Mittelschule bekam mir nicht. Ich unterrichtete privat den Sohn des Professors Theodor Gomperz, des Philosophen und klassischen Philologen. Dieser Sohn, Harry Gomperz, ist jetzt Professor der Philosophie in Wien. Ich gab ihm auch Lateinunterricht. Dazu hatte ich mir eine besondere Methode zurechtgelegt: ich ließ meinen Schüler Sätze übersetzen, die von dem handelten, was ihn im täglichen Leben interessierte; wenn er zum Beispiel im Rechnen bei der Multiplikation hielt, so lernte er sie lateinisch. Die Methode bewährte sich sehr gut.

Am bittersten war es, wenn ich mir Geld leihen mußte. Selbst von Brentano borgte ich mir einmal 80 Gulden, die ich ihm erst von Prag aus abzahlte. Ja, das Schuldenmachen war mir schrecklich, aber ich hatte mir vorgenommen, meiner Frau keine materiellen Sorgen zu bereiten, und das half mir dabei, auch das Unangenehme zu tun. Einmal ging es mir schlecht, da suchte mich ein junger Wiener auf, Herr Oelzelt-Newin, später Dozent der Philosophie; er wollte in die Philosophie eingeführt werden, ich sollte mit ihm die Philosophen, vor allem Kant, lesen. Er honorierte mich sehr anständig. Damals hatten wir schon zwei Kinder, Alice und Herbert. Ich machte eine Typhuserkrankung durch, und auch meine Frau wurde krank; Herr Oelzelt-Newin lieh mir einige Tausend Gulden – das war viel Geld. Ich gab sie ihm auch erst zurück, als ich in Prag lebte. Die Not dauerte drei Jahre, 1879–1882.

Das Leben spielte sich so ab: Vormittags bereitete ich mich auf die Vorlesungen vor und sammelte Quellenmaterial in der Bibliothek; zweimal wöchentlich hatte ich Vorlesung, nachmittags gab ich Stunden, am Abend machte ich den »Selbstmord« druckfertig. Für gesellschaftliche Beziehungen hatte ich weder Zeit noch Lust. In den Ferien fuhren wir nach Klobouky bei Brünn zu den Eltern.

Ich wußte, daß ich in Wien nicht sobald Professor werden würde; es handelte sich also darum, etwa nach Czernowitz an die Universität zu gehen oder nach Deutschland. Dessen wurde ich mir bewußt: ging ich hinaus, so wurde ich deutscher Schriftsteller, würde deutsche Bücher herausgeben müssen, bliebe aber doch Tscheche, wenn auch ein verlorener Tscheche wie irgendein Schneider in Berlin oder ein Farmer in Texas. Der Mensch ist das, als was er geboren wird.

In jener Zeit wurde nun die tschechische Universität in Prag gegründet, und ich bekam eine Einladung. Ich ging.

*

Gern? Eigentlich ungern. Ich hatte Befürchtungen wegen meines Tschechischen, und vor den damaligen tschechischen literarischen und philosophischen Verhältnissen war mir bange. Prag kannte ich nicht; bis dahin hatte ich es nur auf Reisen berührt.

Die tschechische Literatur kannte ich unvollständig. In der Schule in Brünn hatte es gleichsam keine gegeben, erst in Wien suchte ich mir zusammen, was ich erlangen konnte. Die Tschechen in Wien waren zumeist Arbeiter; ich hatte keine Zeit, regelmäßig mit ihnen zusammenzukommen. Es gab tschechische Beamte genug in den Ministerien, aber die waren Honoratioren, an die ich als Student nicht herankam, und als Dozent hatte ich keine Zeit dazu. Ich kam also nach Prag, ohne das tschechische Leben und die Menschen zu kennen. Ich las mich in unsere Literatur und Geschichte ein und faßte auch allmählich Fuß in der Prager Gesellschaft. Meine Frau lernte tschechisch und war von der Mission unseres Volkes überzeugt. Das war eine große moralische Stärkung für mich, besonders als ich bald darauf in Opposition zu den bei uns landläufigen Anschauungen trat.

Meine Frau hatte Wien nicht geliebt; ich war an Wien gewöhnt, denn ich hatte zwölf Jahre dort verlebt. In den Familien, wo ich unterrichtete, hatte ich auch das gebildete und liberale Wien kennengelernt – aber verwachsen war ich nicht damit; das Wienertum stand mir im Wege. Von dem kulturellen Wien stand und blieb mir der Philosoph Brentano am nächsten. Ich machte den gleichen Konflikt mit dem Katholizismus durch wie er, wegen des Dogmas der Unfehlbarkeit.

Auch für mich war damals meine Trennung von der katholischen Kirche die Hauptsache. In meinem »Selbstmord« sieht man, wie ich die Religion und vor allem den Verlust des Glaubens bewertete. In diesem Buch habe ich dargelegt, daß das Leben ohne Glauben an Sicherheit und Kraft verliert. Das besagt eigentlich alles. Ich habe schon erwähnt, daß es ein unfertiges Buch ist – ich bin auch heute noch nicht damit fertig. Und sehen Sie, trotzdem schrie man mich wegen dieses Buches für gottlos aus. Als ich in Leipzig studierte, trug ich einmal meine Ideen über den Selbstmord im Philosophischen Verein vor. Am Tage darauf kam ein junger Mann zu mir, der vor Aufregung zitterte und mir sagte, er werde seit Jahren von dem Gedanken verfolgt, sich das Leben zu nehmen, aber meine Darlegung hätte ihn von der fixen Idee befreit. Dennoch schrieben Klerikale und Liberale, mein Buch wäre eine Empfehlung des Selbstmordes. Damals war ich starr darüber, daß Menschen so böse sein können. Heute wundere ich mich nicht mehr so sehr. Der deutsche katholische Schriftsteller Ratzinger begriff sofort, daß mein Buch eine Philosophie der Geschichte ist und sich nicht gegen die Religion richtet; aber unser tschechischer Katholizismus stand weder philosophisch noch theologisch auf solcher Bildungsstufe. Am häufigsten mußte ich Menschen entgegentreten, die gar nicht wußten, was ich vertrat. Wenn die Menschen sich gegenseitig verstehen könnten, hätten wir mit einem Schlag die Demokratie; ohne gegenseitiges Verstehen, ohne Duldsamkeit gibt es keine Freiheit. Nur wenn der Mensch zum Menschen absolut wahrhaftig und offen ist, erkennt man sich wirklich; ohne Liebe gibt es keine Wahrheit; ohne Wahrheit und ohne Liebe kann der Mensch den Menschen nicht erkennen.

*

Wie können die Menschen überhaupt nur die Frage aufwerfen, ob das Weib dem Manne gleichwertig sei! Als ob die Mutter, die das Kind geboren hat, dem Vater nicht gleichwertig wäre! Wenn der Mann wirklich liebt, wie könnte er etwas lieben, was niedriger ist als er selbst. Ich sehe keinen Unterschied zwischen der Begabung der Männer und der Frauen. Sooft mir der verstorbene Professor Albert Berühmter tschechischer Arzt der Wiener Schule. (Anm. d. Übersetzers.) darzulegen pflegte, daß die Frauen zur Medizin nicht taugten, weil ihre Muskeln und Nerven zu schwach wären, sagte ich ihm: »Und zur Krankenpflege sind sie nicht zu schwach? Eine Pflegerin muß Tag und Nacht für den Kranken sorgen, muß ihn heben und alles mögliche für ihn tun – dazu muß sie mehr Kräfte haben als ihr Feldscherer, die ihr höchstens eine Stunde operiert.« Dann schwieg er.

Die Frage nach der Gleichwertigkeit der Frauen ist eigentlich ein Problem der Bourgeoisie und der Intellektuellen. Beim Bauern, beim Arbeiter muß die Frau oft dieselben Arbeiten verrichten wie der Mann, ebenso viele und ebenso schwere. Wenn aber der Mann in der Kanzlei sitzt, so denkt er nicht daran, daß seine Frau sich den ganzen Tag um die Kinder kümmern, einkaufen, kochen, aufräumen, nähen und zehnerlei Handwerk im Hause ausüben muß. Ich möchte wissen, wer von den beiden mehr Arbeit verrichtet! Und was die Ämter, die Kunst, die Wissenschaft, die Politik betrifft, da beginnen die Frauen erst einzudringen. Es ist verständnislose Überstürzung, wenn wir uns schon zu beurteilen trauen, ob sie das können oder nicht. Die Männer haben Jahrtausende Zeit gehabt, um es zu lernen, und machen ihre Arbeit oft noch immer schlecht.

Die Unterschätzung der Frauen zeugt von einer polygamen Gesellschaft. Wir leben tatsächlich noch in der Vielweiberei. Der Mensch des Altertums kümmerte sich nicht um die Kinder und ging mit der Frau um wie mit einem Sklaven oder einem Lasttier. Aber er war ein roher Jäger und Krieger, der dafür das Leben der Familie mit seinem Leben schützte. Heute sind wir zivilisiert, und trotzdem erhält sich eine grobe Polygamie. Beweis dafür ist die Tatsache der Prostitution. Man bedenke, welche doppelte Geschlechtsmoral für Männer und Frauen gilt und wie das die Ehe entwertet. Aus dem, was ich im Leben und in der Literatur beobachte, ersehe ich, daß in der Mehrzahl verdorbener Ehen die Schuld den Mann trifft. Und soweit die Frauen schuld sind, liegt eine beträchtliche Mitschuld der Männer vor: bisher ruhte es in ihrer Hand, was sie aus den Frauen machten. Ich will damit nicht sagen, daß alle Frauen Genien und Engel sind; im ganzen stehen sie mit den Männern auf gleicher Entwicklungsstufe; sie haben jedoch den Vorzug, daß sie sich durch das Leben und seine Pflichten reiner erhalten als die Männer. Sie trinken nicht soviel, rauchen nicht soviel, bummeln nicht – darum suchen so viele Männer ihre Rettung in der Ehe.

Ich sehe nur einen Weg, und das ist die Erziehung zur Monogamie. Das ist eine Aufgabe der Gesamtkultur, in gewissem Maße eine wirtschaftliche und soziale Aufgabe. Soll die Prostitution bekämpft werden, so müssen wir das erniedrigende Elend beseitigen – paupertas meretrix. Wollen wir die Sittlichkeit heben, so müssen wir dafür sorgen, daß die Menschen schön, sauber und gesund wohnen, daß die Mütter sich den Kindern widmen, daß die Menschen ihren Lebensunterhalt und ihr Heim durch ehrliche Arbeit erringen können. Dann der unglückselige Alkoholismus! Sie wissen, daß die Prostitution und das ganze gesellschaftliche Elend Hand in Hand mit ihm geht. Ich glaube, daß ein gesunder, gebildeter Mann und eine gesunde, gebildete Frau an den verworrenen modernen Geschlechtsproblemen nicht leiden werden. Ihre Beziehung wird stark, groß und schön sein. Die starke und gesunde Natur ist sittlich – genauer gesagt, sie ist nicht niedrig. Das ist Hygiene des Lebens, des seelischen und körperlichen Lebens. Ich möchte jungen Menschen nicht Moral predigen, ihnen aber sagen: Die Quelle des lebendigen und lebenspendenden Trankes findet nur derjenige, der in der Jugend den Sinn für Reinheit nicht eingebüßt hat. Und dann, mehr Interesse für die Kinder! Unsere Väter können meistens nicht mit Kindern umgehen und widmen ihnen erschreckend wenig Aufmerksamkeit.

Aber das höchste Argument der Monogamie ist die Liebe. Eine große Liebe ohne Vorbehalt, eine Liebe des ganzen Menschen kann weder mit den Jahren noch mit dem Tode vergehen. Ich sehe das so: Ein Mann, eine Frau – das ganze Leben lang; treu bleiben bis zum Tode. Glücklich ist, wer streng monogam zu leben verstanden hat oder monogyn.

Gewiß, ich bin für die Möglichkeit der Scheidung: eben weil ich will, daß die Ehe Liebe sei und nicht Geschäft, Konvention, eine unvernünftige und unbesonnene Verbindung. Allerdings kann die Scheidung mißbraucht werden, wie alles.

Die Liebe, die Sympathie ist die größte moralische Kraft, aus ihr entspringt alle gegenseitige Teilnahme, Hilfe und Zusammenarbeit; ein moralisches Leben ist der mittätige Anteil an Gottes Weltordnung. Liebe, Sympathie, Synergie ist das Lebensgesetz in der Beziehung der Menschen, in der Familie, in der Nation, im Staate, in der Menschheit. Ein anderes kenne ich nicht.

Nach Prag

Nach Prag kam ich im Jahre 1882. Das geschah so: In Wien produzierte sich der Hypnotiseur Hansen. Ich ging hin, um mir seine Produktionen anzusehen, und besuchte ihn. Dann luden mich unsere Studenten ein, ihnen im tschechischen Akademischen Verein darüber einen Vortrag zu halten. Man erblickte damals in der Hypnose noch etwas Geheimnisvolles, einen »Magnetismus« und ähnliches. Ich erklärte Hansens Versuche psychologisch, also als Hypnose. Für die Erklärung der hypnotischen Körperstarre fehlten mir die Fachkenntnisse. Nach dem Vortrag riet mir Herr Penížek, damals mein Hörer und später Journalist, meine Ausführungen drucken zu lassen. Er half mir selbst, mein mangelhaftes Tschechisch zu verbessern, und schickte die Arbeit nach Prag. Sie sollte irgend woanders erscheinen, aber schließlich bekamen sie die Professoren Goll und Hostinský in die Hände – sie redigierten nämlich eine Folge von Vorträgen – veröffentlichten sie und machten Professor Kvíčala auf mich aufmerksam. Kvíčala war Abgeordneter und hatte bei der Gründung der tschechischen Universität in Prag viel mitzureden. Daraus wurde ein Antrag an mich, als Extraordinarius der Philosophie nach Prag zu kommen. Kvíčala und das Wiener Ministerium versprachen mir, ich würde nach drei Jahren Ordinarius werden. So ging ich.

Ein Extraordinarius bezog ein Jahresgehalt von 1800 Gulden. Vielleicht hätte ich durch irgendein kleines Nebenamt etwas dazu verdienen können, aber ich wollte unabhängig bleiben. Selbstverständlich ging es uns unterschiedlich, auch Geld ausleihen mußte ich mir wieder manches Mal. Nach drei Jahren sollte ich Ordinarius werden; der Antrag auf Ernennung war schon vorbereitet, aber ich verwickelte mich nolens volens in den Handschriftenstreit Siehe oben S. 70.. Ein Teil der Professoren war deshalb gegen mich, und die Abstimmung über meine ordentliche Professur fiel so aus, daß elf Stimmen für mich waren, elf gegen mich. Darauf sollte das Ministerium in Wien die Entscheidung fällen. Es ließ die Sache aber in salomonischer Weise unentschieden; man mochte mich nicht, man wollte an der Universität Ruhe haben. Aus Prag kamen Denunziationen nach Wien, ich wäre ein Jugendverderber, ein Chauvinist, verwürfe Kant und die deutsche Philosophie u. a. Erzbischof Schönborn und einige unserer einflußreichsten Leute waren gegen mich. Man sandte einen Bericht über meine Vorlesungen über praktische Philosophie nach Wien, ich spräche über Prostitution und verdürbe dadurch die Jugend. Man stelle sich vor, daß vor Juristen und Philosophen über ein so furchtbares moralisches Problem wie die Prostitution nicht gesprochen werden sollte! Als ich nach Rußland reiste, wurde nach Wien gemeldet, ich wäre ein Russophile und Panslavist. Solcher Dinge gab es viele – jetzt ärgere ich mich darüber nicht mehr. Ich sah daran, wie verkrümmt die Menschen durch Unfreiheit werden. Selbstverständlich mißtraute man mir in Wien. Deshalb mußte ich dreizehn Jahre warten, bevor ich Ordinarius wurde. Erst Minister Hartl war so vernünftig, daß er sich nicht fürchtete, all den Klagen und Denunziationen entgegenzutreten.

So hatte ich anfangs eine Menge Sorgen. Damals, ich glaube im Jahre 1884 oder so herum, geschah auch folgendes: Ich hatte in Wien einen Schüler gehabt, namens Flesch, den Sohn eines bekannten Brünner Fabrikanten. Er kam mir nach Prag nach und besuchte mich. Es war ein melancholischer Junge. Dann ging er nach Berlin weiter, und dort erschoß er sich. Mir vermachte er Geld. Ich erbte ungefähr 60 000 Gulden. Das hielt mich über Wasser. Ich konnte meine Schulden bezahlen, den Eltern helfen, meinem Bruder Ludwig in Hustopeč eine Druckerei einrichten, das »Athenaeum« herausgeben.

Lange reichte das Geld nicht aus. Und damals sagte man, ich hätte das Geld von einem Selbstmörder erhalten, weil ich den Selbstmord verteidigt hätte!

Ich machte mit Geld eine eigentümliche Erfahrung. Sooft es mir sehr schlecht ging, kam es von irgendwoher. Niemals bereitete es mir Sorgen, ob ich zu essen haben würde; ich glaubte daran, daß der Mensch, wenn er einem anständigen Ziele nachgeht, nicht ohne Hilfe bleiben könne. Wie Jesus sagt: »Trachtet am ersten nach dem Reiche Gottes und nach seiner Gerechtigkeit, so wird euch solches alles zufallen.« Ich liebe das Geld nicht, es war mir niemals Selbstzweck, sondern nur ein Mittel, mag es sich um Hilfe für den Nächsten oder um dauerndes

Kulturgut handeln. Heute gefällt mir an meiner Stellung vielleicht am besten, daß ich kein Geld bei mir zu tragen brauche. Ich habe nichts als ein Stückchen Bleistift in meiner Tasche und weiß kaum, wie unser Geld aussieht.

*

Bei meiner Ankunft in Prag kannte ich niemanden. Ich hatte niemals viele Freunde, ich bin dazu zu verschlossen. So verkehrte ich mit Kollegen, den Professoren Gebauer, Goll, Hostinský, Randa, Ott. Am liebsten war mir Gebauer; er imponierte mir und lehrte mich, methodisch zu arbeiten, zum Beispiel bei Notizen jede Idee auf ein eigenes Blatt Papier zu schreiben, und das Blatt dann in das Fach zu legen, in das es gehört. Gebauer gehörte zur Redaktion der »Národní Listy« und erteilte mir auch eine journalistische Lehre: es genüge nicht, für die Zeitung etwas zu schreiben, man müsse es immer aufs neue wiederholen. Der Journalist soll nicht zitieren, das und jenes sei schon geschrieben und gesagt worden, sondern es nochmals sagen, weil der Zeitungsleser sich nicht merkt, was er gelesen hat.

Einen sehr intimen Kameraden hatte ich an dem Maler Hanuš Schwaiger. Er war ein guter, unendlich guter Mensch, mit einem göttlichen Humor, der niemandem wehtat und ihm selbst das Leben und alle Not erleichterte. Mit ihm und seinen Freunden, dem Maler Pirner und Professor Klein, dem Archäologen der deutschen Universität, ging ich manchmal des Abends zu einem Glas Bier oder Wein. Als ich mich später gegen den Alkohol erklärte, schrieb mir der arme Schwaiger, der damals schon sehr krank war, ich hätte recht, auch er trete zu meinem Glauben über: »Ich höre auf zu trinken, weil ich nicht mehr kann.«

An der Universität war in unserer Fakultät anfangs natürlich Kvíčala der größte Herr, dann Tomek. Ich hielt mehr mit den jüngeren zusammen, mit Gebauer, Goll, Hostinský. Viele Lehrstühle an der tschechischen Universität waren noch unbesetzt. Eine gewisse gesellschaftliche Aristokratie bildeten die Nachkommen der nationalen Erwecker: der Sohn Čelakovskýs, der Botaniker, Frič, der Sohn Palackýs, der Geograph, den man »das scheu gewordene Lexikon« nannte. Die Studenten waren in den damaligen liberalen Ideen erzogen. Meine Antrittsvorlesung handelte über Hume und die Skepsis; ich rief Verwunderung damit hervor, daß ich die englische Philosophie einführte und den Jungen das Problem der Skepsis vorlegte und daran Kritik übte. Meine Kritik Kants und der deutschen nachkantischen Philosophie wurde von den Universitätskreisen ungern gesehen. Wie unglückselig war der antideutsche Ultrapatriotismus, der in Wirklichkeit eine Nachahmung des deutschen war! Als mich ein Studentenverein, ich glaube »Jungmann«, um einen Vortrag ersuchte, sprach ich über Blaise Pascal, um zu zeigen, daß die Religion nicht, wie man dem deutschen Liberalismus gemäß behauptete, tot sei, sondern ein Bedürfnis des menschlichen Herzens. Ich griff den liberalen Indifferentismus an. Für den damaligen Gebildeten galt die Religion als erledigte Sache, und man verstand nur schwer, wie sich jemand damit ernstlich befassen konnte.

Ein eifriger Lehrer war ich nicht; oft trug ich ungern vor. Ich spreche ungern öffentlich, und auch zum Schreiben muß ich mich zwingen. Es interessierte mich nicht, den Jungen auseinanderzusetzen, was andere schon geschrieben und gelehrt hatten; ich sagte ihnen, darüber gäbe es die und die Bücher, die sollten sie lesen, basta. Lieber stellte ich mit ihnen Betrachtungen über konkrete und gegenwärtige Fragen an. Am liebsten war mir, wenn sie mich fragten oder mit mir stritten: ich sah wenigstens, daß sie dachten und wie sie dachten, und lernte in mancher Hinsicht selbst etwas dabei. Wenn es im Lehrsaal nicht ging, so lud ich sie zu mir nach Hause ein. Aber das Lehren selbst fiel mir manchmal schwer.

Was für eine Gewissensfrage ist es, heranwachsende Menschen in moralischen Fragen zu belehren! Ja, jemanden im Lesen und Schreiben unterrichten, ihm allgemeine Erkenntnisse beibringen, darlegen, was schon erkannt und geschrieben ist, das ist etwas anderes, als die Verantwortung dafür zu übernehmen, daß derjenige, der Sie hört, folgt und sich nach Ihren Worten richtet. Dann sind Sie für sein Leben verantwortlich, ob nun als Lehrer oder als Schriftsteller.

Manchmal, wenn ich zur Vorlesung ging und schon im Hof des Clementinums war, überkam mich ein derartiger moralischer Katzenjammer, daß ich nicht lesen konnte, ich konnte einfach nicht. Ich drehte mich auf der Ferse um und ließ den Jungen durch den Pedell bestellen, daß ich heute nicht könne.

Und vielleicht war ich auch darum kein richtiger Pädagoge, weil ich mein Leben lang nur mich selbst erzogen habe. Ich bin Individualist und Demokrat – im Leben und metaphysisch. Ich glaube, daß jede Seele der anderen gleich ist, jede Seele ihr Eigendasein, Selbständigkeit und ihr Eigenrecht hat. Die Menschen entwickeln sich gewissermaßen nebeneinander, jeder auf seine Weise; sie können aufeinander nicht anders wirken, wahrhaft wirken, als dadurch, daß der Gefährte den Gefährten kennt. Die Hauptsache ist, sich um sich selbst kümmern, sich selbst überwachen und vervollkommnen. Sache der andern ist es, zu bemerken, zu begreifen und für sich auszuwählen, was für sie geeignet ist. Das ist kein Egoismus, eher das Gegenteil. Selbständig sein, auf sich gestellt und selbstgenügsam, das bedeutet eben, daß man vom andern nicht verlangt, was man für sich selbst tun kann und soll. Es gibt nicht nur Hausbettelei, sondern auch moralische Bettelei. Ich habe immer gewollt, daß jeder über sich selbst Herr sei. Das gilt politisch, sozial und moralisch. Herr über sich selbst sein: das umfaßt die Freiheit und die Zucht.

*

Wir sind nicht mehr viele, die die achtziger Jahre in Prag gut im Gedächtnis bewahren. Heute erscheint uns diese Zeit groß, gemessen an großen Namen wie Rieger, Neruda, Vrchlický. Aber uns bedrückten mitunter die kleinen Verhältnisse, die kleinen Mittel, die wenigen Persönlichkeiten … So sage ich mir auch heute manchmal, wenn mich die Kleinheit des Tages bedrückt: vielleicht werden in fünfzig Jahren den kommenden Menschen gerade diese Jahre im Licht einer Größe erscheinen, um die sie uns beneiden werden.

Ich bin kein laudator temporis acti; wenn ich mitunter lese, daß wir zu den »Idealen unserer Väter« zurückkehren sollen, so erinnere ich mich daran, wie es war, und sage mir, um wieviel näher wir heute den Idealen sind. Die Welt ist besser als damals; besonders unsere tschechische Welt hat so unermeßlich viel gewonnen – ich möchte jeden, der jammert und nörgelt, zur Strafe in jene achtziger Jahre zurückversetzen. Ich habe lange genug gelebt, um sagen zu können: Ich vertraue auf die Zukunft, auf die Entwicklung und den Fortschritt. Ich möchte sehen, wie das Leben in hundert Jahren ausschauen wird.

Seit dem Krieg schlafe ich schlecht und will die Nacht nicht immer bei einem Buch verbringen, es greift die Augen an. Da male ich mir nun Utopien aus, wie das Leben in zwanzig, in hundert Jahren werden mag. Es sind praktische Utopien; ich wähle das Beste von dem, was es schon heute gibt, und führe es ein wenig aus. Die Zukunft lebt schon unter uns; wenn wir das Beste und Fähigste von dem, was es heute gibt, wählen würden, so wäre das der richtige Weg, wir hätten unser Leben um ein Stück Zukunft erweitert!

Universität und andere Interessen

Als ich von Wien nach Prag ging, dachte ich nur an eine Professorenlaufbahn; ich fürchtete Konflikte und wäre ihnen lieber ausgewichen. Es ist nicht richtig, daß ich von Natur aus ein Kampfmensch bin. Niemals wollte ich im Vordergrund all der verschiedenen Affären und Polemiken stehen; gewöhnlich brachten mich andere hinein.

An unserer neuen Universität fand ich recht kleine Verhältnisse vor: keine Kritik, keinen Meinungsaustausch. Da ich sah, daß uns ein fachkritisches Organ fehlte, gründete ich die Monatsschrift »Athenaeum«; sie brachte Rezensionen heimischer und fremder Fachschriften, aber auch belletristischer Werke; für mich bildete ja die Belletristik stets eine ebenso wichtige Quelle der Erkenntnis wie die Wissenschaft. Das »Athenaeum« erschien ungefähr zehn Jahre. Es fehlte ihm viel, um eine gute Revue zu sein, aber es war wenigstens etwas.

Ich bemerkte auch, daß sich unsere neue Universität nicht genug um die Volksbildung kümmerte. Deshalb schlug ich vor, Kurse für breitere Kreise zu veranstalten, und hielt selbst solche Kurse und Vorträge ab. Ich schrieb, daß wir eine zweite tschechische Universität haben müßten. Ich sah, daß uns auch ein Lexikon fehlte; Riegers Wörterbuch war für seine Zeit gut gewesen, aber schon veraltet. Ich setzte mich mehr für eine wissenschaftliche Enzyklopädie ein, etwa wie die »Encyclopädia Britannica«, fand Mitarbeiter und einen Verleger. Aber der Handschriftenstreit Siehe oben S. 70. kam dazwischen.

Es wäre mir nicht eingefallen, mich in den Streit einzulassen, wenn Gebauer, mit dem ich bis dahin wenig verkehrt hatte, nicht gekommen wäre, um mich um den Abdruck eines Artikels im »Athenaeum« zu ersuchen, in dem er bewies, daß die sogenannte Königinhofer und die Grünberger Handschrift Fälschungen aus unserm Jahrhundert seien. Ich glaube, es kam so: Gebauer hatte seine Einwände gegen die Handschriften in einer Fachpublikation erhoben, und man hatte ihn deswegen in den Zeitungen angegriffen; da wollte Gebauer sich wehren. Ich nahm den Artikel selbstverständlich an. Einmal wußte ich, was für ein Gelehrter Gebauer war, außerdem glaubte ich selbst nicht an die Echtheit der Handschriften. Mir war die Frage der Handschriften vor allem eine moralische Frage: wenn es wirklich Fälschungen waren, so mußten wir das vor der Welt eingestehen. Unser Stolz, unsere Erziehung durfte nicht auf einer Lüge beruhen. Und dann: wir konnten unsere eigene Geschichte nicht richtig erkennen, solange wir über eine erdachte Vergangenheit stolperten. Das erschien mir selbstverständlich.

Daraus wurde ein Streit, der jahrelang dauerte. Philologen, Historiker, Paläographen, Chemiker stellten fest, daß die Handschriften Falsifikate waren; ich versuchte ästhetisch und soziologisch darzutun, daß sie nicht aus dem Mittelalter stammen konnten. Wir wurden bekämpft; die Zeitungen griffen uns an: wir wären nicht patriotisch und Verräter der Nation – nun, es war dumm. Dann gingen Vereine gegen uns los und sogar die Gasse. Einmal erwartete ich Schwaiger in einem Wirtshaus. Am Nebentisch saß ein Bruder Vojta Náprsteks Vojta Náprstek (1826-1894) war der verdienstvolle Gründer des Gewerbe-Museums in Prag. (Anm. d. Übers.), ein Brauereibesitzer; er kannte mich nicht und begann von mir zu reden, ich wäre von den Deutschen bestochen, um die tschechische Vergangenheit zu verunglimpfen, und derlei Dinge. Ich ließ ihn dabei und stachelte ihn noch auf – erst als ich fortging, sagte man ihm, wen er vor sich gehabt hatte. Ein andermal half ich Bürgern in der Straßenbahn den Verräter Masaryk beschimpfen. Das bereitete mir Spaß, aber es ärgerte mich, sooft ich sah, wie unaufrichtig manche Leute die Handschriften verteidigten: sie glaubten nicht an sie, fürchteten sich aber, es einzugestehen.

Mir brachten die Handschriftenkämpfe auch Gutes. Ich mußte das ganze Zeitalter studieren, in dem die Handschriften tatsächlich entstanden waren; ich las die ganze Wiedergeburtsliteratur, von Dobrovský angefangen. Dobrovský, das war ein prächtiger, gebildeter Mensch, der erste Tscheche von Welt in der neuen Zeit! Ich las Jungmann, Šafařík Hervorragende Sprach- u. Literaturforscher. (Anm. d. Übers.).

Eifrig grub ich mich durch die Literatur des 18. und 19. Jahrhunderts hindurch, um die Zeit der Entstehung der Handschriften und die Stimmung, aus der sie entsprungen, zu durchschauen: die Romantik, den Historismus, die Sehnsucht, sich mit anderen Nationen, namentlich mit den Deutschen, zu messen. Durch die Handschriften lernte ich unsere nationale Wiedergeburt kennen; das führte mich weiter in die Vergangenheit, in unsere Geschichte, zu unserer Reformation und Gegenreformation, und wieder vorwärts zu unsern nationalen Erweckern, zu Palacký, Kollár, Smetana, Havlíček. Dadurch wurde der Handschriftenstreit auch für mich ein politisches Ereignis: er führte mich in unsere politischen Probleme ein.

*

In die Konflikte wurde ich so beinahe zufällig verwickelt; jetzt sehe ich aber, daß mich die Umstände immer ins öffentliche Leben geführt haben und daß ich auch vom Katheder auf dieses öffentliche Leben zu wirken trachtete. Ich habe schon gesagt, daß mein »Selbstmord« eigentlich eine Philosophie der Geschichte ist, also auch eine politische Philosophie. Als ich über Hume und Pascal las und auf Comte hinwies, versuchte ich absichtlich die Aufmerksamkeit auf die französische und englische Philosophie hinzulenken, um aus der einseitigen deutschen geistigen Beeinflussung herauszukommen. Darum ließ ich die verkürzte Ausgabe von Comtes »Soziologie« und Sullys »Psychologie« übersetzen. »Die konkrete Logik«, die ich während der Ferien in Hustopeč schnell niederschrieb, war ein Versuch, Organisation und Ordnung in die Wissenschaften einzuführen. Auch in den Wissenschaften geht jeder Fachmann seiner eigenen Sache nach und hat mit den andern nichts gemein, so wie die Leute auf der Straße. Jede Organisation, jede Überwindung der Anarchie ist eo ipso Politik.

*

Das Problem, das mich damals am meisten interessierte, war das Slaventum. Das hatte ich, wenn auch unklar und gleichsam als Ahnung, schon in der Kindheit erlebt. Als Knabe zerbrach ich mir den Kopf darüber, wie es käme, daß ich die polnischen Ulanen, die einige Zeit in Čejkovice lagen, verstand, obgleich sie einer andern Nation angehörten. Aus romantischer Sympathie zum polnischen Aufstand lernte ich als Gymnasiast polnisch.

Schon in Wien hatte ich mich in die russische Literatur eingelesen. In Prag nahm sie mich dann völlig gefangen. Ich darf sagen, daß damals nur wenige die russische Literatur so gut kannten wie ich. Dabei war ich bei Kollár auf die Slavophilie gestoßen; auch in unserer Politik gab es Slavophilen, aber ich merkte, daß sie ihr Slaventum nur im Munde führten, ohne es zu kennen. Ich studierte die russische Slavophilie: Kiréjevskij, den Schellingianer, und am meisten Dostojewskij. An ihm erkannte ich, wie eng die russische Slavophilie mit der Orthodoxie verknüpft ist. Dostojewskij war Atheist. Er hat selbst einmal zu russischen Nihilisten gesagt: »Ihr wollt mir erzählen, was Atheismus ist?« Aber er wollte orthodox sein, wollte sich »zur Wahrheit durchlügen«. Ein vergebliches Beginnen! Niemand vermag zu seinem verlorenen Glauben zurückzukehren; er kann einen andern annehmen, aber den, den er verloren hat, wird er nicht wiederfinden. Darum empfand ich in der gewollten Orthodoxie Dostojewskijs etwas wie Jesuitismus. Mir ließ das keine Ruhe; ich wollte Rußland und die Orthodoxie aus der Nähe sehen.

Zum erstenmal ging ich im Jahre 1887 nach Rußland und ein Jahr darauf nochmals. Ich machte in Warschau halt, um auch die Polen kennenzulernen. Dann besuchte ich Petersburg, Moskau, Kiew und Odessa. Es interessierte mich, all die Straßen und Orte zu sehen, die ich so gut aus Dostojewskij, Tolstoj und den anderen Dichtern kannte. Ich fuhr dritter Klasse, auf dem Schwarzen Meer im Zwischendeck. Ich wollte unterm Volk sein, hatte auch nicht viel Geld. Ich kam mit slavischen Philologen zusammen, mit Lamanskij, Florinskij und andern. Lamanskij sagte mir gerade heraus, daß die Russen sich nur für die rechtgläubigen Slaven interessierten, höchstens noch für die Slovaken, weil sie ebenso naiv wären wie das russische Volk Gottes; uns Tschechen als Liberale und Westler ließen sie zum Teufel gehen. Ich besuchte russische Klöster und Einsiedeleien. Im Sergjejew-Kloster war ich Gast beim Vater Igumen. Ich bemerkte hier die Unbildung und den Aberglauben des Orthodoxentums. Und damit wollten die Slavophilen das Slaventum retten! Ich kam mit derselben Anschauung wie Havlíček aus Rußland: Liebe zum russischen Volk und Abneigung gegen die offizielle Politik und die herrschende Intelligenz.

Ich suchte Tolstoj auf. Ich hatte vorher keine Zeit gehabt, ihn so gründlich zu studieren wie Dostojewskij, und so wollte ich ihn persönlich kennenlernen. Das erstemal besuchte ich ihn in

Moskau in seinem Palais. Ich erinnere mich, als wäre es heute, wie er mir geradezu stolz sein Arbeitszimmer zeigte; eine bäurische Zimmerdecke aus Holz, fast mit der Hand zu erreichen; aber diese Decke war nachträglich in dem hohen Herrschaftszimmer angebracht worden. In dieser Bauernstube ein Schreibtisch mit bequemem Lehnstuhl aus Leder, ein Diwan – in die Bauernstube paßte das entschieden nicht. Er hatte eine Schwarzwälder Uhr, die er anpries, weil sie nur 35 Kopeken gekostet hatte. Er trug ein Muschikhemd, Gürtel und Stiefel, die er selbst genäht hatte; selbstverständlich waren sie schlecht genäht. Zum Tee führte er mich in die Herrschaftszimmer – lauter roter Samt, wie es in den adeligen Häusern üblich war. Die Frau Gräfin schob ihm die gewohnten Konfitüren hin, er aber schlürfte, als hätte er es nicht bemerkt, den Tee nach Muschikart durch ein Stückchen Zucker. Nach dem Tee gingen wir in den Park. Wir sprachen über Schopenhauer, den Lew Nikolajewitsch schlecht verstand. Mitten im Gespräch blieb er wie ein Muschik am Feldrain stehen und forderte mich auf, ebenso zu tun – mir kam es gewollt, künstlich primitiv, unnatürlich vor.

Lew Nikolajewitsch lud mich dann auch nach Jasnaja Poljana ein. Ich fuhr von Tula in einer Kibitka hin. Der Steg vor dem Dorf war so morsch, daß die Pferde sich fast die Beine gebrochen hätten; wir mußten ihn umfahren. Vor Mittag traf ich im Schlosse ein. Man sagte mir, daß Lew Nikolajewitsch noch schlafe, er habe die ganze Nacht mit Tschertkow und den Gästen durchdebattiert. Ich ging inzwischen ins Dorf. Es war schmutzig und armselig. Vor einer Hütte arbeitete ein junger Muschik. Ich verwickelte ihn in ein Gespräch und sah, daß er unter dem offenen Hemd einen Ausschlag hatte – eine Geschlechtskrankheit. In einer andern Hütte fand ich auf dem Ofen eine Greisin im Schmutz und ohne Hilfe liegen, dem Tode nahe.

Ich kehrte zu Tolstoj zurück. An jenem Tag war der junge Gay, ein Sohn des Malers, einer seiner Anhänger, zu ihm gekommen. Er hatte sich so sehr zur Einfachheit bekehrt, daß er zu Tolstoj weit her zu Fuß marschiert war, weil die Eisenbahn nicht muschikmäßig war; er kam so verlaust an, daß er sofort baden und sich reinigen mußte. Tolstoj sagte mir selbst, er habe aus dem Glas eines Syphilitikers getrunken, um ihm nicht seinen Abscheu zu verraten und ihn nicht zu erniedrigen. Daran hatte er gedacht, nicht aber daran, seine Bauern von der Ansteckung zu befreien. Und als er auseinanderzusetzen begann, wir müßten zur Einfachheit zurückkehren, wir müßten nach Muschikart leben, sagte ich zu ihm: »Und was bedeutet dieses ihr Haus und der Salon, die Lehnstühle und die Diwans? Und was dieses elende Leben Ihrer Bauern? Ist das die Einfachheit? Sie trinken zwar nicht, rauchen aber Zigarette auf Zigarette. Wenn schon Askese, dann konsequent. Der Muschik lebt armselig, weil er arm ist, nicht aber um Asket zu sein.« – Und ich sagte ihm, was ich in seinem Dorf gesehen hatte, die Unordnung, die Krankheit, den Schmutz und all dies. »Um des guten Gottes willen, sehen Sie das nicht? Sie, ein solcher Künstler, können das nicht beobachten? Selbst die Schuhe nähen, zu Fuß gehen, statt im Zuge zu fahren, das ist ein Totschlagen der Zeit. Wieviel Besseres läßt sich in derselben Zeit tun!« Ich zitierte ihm das englische Sprichwort: »Cleanliness is godliness« und unser tschechisches: »Reinlichkeit ist halbe Gesundheit.« Kurzum, wir konnten uns nicht verstehen. Die Gräfin war eine vernünftige Frau. Sie sah ungern, wie unvernünftig Tolstoj alles verschenkte; sie dachte an ihre Kinder. Ich kann mir nicht helfen, in ihrem Konflikt mit Lew Nikolajewitsch gab ich eher ihr recht als ihm.

Zum drittenmal besuchte ich Tolstoj kurz vor seinem Tode, im Jahre 1910. Da war er mit seiner Frau innerlich schon völlig auseinandergekommen. Er war sehr nervös und beherrschte sich nicht. In jener Zeit befand sich bei ihm und als Arzt im Dorfe unser Dr. Makovický. Er war für Tolstoj und seine Lehre eingenommen und notierte heimlich alles, was Lew Nikolajewitsch sprach.

Einfachheit, zur Einfachheit zurückkehren! Mein Gott, das Problem der Stadt und des Landes läßt sich nicht durch sentimentale Moral und nicht dadurch lösen, daß man den Bauern und das Land in allem als Vorbild hinstellt. Die Landwirtschaft industrialisiert sich heute auch schon, sie kann ohne Maschinen nicht auskommen, und der Bauer bedarf einer höheren Bildung als seine Vorväter. Über all dies sind auch bei uns noch viele unrichtige Anschauungen und vererbte Vorurteile verbreitet.

Wir stritten am meisten darüber, ob man dem Bösen widerstehen soll. Tolstoj begriff nicht, daß es sich nicht nur um gewaltsamen Widerstand handelt, sondern um den Kampf gegen das Böse auf der ganzen Linie. Er sah den Unterschied zwischen Verteidigung und Angriff nicht ein. Er glaubte zum Beispiel, daß tatarische Räuber bei einem Überfall, wenn die Russen ihnen keinen Widerstand leisteten, nach kurzem Morden von der Gewalt ablassen würden. Meine These lautete: Fällt jemand über mich her, um mich zu erschlagen, so werde ich mich wehren und werde, wenn ich mir nicht anders helfen kann, den Gewalttäter erschlagen. Wenn schon einer von uns beiden erschlagen werden soll, so mag es derjenige sein, der die böse Absicht hatte.

*

Ich liebe das leere Gerede über das Slaventum nicht, ebenso wie ich das patriotische Gerede nicht liebe. Wieviele von unseren Slavophilen können denn auch nur russisch, polnisch, serbisch lesen? Ebenso die Leute, die den Mund damit vollnehmen, daß wir »das Volk des Hus« seien: wer von ihnen hat denn ein Stückchen aus den Werken von Hus gelesen, und nicht nur von Hus, sondern auch ein Buch aus der Brüderreformation? Wozu das Gerede! Ein normaler Mensch trompetet nicht in die Welt hinaus, er liebe seine Eltern, seine Frau, seine Kinder, das versteht sich für ihn von selbst. Liebst du dein Land, so brauchst du darüber nicht zu reden: Tu etwas Anständiges; um etwas anderes geht es nicht.

Ich weiß sehr gut, ein wie großes, aber auch ein wie schweres Programm das Slaventum bedeutet. Ich habe mich mit dem Studium Polens beschäftigt, habe Rußland studiert, arbeitete politisch mit Kroaten und Serben zusammen, bin mehr als ein halber Slovak und schon vor fünfzig Jahren mit einem slovakischen Programm hervorgetreten. Selbstverständlich hätte ich das nicht ohne Liebe getan; der Mensch ist nun einmal so, daß er gern seinem Herzen folgt; gerade deshalb redet er nicht von der Liebe, sondern trachtet mit dem Verstand zu helfen.

Mich hinderte immer eine gewisse Scham, Worte wie »Vaterland« und »Volk« auszusprechen. Ich preise mich nicht als Patrioten an, ich schreie nicht, der andere sei ein Landesverräter; ich muß geduldig beweisen, daß sein Weg aus den und den Gründen verfehlt sei. An großen Schlagworten können Menschen sich berauschen, nicht aber durch sie arbeiten lernen. Wir haben uns von einer despotischen Herrschaft befreit, nun müssen wir uns noch von großen und despotischen Worten befreien.

Es ist wahr, daß die Menschen sich nicht nur in der Politik, sondern auf allen anderen Gebieten, in der Religion, Wissenschaft, Philosophie an Worte klammern. Darum habe ich immer auf die Dinge Wert gelegt, auf die Beobachtung und die Erkenntnis der Tatsachen. Aber um gut zu beobachten und zu erkennen – dazu bedarf es der Liebe.

Arbeit und Kämpfe

Politik

Die Politik hat mich stets interessiert. Schon die Dorfstreitigkeiten zwischen Slovaken und Hanaken, später zwischen uns tschechischen und deutschen Jungens in Brünn waren Politik im
kleinen – ich mußte mir des Verhältnisses zwischen Tschechen und Deutschen bewußt werden.
Auch meine Absicht, die Konsularakademie zu besuchen, war halb Romantik, halb unbewußtes
politisches Interesse.

Meine Beziehung zur Politik war anfangs nur theoretisch; da fesselte mich schon Plato durch
sein Philosophieren über Politik, und als ich mich mit Soziologie zu beschäftigen begann, geriet
ich eo ipso mitten in die politischen Probleme.

Natürlich reagierte ich immer auf politische Ereignisse. Schon als Student schrieb ich für
die »Moravská Orlice« meine ersten Artikel gegen die Politik der Passivität Die Opposition
der Tschechen gegen die zentralistische Politik Wiens führte in den sechziger und siebziger
Jahren des 19. Jahrhunderts zur Ablehnung der Mitarbeit im österreichischen Reichsrat, die
erst 1879 wieder aufgenommen wurde. (Anm. d. Übers.). In Wien pflegte ich zur Bahn zu
gehen, um zu sehen, wie die tschechischen Abgeordneten zur Parlamentstagung ankamen. Damals verfolgte ich beständig den Kampf der Tschechen mit den Deutschen; aber ich begriff
schon damals, daß dies eigentlich ein Kampf gegen Österreich war, und hatte zu Österreich ein
ziemlich negatives Verhältnis.

Als ich nach Prag kam, war ich zunächst von kulturellen und wissenschaftlichen Interessen
erfüllt. Da war das »Athenaeum«, die Universität, das Konversationslexikon, die Handschriften-
frage, und aus dem Handschriftenstreit wurde eine journalistische und politische Affäre. Die
Revision der angeblichen altslavischen Kultur wurde zur Revision des ganzen Kulturlebens der
Gegenwart. Eigentlich brachten mich diese Kämpfe und Polemiken in die aktive Politik hinein.
Ich lernte unsere Mängel, das niedrigere Niveau unserer Presse und der öffentlichen Meinung
kennen, aber auch anständige und feine Menschen. Auch das kam mir zugute, daß ich oft unwillkürlich und manchmal aus Torheit soviel Zorn und Feindschaft gegen mich erregte. Damals
sagte ich mir: »Es geschieht dir recht, was mischst du dich hinein!« Heute sehe ich, daß man
auch durch Haß bekannt und eine Autorität wird. Der Haß vergeht, der Name aber bleibt den
Menschen im Gedächtnis haften. Das sage ich heute auch denjenigen, die sich nach allen Seiten
wehren müssen ...

Damals fanden wir uns zusammen, ein paar Männer. Wir wollten die Verhältnisse auf irgend-
eine Art reformieren, die Presse und die Universität verbessern, waren für positive und aktive
Politik. Es war kein klares Programm, eher eine Richtung, eine kritische und wissenschaftliche
Richtung.

Ich glaube, es war im Jahre 1889, da siegten die Jungtschechen in den Wahlen. De facto
war zwischen ihnen und den Alttschechen kein so großer Unterschied mehr, wie es nach ihren
journalistischen Streitigkeiten hätte scheinen können. Die Jungtschechen brauchten neue Leute
für das Parlament. Deshalb traten sie an uns heran, und wir hielten es für unsere Pflicht, uns
ihnen zur Verfügung zu stellen. Die Alttschechen hatten im ganzen bessere Männer und waren
gebildeter, aber politisch starrer. In den nächsten Parlamentswahlen, es war 1891, wurde ich als
jungtschechischer Abgeordneter im Bezirk von Domažlice (Taus) gewählt.

Im Wiener Reichsrat interessierte mich zunächst das Parlament selbst. Ich nahm mir
mehrmals die Konstitution und die Geschäftsordnung vor, aber zwischen Verfassung und
Parlamentspraxis besteht etwa ein Unterschied wie zwischen dem Evangelium und den
Kirchen. Ich beobachtete und machte mir meine Gedanken. Die Regierungstribüne kam mir
wie der Altar vor, wir darunter waren die Gläubigen. Bald entdeckte ich im Parlament die
gute Bibliothek; ich ließ nach Möglichkeit keine Sitzung aus und las während der Sitzungen

politische Literatur. Damals war ich politisch noch sehr unreif und unerfahren. Als Redner hatte ich gewisse Erfolge – ich sprach über das Schulwesen, in den Delegationen griff ich in bosnisch-herzegowinischen Fragen den Minister Kallay an; das bewirkte, daß ich mit kroatischen und serbischen Abgeordneten Freundschaft schloß. Ich bereiste Bosnien und die Herzegowina, bewacht von Kallays Spitzeln.

Nach allerlei Fehlgriffen geriet ich in Konflikt mit der Partei. Das kam so: Statthalter Thun äußerte sich, als ich zum erstenmal im Prager Landtag mit ihm sprach, unfreundlich über die Tschechen. Er sagte, der Tscheche sei entweder ein Grobian oder »er küsse die Hand« D. h. er sei liebedienerisch. (Anm. d. Übers.). Seine Worte, die ich allerdings mehreren Leuten weitererzählt hatte, kamen in die Öffentlichkeit und verursachten große Erregung. Die Partei warf mir fälschlich vor, daß ich ihr keine Mitteilung gemacht habe. Ich wandte mich an die Wähler und bekam ein Vertrauensvotum. Mit dieser Genugtuung in der Tasche schrieb ich unseren Abgeordneten nach Wien, daß ich das Mandat niederlege. Vielleicht hätte ich vorher meine Kollegen aus unserer Gruppe fragen sollen, aber ich entschied mich oft eins, zwei, drei. Mir gefiel die jungtschechische Politik infolge ihrer Zweideutigkeit nicht: sie war eine andere in Prag, eine andere in Wien; in der Heimat waren die Abgeordneten in Aufruhr, in Wien ließen sie sich der Regierung durch Kleinigkeiten verpflichten. Auch zu den Deutschen hatte ich ein anderes Verhältnis, hauptsächlich aber sah ich ein, daß ich in der Politik noch »schwach« war.

Nicht etwa, daß ich durch meine Demission der Politik entsagte; im Gegenteil, ich wollte von Grund auf neu anfangen. Ich wollte eine andere, eine Erwecker-Politik treiben und auf die Denkart unserer Menschen wirken. Damals arbeitete ich mich durch die ganze politische Literatur seit dem achtzehnten Jahrhundert durch; am liebsten gewann ich Dobrovský, einen scharfsinnigen Menschen von Welt; mein politischer Lehrer wurde Palacký, mein Humanitätsprogramm stützt sich auf ihn. Ich liebte Havlíček um seiner Wahrhaftigkeit und Offenheit willen, er lehrte mich Journalist sein. Ich las den ganzen Kollár, Rieger und all die anderen. Aus diesen Studien entstand meine »Tschechische Frage«, ein unfertiges Buch, eher eine Sammlung von Material. Auch meine Bücher »Havlíček« und »Unsere gegenwärtige Krise« entstanden damals.

So war es schon immer bei mir: niemals im Leben gab ich gern Bücher heraus, niemals feilte ich sie genügend durch und vollendete sie. So oft ich etwas veröffentlichte, geschah es nur, weil ich einen aktuellen Anlaß dazu erblickte. Hätte man mich in Frieden gelassen – und ich die anderen – vielleicht hätte ich kein einziges Buch herausgebracht.

Wenn ich in Kämpfe verwickelt wurde, schlug ich mehr als einmal überflüssig um mich. Manch einem habe ich Unrecht getan, das stimmt; aber selbst trug ich noch mehr Unrecht davon. Oft sah ich über die Menschen hinweg und war auch aufgeblasen; vor allem war ich ungeduldig: ich dachte, die Menschen müßten eine gerechte Sache auf der Stelle aufnehmen und durchführen.

Mein ganzes Leben hindurch hatte ich Streit, aber ich glaube nicht, daß ich eine Kampfnatur bin. Kampf um des Kampfes willen kenne ich nicht: ich wurde herausgefordert und habe mich verteidigt.

Der literarische Kampf ist in einer Beziehung gut; er verblendet zwar, regt aber dabei zum Nachdenken an, auch den Gegner. Ich glaube, daß die Kämpfe bedeutend zum nationalen Bewußtwerden und zur Vertiefung unseres Geisteslebens beigetragen haben.

*

Es ist merkwürdig: so viele Bücher und Broschüren habe ich herausgegeben, und doch nur ungern. Auch in die Lehrtätigkeit habe ich mich nicht gedrängt. Glauben Sie mir, daß ich mich ungern der Öffentlichkeit zeige. Wenn ich nach meinem Willen hätte leben können, so hätte es mir genügt, zu lesen, zu studieren und meinetwegen für mich selbst zu schreiben. Kurz: zu erkennen. Es gibt nichts, was mich nicht interessiert: alle Wissenschaften, alle Fragen und Aufgaben der Zeit.

Ich bin glücklich, wenn ich in Ruhe lesen kann, und lese bis heute viel. Ungern lerne ich Menschen kennen; ich habe eine Scheu vor ihnen; jede auch nur formelle Bekanntschaft ist ein Stück Arbeit für mich.

Das alles machte mir die Politik und das öffentliche Wirken schwerer als anderen. Warum habe ich es also getan? Weil ich mußte. Das sagt man allerdings leicht, aber wenn ich es sage, so ist es keine Ausrede, keine Entschuldigung. Sie sehen aus meinen Büchern, Broschüren und Artikeln, aus jedem meiner Schritte, daß ich mich niemals in Dinge eingemischt habe, die mir nicht wichtig und zeitgemäß erschienen und mein eigenes Lebensproblem berührten. Seit dem Jahre 1882, in dem ich nach Prag kam, sammelte ich viele, viele Erfahrungen: Ich bin dem Schicksal für die Fülle meines Lebens dankbar.

Die neunziger Jahre

Wenn ich jetzt auf die neunziger Jahre zurückschaue, sehe ich, was für eine Zeit der Gärung sie waren. Natürlich nehme ich die Jahre 1890-1900 nicht auf die Minute genau. Bis dahin hatten wir eigentlich nur zwei Parteien gehabt, die Alttschechen und die Jungtschechen. Das Alttschechentum ging damals zu Ende; es war der Niedergang des alten bürgerlichen Patriziertums. Die Jungtschechen waren mehr eine Partei der neuaufsteigenden, provinziellen, radikaleren Schichten. In den Jahren 1889 und 1891 siegten die Jungtschechen bei den Landtags- und Reichsratswahlen über die Alttschechen. Bis dahin war unsere ganze Politik, wie wir heute sagen würden, bürgerlich gewesen, jetzt aber begann sie sich sozial zu verzweigen. Dann war der Sozialismus da. De facto hatte es ihn bei uns schon früher gegeben. Schwache Anfänge fallen in das Jahr 1848; wir hatten erst ein wenig christlichen Sozialismus, aber mit der Entwicklung der Industrie nahmen die Arbeiter allmählich zu. In den neunziger Jahren begann unter dem Einfluß der Wiener Sozialisten die sozialdemokratische Partei, die auf dem Marxismus beruhte, stärker zu werden. Gegen sie organisierten sich bei den Jungtschechen die nationalen Arbeiter, spalteten sich aber bald ab und machten sich selbständig. Auch mit ihnen hatte ich Berührung und bald auch Konflikte.

Mich hatte der Sozialismus seit je interessiert. Schon in Brünn beobachtete ich den christlichen Sozialismus, in Wien las ich die katholischen Sozialisten und Marx.

In jenen neunziger Jahren kam ich zum Sozialismus in praktische Beziehungen: ich ging unter die Arbeiter und hielt Vorträge vor ihnen. Als in Prag und Kladno Streiks ausbrachen, veranlaßte ich Vortragskurse und trug den Streikenden selbst vor; ich wollte ihre Gedanken ablenken, sie sollten nicht nur Hunger und Elend im Sinn haben. Ich regte die Gründung der »Arbeiterakademie« an, wo sich Arbeiter und ihre Journalisten für die Politik ausbildeten. Beim Feldzug für das allgemeine Wahlrecht – es war im Jahre 1905 – sprach ich in einer Volksversammlung auf dem Heuwagsplatz und marschierte mit meiner Frau im Demonstrationszug mit; schon vorher hatte man über mich geschrieben und gesagt, ich wäre Sozialist; man karikierte mich immer mit dem sozialistischen Schlapphut auf dem Kopf. Damals war das Wort Sozialismus für die Bourgeoisie und die Intelligenz ein Schreckgespenst. Ich nahm den Sozialismus an, soweit er sich mit dem Humanitätsprogramm deckte; den Marxismus erkannte ich nicht an. Aus dieser Kritik entstand meine »Soziale Frage«.

Als unsere Sozialisten ins Wiener Parlament gelangten, lehnten sie es ab, sich der staatsrechtlichen Verwahrung der anderen tschechischen Parteien Die Teilnahme der tschechischen bürgerlichen Parteien an den Arbeiten des österreichischen Reichsrats geschah seit dem Jahre 1879 unter der Verwahrung, daß sie keinen Verzicht auf das alte böhmische Staatsrecht bedeute. Die Verwahrung zielte bereits auf die Selbständigkeit des tschechischen Volkes ab, allerdings noch im Rahmen der Habsburger Monarchie. Die tschechischen Sozialdemokraten verwarfen das historische Staatsrecht, beriefen sich aber auf das Naturrecht des Volkes. (Anm. d. Übers.) anzuschließen. Daraus wurde damals ein großes Geschrei, sie wollten die Nation verraten. Ich nahm sie halb und halb in Schutz. Selbstverständlich trug ich den Schaden davon, obgleich die Gründer des Jungtschechentums sich neben dem historischen Recht auch auf das Naturrecht beriefen, wie ich es damals gleichfalls tat.

Mein Sozialismus ist einfach Liebe zum Nächsten, Humanität. Mein Wunsch ist, es solle kein Elend geben, alle Menschen sollen durch Arbeit und mit Arbeit anständig leben, jeder für sich Raum genug haben, elbowroom, wie die Amerikaner sagen. Humanität, das ist nicht die einstmalige Philanthropie. Philanthropie hilft nur da und dort, aber Humanität sucht die Zustände durch Gesetz und Ordnung zu bessern. Ist das Sozialismus, nun gut.

An Gleichheit – absolute Gleichheit – glaube ich nicht, weder unter den Sternen noch unter den Menschen gibt es eine Gleichheit. Immer gab es und wird es Einzelne geben, die durch ihre Begabung und ein unkontrollierbares Zusammentreffen der Umstände mehr leisten und mehr erreichen; immer wird es eine Hierarchie unter den Menschen geben. Hierarchie aber bedeutet Ordnung, Organisation, Zucht, Führung und Gehorsam, keineswegs Ausbeutung des Menschen durch den Menschen.

Ich nehme davon auch den Kommunismus nicht aus. Kaum war Lenin an der Macht, so rief auch er nach Führerpersönlichkeiten.

Je länger ich lebe, desto mehr erkenne ich die besondere Rolle des Einzelnen in der Entwicklung der Menschheit. Aber ich wiederhole: die höhere Begabung und das sogenannte Glück berechtigen nicht zur Ausbeutung der weniger Begabten und weniger Glücklichen.

Ich glaube nicht, daß alles Privateigentum aufgehoben werden kann. Die persönliche Beziehung, das besondere pretium affectionis, das den Eigentümer mit seinem Besitz verknüpft, ist gut im Interesse des wirtschaftlichen Fortschritts. Der Kommunismus ist möglich, aber nur unter Brüdern, in der Familie, oder in der religiösen und Freundesgemeinde; er kann nur durch wahre Liebe erhalten werden.

Ich erkenne keinen Klassenkampf an; es gibt Stände und Klassen, es gibt Grade unter den Menschen; aber das bedeutet keinen Kampf, das bedeutet die Organisation der natürlich und historisch entwickelten Ungleichheit, den Ausgleich, den Aufstieg und die Entwicklung. Ich bin nicht so blind und naiv, die Ungerechtigkeit und die Unterdrückung nicht zu sehen, und weiß, daß der Einzelne, Stände und Klassen ihre Interessen verteidigen müssen, aber das bedeutet für mich nicht »homo homini lupus«, wie schon längst gesagt wurde.

Was den Marxismus betrifft: der Marxismus ist eine wirtschaftliche Theorie und eine Philosophie, vor allem eine Philosophie der Geschichte. Die wirtschaftliche Theorie ist eine Sache der wissenschaftlichen Forschung, der Revision und Verbesserung, wie sie in jeder Wissenschaft vor sich geht; und auch die Philosophie muß wie jede andere Philosophie der Kritik und der freien Betrachtung unterworfen werden. Deshalb entstand der Revisionismus und entsteht jetzt wiederum. Jede Revision eines Glaubens und Programms ist schmerzlich; aber ohne diese Schmerzen gäbe es keine Entwicklung. Ich habe keine fertige soziale Doktrin in der Tasche. Ich möchte es so sagen und habe es schon früher gesagt: Ich bin stets für die Arbeiter und für die werktätigen Menschen überhaupt, oft für den Sozialismus und selten für den Marxismus.

Meine Anschauungen vom Sozialismus entstammen meiner Auffassung der Demokratie. Die Revolution, die Diktatur kann manchmal das Schlechte zerstören, sie schafft aber nichts Gutes und Dauerhaftes. Unselig in der Politik ist die Ungeduld. Wenn ich bedenke, daß die Menschheitsgeschichte, soweit wir Denkmäler von ihr haben, vielleicht nur einige zehntausend Jahre alt ist, daß wir erst an der Schwelle der Entwicklung stehen, wie soll ich daran glauben, daß irgendein Biedermann, Cäsarist oder Revolutionär, mit einem Schlage den Gipfel dieser Entwicklung erreicht? Noch sind es keine zweihundert Jahre her, daß die Leibeigenschaft und Sklaverei, noch kürzer ist es her, daß die Robot aufgehoben wurde. Kaum hundert, kaum fünfzig Jahre, daß an den sozialen Problemen der Arbeiterschaft und der kleinen Leute bewußt und systematisch gearbeitet wird. Stellen Sie sich vor, daß wir noch Hunderttausende, Millionen von Jahren vor uns haben – und da wollen wir schon mit allem fertig sein? Natürlich wird der Hungrige an der Zukunft nicht satt. Der Glaube an die Entwicklung und den Fortschritt befreit uns nicht von unseren Pflichten gegen die Bedürfnisse des Heute.

*

In der Literatur gärte es zu jener Zeit. Damals kam die fremde Literatur in vollen Strömen zu uns, die französische, von Zola angefangen bis über die Symbolisten hinaus, dann die nordischen Autoren, Ibsen begann zu wirken. Ein Symptom dieser Bewegung war Machar Tschechischer Dichter, in dessen Lyrik sich die Problematik des modernen Menschen bald veristisch, bald ironisch-satirisch ausdrückt; nach dem Umsturz (1919-1924) Generalinspektor der tschechoslowakischen Armee. (Anm. d. Übers.) und seine »Konfessionen«. Die russische Literatur, namentlich Tolstoj und Dostojewskij begannen ihren Einfluß auszuüben. Auf einmal war eine Fülle neuer Eindrücke und Maßstäbe da. Auch die Universität wurde dadurch sehr einflußreich, daß sie national war. Der Realismus betonte die Wissenschaft als wichtigen Bestandteil der Nationalität. Kurzum, die neunziger Jahre waren eine starke und wichtige Zeit. Es war ein Auftun von Fenstern und Wegen in die Welt und ein Suchen nach sich selbst.

Ich gab damals, nach dem »Athenaeum«, die Zeitschrift »Naše Doba« heraus. Der neue Verlag Laichter verbreitete wissenschaftliche und philosophische Bücher. Politisch versenkte ich mich nach den zweijährigen Erfahrungen im Wiener Parlament in das Studium der Entwicklung unserer Parteien und der tschechischen Politik seit dem Jahre 1848. Bei Palacký fand ich die ernste philosophische Rechtfertigung meines politischen Programms; meine Auffassung der tschechischen Frage, die Wertung der tschechischen Reformation und des Humanitätsideals. Am klarsten hat Palacký seine Geschichtsphilosophie in der kleinen Schrift gegen Helfert niedergeschrieben.

In der Politik soll man sich in einen größeren geschichtlichen Zusammenhang einreihen. Man soll nicht an Vorgänger anknüpfen, sondern nach Möglichkeit an die ganze Geschichte. Ich möchte hinzufügen, daß auch in der Politik Gottes Mühlen langsam mahlen, aber genau und nach ganzen Zeitaltern.

*

Eine böse Kampagne war die »Hilsneriade«, während der ich mit dem Aberglauben vom Ritualmord zu tun bekam. Anfangs hatte ich mich für den Prozeß Hilsner Der jüdische Landstreicher Hilsner wurde 1899 des Mordes an einem Mädchen in Polna angeklagt und auf Grund von bloßen Indizien zum Tode verurteilt, aber zu lebenslänglicher Kerkerstrafe begnadigt. Der Prozeß erregte viel Aufsehen. Masaryk griff durch die Veröffentlichung der Broschüre »Die Notwendigkeit der Revision des Polnaer Prozesses« ein, »nicht, um Hilsner zu verteidigen«, wie er schrieb, »sondern um die Christen gegen den Aberglauben zu verteidigen«. (Anm. d. Übers.) nicht interessiert, aber dann besuchte mich ein ehemaliger Schüler aus Wien, der Schriftsteller Sigmund Münz, ein Mähre, und bewog mich, einzugreifen.

Ich kannte Bücher des Berliner Theologen Strack, der über den Ursprung und die Geschichte dieses Aberglaubens geschrieben hatte. Ich teilte Münz meine Anschauung mit, und er veröffentlichte sie in der »Neuen Freien Presse«. So geriet ich in den Wirbel. Die Wiener Antisemiten hetzten die tschechische nationale und klerikale Presse auf und begannen auf mich loszuschlagen – nun, ich mußte mich verteidigen; da ich einmal A gesagt hatte, sagte ich auch B und C. Ich studierte Kriminalistik und Physiologie, fuhr auch nach Polna, um den Tatort des Verbrechens und seine Umgebung zu besichtigen. Sofort hieß es, ich sei dafür von den Juden bezahlt. Zu meinen Universitätsvorlesungen kamen Studenten und Nichtstudenten und schrien mich nieder. In diesem Lärm schrieb ich mit Kreide einen Protest gegen die dummen Verleumdungen an die Tafel und forderte die Hörer auf, mir Beweise und Gründe für ihre Demonstration mitzuteilen. Am Nachmittag meldete sich ein einziger, ein schmächtiger netter Junge – es war der spätere Dichter Otokar Theer. Damit die Demonstranten nicht glaubten, ich hätte Angst vor ihnen, schritt ich den ganzen Hörsaal ab und verlangte ihre Argumente zu hören – niemand wagte sich vor.

Auch die Universität beeilte sich nicht, Ordnung zu schaffen; sie unterbrach nur meine Vorlesungen vierzehn Tage. Abends versammelten sich Demonstranten vor meiner Wohnung. Ich lag erkältet im Bett, meine Frau ging zu ihnen auf die Straße und sagte, ich läge krank, wenn sie aber mit mir sprechen wollten, so sollten sie eine Deputation zu mir senden. Sie kamen nicht.

*

Ad vocem Politik: Vielleicht ist es wahr, daß ich zur Politik geboren bin. Wenigstens zielte alles, was ich jemals tat und was mich interessierte, wenn auch nur indirekt, auf die Politik hin. Aber niemals genügte mir das Politisieren an sich, ob es nun um nationale oder soziale Ideale oder anderes ging. Ich forderte immer eine vernünftige und ehrliche Politik. In diesem Sinn habe ich gesagt, daß auch die Selbständigkeit uns nicht erlösen werde. Ich sah in der Politik ein Mittel, das Ziel war für mich ein religiöses und moralisches. Aber ich wußte, daß wir politisch frei sein müßten, um unsern geistigen Weg frei zu gehen. Nicht einmal heute sage ich, daß der Staat die Erfüllung unserer Sendung ist: Wir müssen zum Bau der Civitas Dei beitragen.

Slovakei

Eigentlich war ich von klein auf halb ein Slovak. Mein Vater war ein Slovak aus Kopčany, sprach bis zum Tode slovakisch, und auch ich sprach slovakisch; eines Unterschieds zwischen den ungarischen und den mährischen Slovaken, unter denen ich als Kind aufwuchs, war ich mir nicht bewußt. Wenn die Großmutter aus Kopčany uns besuchte, brachte sie mir jedesmal breite slovakische Hosen als Geschenk mit; ich zog sie über Nacht im Bett an, weil ich sonst, wie man sagte, nach Herrenart gekleidet ging. Die Beziehungen meiner Familie zu Kopčany und Holič waren eng; in Kopčany kam ich schon als Kind mit dem Magyarischen in Berührung. In der Familie blieben ein paar magyarische Worte haften; wir sagten zum Beispiel »halgas« (schweig) und ähnliches. Ein, zwei Sprößlinge aus Vaters Familie wurden völlig magyarisiert. Noch nach Prag kamen mir Kusinen aus Ungarn nach. In Wien suchte ich auch Spuren von Slovaken, die früher dort gelebt hatten, wie Kollár und wie Kuzmány, der, glaube ich, den ersten Versuch eines slovakischen Romans unternommen hat.

Nach meiner Ankunft in Prag pflegten wir Professoren im Hotel de Saxe zusammenzukommen. In unseren Auseinandersetzungen vertrat ich die Ansicht, wir Tschechen müßten trachten, uns politisch mit den Slovaken zu vereinigen. Die andern zitierten Rieger gegen mich, die slovakische Frage sei eine Causa finita. Sie hielten am historischen Staatsrecht fest; der tschechische Staat, das seien de jure nur die historischen Länder Böhmen, Mähren und Schlesien – auf die Slovaken verzichteten sie. Deshalb war ich gegen den ausschließlichen Historismus.

Was ist das eigentlich, das historische Recht? Ist denn das Recht abhängig von der Zeit und davon, ob es wirklich ausgeübt worden ist oder nicht? Ist das Recht nicht einfach Recht, ohne Rücksicht darauf, ob es Geltung hatte oder nicht? Konnten sich nicht auch Österreich und die Magyaren gegen uns auf das historische Recht berufen? Ich lehnte das sogenannte historische Recht niemals ab, vereinigte es aber mit dem Naturrecht: dieses ist vor allem demokratischer. Das Recht ist nicht ein ererbtes Privileg, sondern der Anspruch eines jeden Menschen auf sein Leben. Nach dem historischen Staatsrecht hätten wir die Slovakei den Magyaren lassen müssen. Und schließlich war mir das historische Recht unsympathisch als ein Produkt des vorrevolutionären, reaktionären Deutschland.

Die Jungtschechen beriefen sich in ihren Anfängen richtigerweise auf das natürliche neben dem historischen Recht. Es gab damals bei uns auch Slovakophilen wie Heyduk und andere, sie waren sich der nationalen Einheit oder Brüderlichkeit bewußt, aber das war mehr Literatur als Politik; politische Folgen davon abzuleiten, wagte man nicht. Darin äußerte sich noch der Geist Kollárs, dem die nationale und kulturelle Unabhängigkeit genügt hatte. Die politische Selbständigkeit fiel ihm und seinen Zeitgenossen nicht einmal im Traume ein.

Für mich handelte es sich damals darum, daß die Tschechen und Prager die Slovakei wirklich kennenlernten. Slovakische Lieder singen, das war mir nicht genug. Deswegen sorgte ich, als wir den »Čas« Tschechische Tageszeitung, die Masaryks Organ wurde. Sie erscheint nicht mehr. (Anm. d. Übers.) übernahmen, für das regelmäßige Erscheinen einer slovakischen Rubrik. Auch lud ich slovakische Studenten zu mir ein; schon Ende der achtziger Jahre nahm ich mir eine regelmäßige Sommerwohnung an der Bysřička bei Turčiansky Sv. Martin, um die Slovaken selbst näher kennenzulernen und auf sie wirken zu können. Dort verbrachte ich mehr als zehn Sommer, In Mošovce wollten mich die magyarischen Gendarmen festnehmen, als ich über Kollár an der Stelle sprach, wo sein Geburtshaus gestanden hatte.

Ende der neunziger Jahre gab es eine Versammlung der Slovaken in Sv. Martin: die Opposition, der jüngere Flügel, kam an die Bysřička zu mir. Ich sprach über ein slovakisches Programm, über kulturelle und politische Arbeit mit ihnen; daraus entstand im Jahre 1898 die Revue »Hlas«.

Als ich im Jahre 1914 über die Grenze gehen wollte, rechnete ich schon ganz bestimmt mit der Slovakei. Um aber eine gewisse Vollmacht in dieser Richtung zu haben, wollte ich wissen, was andere Abgeordnete dazu sagten und sondierte bei ihnen. Ich sprach mit Antonín Hajn, einem der Staatsrechtler; Hajn war sofort und völlig für die Sache und sagte mir, er kenne einen

Offizier beim Generalstab, der uns eine Landkarte der künftigen Slovakei vom nationalen und strategischen Gesichtspunkt aus zeichnen könnte. Er brachte mir dann wirklich die Landkarte, auf der die künftigen Grenzen mit dem Bleistift eingezeichnet waren; unsere heutigen Grenzen decken sich fast genau mit ihnen.

Und als ich ins Ausland kam, freute ich mich, daß der Slovak Štefánik Milan Štefánik (1880-1919) studierte Astronomie, wurde Assistent der Sternwarte in Meudon bei Paris, machte große wissenschaftliche Reisen, u. a. nach Tahiti und Ecuador, trat im August 1914 als Flieger in die französische Armee ein, schloß sich im Laufe des Krieges Masaryk und Beneš an, erwarb sich Verdienste um die tschechoslovakischen Legionen und durch diplomatische Werbearbeit; er wurde im ersten tschechoslovakischen Kabinett Kriegsminister. Bei der Rückkehr in die Heimat im Flugzeuge stürzte Štefánik tödlich ab. (Anm. d. Übers.) zugleich mit uns und für das gleiche Ziel zu arbeiten anfing. Bald kamen andere: so Osuský aus Amerika; Pavlů und der junge Hurban waren in Rußland.

*

Wenn mir an der Bystřička die Leute erzählten, in den Bergen gäbe es Bären, die Rinder anfielen und in die Haferfelder einbrächen, so glaubte ich es nicht. Ich dachte, die Hirten erschlügen manchmal selbst ein Lamm oder verkauften es und redeten sich dann auf die Bären aus. Unser Nachbar Markovický führte mich einmal an eine Stelle, wo ich sehen sollte, wozu so ein Bär imstande sei. Der Bär setze sich im Haferfeld auf die Hinterbeine und reiße mit den Vorderpfoten den Hafer ins Maul; dann schiebe er sich auf dem Stroh weiter, über das ganze Feld. Das sehe aus wie zerstampft. Markovický zeigte mir solch ein Feld, in dem auch große Misthaufen voll Hafer und Schwarzbeeren waren.

Gut, da der Bär da war, los auf ihn! Man lieh mir einen fürchterlichen Schießprügel, einen Hinterlader aus der türkischen Armee, und wir legten uns am Abend bei Vollmond auf die Lauer, Markovický, ein Förster und ich. Wir warteten beim Haferfeld am Rande des Waldes, eine, zwei Stunden, der Bär kam nicht. Mitternacht näherte sich, die Sterne leuchteten, und überall auf den Alpen rings zündeten die Schafhirten Feuer an, da, dort und dort – es war herrlich! Wir hatten den Bären schon vergessen, begannen zu plaudern, Markovický rauchte seine Pfeife, der Förster war eingeschlafen.

Plötzlich sehe ich einen Bären, der über die Lichtung aus dem Walde hervorkommt, dreißig, fünfunddreißig Schritte von uns entfernt. Ein riesiges prachtvolles Tier! Ich hob das Gewehr, konnte aber nicht schießen, ich zitterte wie Espenlaub. Inzwischen hatte uns der Bär gewittert, sprang in den Hafer hinein und von dort in den Wald.

So schändlich hatte ich mich also benommen. Es war nicht Angst, eher die Überraschung darüber, daß es wirklich Bären gab, woran ich nicht mehr geglaubt hatte, oder vielleicht die Aufregung, daß es ein so schönes und starkes Tier war und ich tückisch darauf schießen sollte.

Ein zweites Mal stieß ich auf einen Bären im Wald auf dem Anstand. Es war ein kleineres Tier, ich schoß es auf das Blatt. Der Bär lief davon und lebte noch eine Weile. Wir setzten uns und warteten: so lange unser Hündchen ihn anbellte, lebte er. Als der Hund aufgehört hatte, holten wir das tote Tier. Noch heute haben wir sein Fell irgendwo im Hause.

Ein drittes Mal begegnete ich einem Bären auf folgende Weise: ich reiste von der Bystřička ab und ging vorher noch allein über die Hänge, um Abschied zu nehmen. Ich hatte ein Gewehr bei mir und einen Hund, einen kleinen, mutigen Hund. Ich gehe auf einem Pfad über eine Alpe und sehe etwa zweihundert Schritte vor mir einen Bären, wieder ein ungeheures Tier, das gerade Schwarzbeeren frißt. Ich näherte mich ihm gegen den Wind, so daß es mich nicht witterte. Aber der Hund läuft vor mir her. Plötzlich wittert er den Bären und rennt auf ihn zu. Der Bär hebt den Kopf – da mußte ich schnell schießen, ungefähr auf hundertzwanzig Schritte. Er bekam die Kugel aufs Blatt, überschlug sich, lief aber in den Wald hinein. Ich ihm nach. Natürlich soll man einen verwundeten Bären nicht verfolgen, das hatte ich aber vergessen. Natürlich! Da denkt man nur daran, ihn zu erwischen. Der Bär blutete und rannte immer weiter in die Berge hinein. Ich jagte ihm lange nach, holte ihn aber nicht mehr ein, denn es wurde schon dunkel. Am nächsten Morgen gingen wir ihn suchen. Wir folgten seiner Blutspur bis an die Grenze des fremden Reviers, weiter durften wir nicht. Man schrieb mir später, daß er drei Tage darauf in dem fremden Revier tot aufgefunden worden sei, angefressen von Würmern. Man sagt, die Bären wären so wie die Menschen derselben Gegend. Bei uns in der Slovakei sind die Bären gutmütig.

Ich habe auch Wildschweine gejagt, aber sonst kein anderes Tier. Dagegen ging ich gerne angeln, Forellen und Äschen. Es geschah nicht so sehr der Fische wegen, eher wegen des Herumwatens im Wasser und der herrlichen Stunden an den Bachufern. Wissen Sie, wo es Forellen gibt, dort ist es immer schön. Ich lehrte die Leute von Sv. Martin, die Fische mit der Fliege fangen statt mit dem Wurm; Würmer sind häßlich und man muß auf einer Stelle sitzenbleiben, wenn man sie benützt, während man mit der Fliege auf und ab geht. Es ist nicht so einfach: man muß die künstliche Fliege gut auswählen, je nach der Jahreszeit; man muß die Fliege an den Fisch heranwerfen und, wenn er anbeißt, rasch und aufmerksam verhaken, die Schnur aufrollen und den Fisch im Netz auffangen. Das alles ist eine Kunst. Gewöhnlich ließ ich die gefangenen Fische wieder ins Wasser.

Dann habe ich das alles aufgegeben, meiner Frau taten die Tiere leid.

*

In der Natur beobachte ich an mir, wie entscheidend die ersten Kindheitseindrücke für das ganze Leben sind. Ich bin in einer Ebene geboren. Bis heute liebe ich die Berge und den Wald nicht, sie engen mich ein. Dagegen liebe ich die Ebenen, das Meer und die Steppe, und wenn ich schon in den Bergen bin, so will ich auf der Spitze stehen und in die Ferne schauen. In der Ebene erlebt man die schönsten Sonnenuntergänge. Ich habe so wunderbare gesehen, daß sie mir für mein ganzes Leben im Gedächtnis haftengeblieben sind. Einmal sah ich die Prager Burg von der Elisabethbrücke aus im Abendnebel – ein herrliches Bild. Ein andermal sah ich unterhalb der Palackýbrücke das silberne Morgenlicht strömen – diese Bilder kann ich nicht vergessen. Einmal fuhr ich im Zug, es war schon Winter; als wir aus dem Tunnel kamen, erblickte ich ein Bäumchen, das noch Laub trug, denn es war durch den Tunneleinschnitt geschützt; es war nur ein Augenblick, aber es traf mich wie eine Offenbarung – ich begriff plötzlich den Pantheismus, die Gottheit in der Natur. Ich begriff ihn, nahm ihn aber niemals an.

Ich liebe das Land mehr als die Städte. Die vier Jahre jenseits der Grenze wurden mir auch darum schwer, weil ich fortwährend in großen Städten leben mußte. Ich bemerkte nach der Rückkehr aus dem Kriege, daß mir die Natur beinahe lieber geworden war als vorher. Vielleicht wird einmal der Verkehr die Entstadtlichung herbeiführen, wie das Programm des Sozialismus es vorsieht; dann wird die Industrie nicht mehr in den Städten zusammengeballt sein, die Städte werden gesünder sein – die Zivilisation selbst wird die Menschen der Natur näherbringen.

Ich suche in der Natur nicht die Einzelheit, sondern die Gesamtheit, die Farben und die Form der Landschaft. Ich liebe die Sonne, die frische Luft und den Wind, die Freiheit. Die häusliche Umgebung beachte ich wenig, ich habe nicht bemerkt, was für Möbel es in Topolčianky gibt. Aber die Berge am Horizont kenne ich alle, auf meinem alten Hektor bin ich bis hinauf geritten, um zu sehen, was dahinter ist.

Wollte ich jedes Blümchen, jedes Insekt und jeden Vogel ansehen, so würde ich wissen wollen, was, wie und warum das alles ist, und dazu habe ich keine Zeit mehr. Ich habe genug mit den Menschen zu tun, das gehört schon zum Handwerk. Darum bin ich gern in der Natur – und denke in ihr an die Menschen.

Die Jahre 1900-1910

Im ganzen war in dieser Zeit nichts für mich los. Wenigstens hatte ich etwas Ruhe; die bösen Streitigkeiten lagen hinter mir. Es gab eine Kampagne für die achtstündige Arbeitszeit, man agitierte für das allgemeine Wahlrecht – selbstverständlich machte ich diese Dinge mit. Ich hielt Vorlesungen an der Universität, ich weiß nicht mehr worüber; ich berührte dabei unsere Verhältnisse, besonders in der praktischen Philosophie. Mein Hörsaal war voll, obgleich ich kein guter Lehrer war. Ich veranstaltete Versammlungen und Kurse, öffentliche Diskussionen und derlei Sachen.

Vielleicht ist es eine Schwäche, aber ich habe eine Scheu vor Menschen. Ich spreche ungern; so oft ich vortragen und in Versammlungen oder in der Schule reden sollte, immer hatte ich Lampenfieber. Und dennoch, wie viele Reden habe ich gehalten! Auch heute leide ich an Lampenfieber, wenn ich öffentlich auftreten oder eine Rede halten soll. Reden um des Redens willen, das ist leicht, aber über praktische Dinge reden, die getan werden sollen – das ist ganz etwas anderes. Niemals habe ich gerne im Vordergrund gestanden und mich den Blicken der Menschen ausgesetzt. Es genügt mir, zweiter oder dritter zu sein. Niemals habe ich mich zur öffentlichen Tätigkeit gedrängt; immer habe ich mich gesträubt, wenn andere es von mir verlangten. Aber selbst wenn ich es unfreiwillig tat und dachte, dadurch Zeit zu verlieren, so lag eine gewisse Logik darin und es führte zu etwas. Das war mit allem so.

Einmal, es mag 1902 gewesen sein, kam eines Morgens früh ein Amerikaner mit einer Empfehlung Louis Legers aus Paris zu mir. Bevor er gesagt hatte, was er wollte, dachte ich, es sei ein Journalist, der Hilfe brauchte, und rechnete im Geiste nach, wieviel ich ihm geben könnte. Es war aber Mr. Crane, Industrieller aus Chicago. Herr Crane besaß auch in Rußland ein Unternehmen, pflegte sich dort aufzuhalten und interessierte sich für slavische Fragen. Deshalb gründete er an der Universität von Chicago einen Fonds für slavische Studien und war gekommen, um mich einzuladen, dort Vorträge zu halten. Auch Miljukow und andere sollten in Chicago sprechen. Ich reiste hin und hielt einen Kursus von etwa zehn oder zwölf Vorträgen, über Dostojewskij, über Kiřejevskij und auch über unsere Probleme; außerdem reiste ich herum, um bei unseren amerikanischen Landsleuten zu sprechen. Herr Crane war ein Bekannter von Professor Wilson, sein Sohn später, während Wilsons Präsidentschaft, Sekretär des Kriegsministers; während des Krieges halfen sie uns viel. Ein andermal reiste ich im Jahre 1907 nach Amerika zum Kongreß der freien religiösen Arbeiter in Boston; auch dort hielt ich einen Vortrag. Ebenso für die Tschechen, namentlich die Freisinnigen in Chicago.

In England war ich zweimal. Als in Wien ein Antialkoholkongreß abgehalten wurde, improvisierte ich dort eine Rede; die gefiel auch manchen Engländern, so daß ich mit einer Reihe von englischen Professoren in Berührung kam. Später reiste ich mit meiner Tochter Alice nach England. Wir besuchten diesmal Elisabeth Blackwell, eine seltene Frau, die den Frauen die ärztliche Laufbahn geöffnet hatte. Als ich dann während des Krieges nach England kam, hatte ich dort schon eine Reihe von Bekannten.

*

Die Fortschrittspartei oder, wie man sie nannte, die »realistische« Partei habe ich nicht gegründet, ja, ich war sogar gegen die Gründung. Ich hätte auf die Öffentlichkeit lieber nur durch die Presse gewirkt oder bei uns eine Art von Fabier-Bewegung hervorgerufen, die in allen Parteien durch Vorträge und Diskussionen gearbeitet hätte. Aber die Jüngeren entschlossen sich, eine Partei zu gründen, weil für sie in den anderen kein Platz war, und als sie schon zusammenkamen und mich einluden, ging ich mit ihnen. Das war im Jahre 1900. Aus den ersten Versammlungen wurde ein ganzes Programmbuch zusammengestellt, das man das »rote Büchlein« nannte. Die Realisten waren eigentlich keine rein politische Partei, es handelte sich für sie nicht nur um Politik; sie erstrebten eine wissenschaftliche Vertiefung, eine Kulturpolitik, die ich auch die »unpolitische Politik« zu nennen pflegte.

Zweimal gehörte ich einer politischen Partei an. Der jungtschechischen als Realist und der realistischen. Ich bin kein Parteimensch. Nicht, daß ich die Notwendigkeit von Parteien nicht anerkennen würde; aber ich trachtete stets, die schon bestehenden Parteien zu reformieren. In gewissem Maße ist mir das gelungen, aber durch Kämpfe, wie die Verhältnisse sie mir aufzwangen. Ich kam fremd nach Prag und blieb längere Zeit fremd; das erklärt auch, wenigstens zum Teil, meine besondere Position.

Bei uns gab es vorerst eine einzige, namenlose Partei, die Partei Palackýs und Havlíčeks. Die Spaltung begann, als die neue Schicht der Landadvokaten emporstieg. Während der jungtschechischen Ära erwachten die Städte und Städtchen aus dem Provinzschlaf. Die neuen Menschen drängten sich gleichsam mit aufgekrempelten Ärmeln ins Leben hinein; so etwa war die radikale jungtschechische Stimmung. Der Sozialismus war durch die Industrialisierung, die Anhäufung von Arbeitern, von Menschen mit gleichem Rock und gleichen Bedürfnissen unter einem Fabrikdach, gegeben. Der Sozialismus entwickelte sich überall, in Deutschland, Frankreich, England, in Rußland. Die Jungtschechen begriffen das nicht und trafen sich selbst, indem sie die Sozialisten bekämpften.

Neben dem Arbeiter hatten wir den Bauer, den wirtschaftlichen Individualisten und für die damalige Zeit konservativen Menschen.

Nimmt man die katholische Partei dazu, so hat man zwei große politische Parteien (die Sozialisten – die Agrarier), und außer ihnen, wie man zu sagen pflegt, die bürgerliche und die katholische Partei.

Aber bei uns schritt die Spezialisierung oder, wenn man will, die Zersplitterung noch fort. Kleine Parteien entstanden.

Das politische Parteiwesen ist natürlich, aber es hat seine guten und schlechten Seiten, wie alles Menschliche. Alles läßt sich mißbrauchen; es kommt darauf an, ob die Menschen anständig und gebildet sind. Ich für meine Person glaube auch in diesem Fall mehr an die Menschen als an die Einrichtungen, an die Parteien.

Gewiß ist es ein interessantes Problem, warum bei uns so viele Parteien entstanden sind, während die Engländer oder Amerikaner mit zweien oder dreien auskommen. Es ist nicht unser Spezifikum, unsere Deutschen sind analog geteilt. In beiden Fällen lag die Ursache dieser Zersplitterung eigentlich in Wien. Wien herrschte und verwaltete, der Reichsrat und die Landtage waren der Regierung und der Krone untergeordnet; dadurch trugen die Parteien nicht die Last der Verantwortung, und der Regierung schadete es nicht, wenn sie sich zersplitterten. Diese österreichische Erziehung ist bisher nicht überwunden; wir wünschen uns die Entösterreicherung, leben aber tatsächlich nach der alten Gewohnheit. Daß nach dem Umsturz 1918 die kleineren Parteien sich einigten und die Nationaldemokratie bildeten, war in der Idee ein guter Versuch ebenso wie der, daß man an die Bildung größerer Blocks zu denken beginnt. Darin ist schon ein größeres Verständnis für den Staat zu erblicken.

Staatsmänner sind nur diejenigen Politiker und öffentlichen Faktoren, die in allem, was sie tun, wirklich das Interesse des Staates im Sinn haben. Für sie gibt es nur *eine* wahre Politik: die Harmonisierung kleinerer Teile zu einem Ganzen, die Zusammenfassung von Organisationen, die Vereinheitlichung aller Bestrebungen. Eine solche Politik überschreitet auch die Grenzen des Staates. Einer solchen Politik bedarf unsere Zeit, die Nachkriegszeit.

*

Mir stand zeitlebens das literarische Organ der Politik nahe: die Zeitung. Auch heute wäre ich wohl Journalist, wenn ich nicht ein anderes Handwerk ausübte.

Als Student, etwa im Jahre 1876, schrieb ich von Wien aus unter dem Kennzeichen –y– in Zeitungen. In Prag vereinbarte ich, es mag 1885 gewesen sein, die wissenschaftliche Rubrik der »Národní Listy« zu leiten.

Im Jahre 1900 begann der »Čas« als Tageszeitung zu erscheinen. Ich besuchte regelmäßig die Redaktion und beriet sie mehr, als ich schrieb. Die beste Erinnerung an diese Mitarbeit bewahre ich vom Beginn des Krieges im Jahre 1914. Da kamen wir zusammen, Dr. Herben, Ingenieur Pfeffermann, Kunte, ich und später auch Beneš, und studierten aufmerksam die Kriegslage. Die Beratungen ergaben gute Artikel, soweit die damalige Zensur sie zuließ.

Damals schrieb ich auch zwei Artikel für »Naše Doba« Tschechische Monatsschrift: »Unsere Zeit«. (Anm. d. Übers.), in denen ich die Kräfte der beiden kämpfenden Lager verglich. Ich fürchtete, daß der Krieg, wenn er kurz dauerte, uns nicht befreien würde, selbst wenn Österreich geschlagen werden sollte. Wir Tschechen waren nicht vorbereitet, die Kriegsmächte wußten kaum von uns. So erwog ich und spekulierte darüber, wer es länger aushalten könne – ich fürchtete den Fall, daß der Krieg kurz dauern könnte, und warf mir dabei die Grausamkeit vor, die darin lag, einen langen Krieg zu wünschen.

Was soll ich über die Zeitungen sagen! Täglich ärgere ich mich über sie. Daraus ersehe ich, wie ich sie liebe.

Wir hatten zwei große Journalisten: Havlíček und Neruda Jan Neruda (1834-1891), Verfasser der »Kleinseitner Geschichten« und mehrerer Gedichtbücher. (Anm. d. Übers.). Neruda war allerdings nur mittelbar Journalist, er war Feuilletonist und Kulturchronist. Die beiden zeigen, wie ein guter Journalist beschaffen sein soll. Er soll gebildet und gewandt sein; er soll beobachten und werten können. Er soll niemals gleichgültig sein, die ganze Welt, die ganze Gegenwart ist sein Stoff. Journalist sein, das bedeutet die Zeitgenossen beobachten und erkennen.

Ich sage: Beobachten und erkennen. Ein Journalist, der alles nach der Elle seiner politischen Partei mißt und zuschneidet, der predigt entweder oder zankt sich herum. Da leistet schon der Lokalreporter, der genau beschreibt, was geschieht, eine größere und ehrlichere Arbeit. Allerdings muß ein guter Journalist Charakter haben, er muß sich die Freiheit des Wortes erobern – Freiheit, Freiheit! ...

*

In den Jahren 1905 und 1906 ging es um das allgemeine Wahlrecht. Der Kaiser und Taaffe Der damalige österreichische Ministerpräsident. (Anm. d. Übersetzers.) wünschten die Einführung, sie erwarteten, daß durch den Eintritt der sozialen Parteien ins Parlament die Nationalitätenkämpfe nachlassen würden. Die tschechischen Parteien waren auch dafür, weil sie dadurch nur an Stimmen gewinnen konnten. Das Jahr 1907 brachte die ersten Wahlen mit dem allgemeinen Wahlrecht.

Im Walachischen gab es einen fortschrittlichen politischen Verein; er wurde von einigen meiner Schüler geleitet. Bei der Ausschreibung der Wahlen fiel es jemandem ein, mich aufzustellen. So kandidierte ich. Damals wurde, ohne mein Zutun, die Agitation für die gesetzliche Ehescheidung entfesselt. Die Klerikalen schrieben sie mir zu. Zu den Wahlversammlungen fuhr ich mit der Heiligen Schrift in der Tasche. Wenn irgendein Pfarrer oder Kaplan die Unlösbarkeit der Ehe verteidigte, las ich aus dem Evangelium Matthäus vor, daß Jesus die Scheidung zuließ. Der Herr Pater war dann mit seiner Weisheit zu Ende. Mich widerte es an, in den Versammlungen nur die politischen Schlagworte wiederzukäuen. Ich sprach lieber über Alkoholismus, wirtschaftliche Fragen und anderes, damit die Menschen etwas Sachliches zu hören bekämen. Ich gewann die Wahl und ging wieder nach Wien. Wir waren dort zwei Realisten: Professor Drtina und ich.

Warum die Klerikalen gegen mich waren? Als ich als Professor nach Prag gekommen war, wurde ich auch von katholischer Seite recht anständig empfangen. Über meinen »Blaise Pascal« schrieb Pater Vychodil z Rejhradu mit Anerkennung. Aber dann gruben sie aus, ich hätte im »Selbstmord« geschrieben, daß der Katholizismus für uns unmöglich sei. Den deutschen Katholiken im Reich hatte das nichts ausgemacht, und sie hatten meinen »Selbstmord« mit großer Anerkennung zitiert (Ratzinger). Aber die deutschen Katholiken waren eben gebildeter. Ich glaube, daß ich im »Athenaeum« philosophische Arbeiten unserer Katholiken kritisiert habe; sie waren schwach. Als dann der Handschriftenstreit ausbrach, ging die katholische Zeitung »Čech« am schärfsten gegen mich vor. Die klerikale Presse prägte das Wort, daß ich die Jugend verderbe, und derlei Dinge.

Es ist wahr, man konnte mir nicht verzeihen, daß ich an die tschechische Reformation anknüpfte und an die Stelle der gefälschten alten slavischen Kultur die tschechische Heimatkultur setzte. Ich knüpfte an unsere Reformation an, weil sie vor allem eine sittliche, religiöse und nicht theologische Bewegung war. Hus, vor ihm schon Štítný, gingen von der Besserung der Sitten aus; bei ihnen fand ich das, was mich schon als Knaben bedrückt hatte, als ich das sonderbare Leben der Geistlichen beobachtete.

Auch meine Trennung von der katholischen Kirche war moralisch, nicht dogmatisch. Die Protestanten haben doch die gleichen Hauptdogmen. Gewiß, von den Dogmen mußte ich mich trennen, soweit sie vor der Kritik der Vernunft nicht standhalten konnten; aber das gilt von den Dogmen aller Konfessionen. Was ich durch Vernunft nicht annehmen kann, kann ich auch durch Glauben nicht annehmen – über diese Probleme werde ich vielleicht noch einmal abschließend meine Meinung sagen.

Ich habe auch den Liberalismus nicht geliebt und liebe ihn auch heute nicht, soweit er religiös unzugänglich und oberflächlich ist; der Katholizismus hat mit seinen Fehlern – vor allem in Österreich, wo er der von Gendarmen und allen Behörden geschützte Glaube war – die liberale Laxheit nur genährt. Jesus braucht keine Gendarmen. Es versteht sich, daß in Österreich der Kampf gegen den Staat auch ein Kampf gegen die Staatskirche war. Eben die Allianz von Säbel und Weihwedel verschuldete es, daß bei uns das religiöse Leben so zurückging. Unsere Reformation war grundsätzlich antiösterreichisch gewesen, das verstehen unsere Liberalen heute noch nicht.

Während meiner Konflikte mit den Klerikalen hatte ich eine öffentliche Diskussion in Königgrätz mit den Patres Reyl und Jemelka; es war ein Fortschritt, daß eine solche Diskussion möglich war. Damals kamen viele junge Alumnen und Priester zu mir, um sich zu beraten, ob sie aus der Kirche austreten sollten, wenn sie diese oder jene Zweifel hätten; gewöhnlich riet ich davon ab, denn ich sah, daß ihre Zweifel nicht stark genug waren, um zu einem andern positiven Glauben zu führen. Einer dieser Kapläne gestand mir, daß ihn in seinem Beruf nur eines interessierte: die Beichte von Frauen und Mädchen abzuhören.

Ich war nicht für den Austritt aus der Kirche, sofern er aus Indifferentismus, aus politischen Gründen, wie bei der »Los-von-Rom«-Bewegung, und wegen der Eheschließung geschah; ich wollte, daß die Menschen religiös ehrlich seien.

Einer meiner Konflikte führte zu einem Prozeß mit Katecheten. In einer Versammlung hatte ich einen Fall erwähnt, wo ein Katechet die anderen Lehrer denunziert hatte; diese meine Äußerung wurde irgendwie entstellt, und 308 Katecheten reichten die Klage gegen mich ein, ich hätte alle Katecheten der Denunziation oder Spionage beschuldigt. Ich gewann den Prozeß. Auch hier ging es um die gegenseitigen Dienste, die sich Kirche und Staat erwiesen. Der Staat schützte die Kirche, und die Kirche diente ihm, war kostenlos seine geistliche Polizei. Heute könnten die Katholiken schon wissen, daß das der Kirche, daß das unserem Katholizismus nicht genützt hat.

Und dann die Wahrmund-Affäre! Wahrmund war in Innsbruck Professor für Kirchenrecht. Eine Broschüre, in der er die Kirche kritisierte, wurde konfisziert, und Wahrmund bekam Schwierigkeiten. Der Führer der Wiener Klerikalen, Lueger, interpellierte im Parlament die Regierung, wie ein solcher Mensch Universitätsprofessor sein könne. Es ging also um die Freiheit des Lehrens und der Wissenschaft. Ich stellte mich gegen Lueger, es wurde eine öffentliche Diskussion daraus; alle Fortschrittsparteien, auch die deutschen, standen in dieser Sache hinter mir. Selbst die konservativen Parteien, wie die Polen, gaben zu, daß Lueger über das Ziel hinausgeschossen hätte. Der Streit erregte sogar im Ausland Aufsehen.

Sollen wir Tschechen in der Welt eine geachtete Stellung einnehmen, so müssen wir die Weltfragen zu den unsrigen machen. Andererseits muß unsere tschechische Frage eine Weltfrage werden. Das ist uns erst während des Krieges gelungen.

*

Wenn wir schon von der Kirche sprechen – weder die Kirche noch die Theologie bedeuten mir die Religion. Wir Intellektuellen verbohren uns leicht nur in die Lehre, in die Theorie dieser oder jener Kirche; aber das ist nicht das religiöse Leben. Ich vermag über Religion keine abstrakten Betrachtungen anzustellen. Ich sehe noch heute solch einen Sonntag in Čejkovice vor mir: Die ganze Gemeinde versammelt sich, die Bekannten begrüßen einander, die Burschen begegnen den Mädchen, alle schön und herausgeputzt; der Weihrauch duftet, Musik spielt, das ganze Dorf singt, alle erheben sich zugleich und knien nieder, der Vorsteher und der Knecht. Am Altar gibt es ein ganzes Drama, da ist die Predigt, die man versteht, und das geheimnisvolle Latein, das man nicht versteht. Wieviel dieser Sonntag den Menschen gibt und sie zu einem einmütigen Kollektiv vereinigt!

Die katholische Messe, das ist eine volkstümliche Feier; der Protestantismus, der an Zeremonien weniger reich ist, durchdringt mehr den Wochentag.

Die Kirchen üben überhaupt dadurch ihren Einfluß aus, daß sie das ganze Jahr religiös gliedern und einrahmen: die Sonn- und Feiertage sind de facto Feiertage aus der heidnischen Zeit und Naturfeste. Die Kirche begleitet das ganze Menschenleben, bei der Geburt, bei der Reife, bei der Ehe und beim Tode, alles wird durch sie geweiht und in die höhere Ordnung erhoben.

Man muß bedenken, daß die Menschen in so einem Dorf nichts anderes besaßen. Was war das für eine Fessel! Die Kirchenbräuche, aber auch andere Bräuche entstanden in einer Zeit, in der die Menschen nicht Bücher lasen wie heute, in der sie eine analphabetische Masse waren; das dauerte bis in das 20. Jahrhundert. Heute lesen sie, haben Theater und Konzerte, Vorträge, Kinos und Radio für Auge und Ohr; sie haben Vereine, Sport und politische Parteien, um sich zu versammeln. Statt des Gottesdienstes haben sie ihre dicke Zeitungsnummer am Sonntag; wenn ich die meine durchblättere, frage ich mich oft, ob sie den Gottesdienst ersetzen soll, den ich in meiner Kindheit gekannt habe?

Selbstverständlich ändert das Fortschreiten der Geschichte die Sendung der Kirche. Die Kirche hat eigentlich das römische Imperium übernommen und ein Stück der antiken Kultur gerettet. Jahrtausende beherrschte sie die Schulen und die Bildung als ihr Monopol. Ihr waren der ganze humanitäre Dienst, die Spitäler und das Armenwesen eingeräumt. Sie erhielt unter den Nationen und Potentaten nicht nur eine Art von Paneuropa, sondern auch von Einheit der Welt.

In all dem war ein ungeheures organisatorisches, internationales, universales Programm enthalten. Heute sind die Aufgaben in andere Hände, in die des Staates übergegangen. Die Kirche konnte die Schulen nicht weiterbehalten, sie hörte auf, die Wissenschaft zu pflegen und zu kontrollieren. Auch des humanitären Dienstes nahmen sich der Staat und seine soziale Gesetzgebung an. Die internationalen und kulturellen Beziehungen befinden sich in weltlichen Händen. Die wirtschaftliche Wechselseitigkeit verbindet die Welt im Großen, mag es nun gut oder schlecht sein. Wenn ich dies in der Formel ausdrücke, daß die Theokratie vor der Demokratie zurückweicht, so heißt es nicht, daß die Religion ihre Bedeutung und Sendung verliert. Den Kirchen bleibt weiter die Sorge um die Seele, die praktische moralische Fürsorge. Wenn die Geistlichen sie ausüben würden, so wären sie Jesus am nächsten. In fast jeder Familie gibt es irgendein moralisches Problem; es zu erkennen und die dadurch bedrückte Seele zu stärken, das wäre die Pflicht des Geistlichen. Aber solch ein Geistlicher müßte über Menschenkenntnis verfügen, müßte eine eigene, tiefe innere Erfahrung haben – und wo sie hernehmen?

Die Entwicklung läßt sich nicht aufhalten: die Welt hat sich Schritt für Schritt verweltlicht, verstaatlicht, die Kirche hört auf, eine politische und soziale Macht zu sein. Dazu nagen die moderne Kritik und Wissenschaft an den Dogmen und allen Theologien. Daher die religiöse Krise in allen Kirchen.

Die Aufgabe des Christentums, die Aufgabe der Kirchen ist gleich groß, ja größer als sie während der zwei Jahrtausende war: es gilt, der wahre Verkünder der tätigen Liebe und Erwecker der Seelen zu sein. Wie sie dies ausführen sollen, das müssen die Kirchen sich selbst sagen. Schon heute und in Zukunft wird die Religion individueller sein, wird den persönlichen geistlichen Bedürfnissen der Menschen entsprechen. Ich bin kein Prophet, aber ich denke, daß ich einer der künftigen Gläubigen bin. Freiheit der Wissenschaft und der Forschung, intellektuelle Redlichkeit in religiösen Fragen, Toleranz, dessen bedürfen wir. Wir bedürfen aber nicht der geistlichen Gleichgültigkeit, sondern des Glaubens, des lebendigen Glaubens an etwas Höheres als wir sind, an etwas Großes, Erhabenes und Ewiges.

*

Meine Konflikte mit den Historikern! Ich betrachte mich auch als Geschichtsphilosophen. Schon im Gymnasium zerbrach ich mir den Kopf darüber, ob die Buben in einer Million von Jahren in den Gymnasien auch noch die Reihen der fränkischen Könige und ihrer Kriege werden aufsagen müssen. Es gibt keine Geschichte an sich, es gibt nur Geschichte einer Sache; also Geschichte der Mathematik, der Philosophie, der Kunst und so fort, meinetwegen Geschichte des Hutes und der Stiefel, der ganzen Kultur und des Kosmos. Immer gibt es etwas, was sich wandelt und entwickelt, es gibt keine Bewegung an sich, sondern etwas, was sich bewegt. Ich möchte also, daß mir die Historiker sagten, welche Geschichte sie schreiben; ist es die Geschichte des Staates, was ist dann der Staat und wie ist der heutige Staat aus den vergangenen Anfängen entstanden?

Und weiter: ich bin nicht gegen Geschichte, aber gegen den Historismus. Ich meine damit, daß die Vergangenheit kein entscheidendes Argument ist, weil die Vergangenheit Gutes und Böses umfaßt. Ich will mich daher auf die Vergangenheit nur im Guten berufen. Ebensowenig ist die Gegenwart und die sogenannte Modernität ein Argument. Sowohl der Tyrann als auch der Unterdrückte können sich auf das historische Recht berufen. Das, was war, und daß es war, ist ein bequemes Argument für Reaktionäre. Mich interessiert, wie das Gute und das Böse entstanden ist, was es gestern war und was es heute ist. Die Geschichte ist die Magistra vitae, aber wie viele Historiker und welche waren wirkliche Lehrmeister?

*

Der Agramer Prozeß und nach ihm der Prozeß Friedjung waren ein Stück Diplomatie. Ich kam durch sie in die Kampagne gegen den österreichischen Außenminister Ährenthal und in die Außenpolitik.

Das kam so: In Agram wurden im Jahre 1909 53 Kroaten, Intellektuelle und Bauern, wegen Hochverrats vor Gericht gestellt. Die Dokumente waren von magyarischen Agenten gefälscht. Es ging um den Kopf. Ich hatte in Bosnien und Kroatien seit meiner Kampagne gegen Kállay Bekannte und ziemlich viele Schüler, die mich baten, nach Agram zu kommen. Ich hatte keine große Lust dazu, fürchtete, viel Zeit zu verlieren; schließlich fuhr ich doch hin, wohnte dem Prozeß bei und legte darauf den ganzen Fall dem Parlament dar. Das Urteil wurde aufgehoben.

Das andere war die Affäre Friedjung Der Wiener Universitätsprofessor und Historiker Heinrich Friedjung (1851-1920), Verfasser des Werkes »Zeitalter des Imperialismus«. (Anm. d. Übers.). Er hatte ein falsches Dokument veröffentlicht, das die serbischen Umtriebe gegen Österreich beweisen sollte. Ich sah auf den ersten Blick, daß das Dokument gefälscht war. Ich kannte doch die Menschen in Serbien und Kroatien und wußte, was sie erstrebten und was sie unternahmen. Der kroatische Abgeordnete Supilo sagte mir, er hätte Beweise, daß hinter der Fälschung Agenten des Außenministeriums und der Gesandte Forgach stünden. Das genügte mir nicht, ich wollte mich genau und an Ort und Stelle vergewissern. Darum reiste ich mehrmals nach Belgrad; wir fanden dort sogar die Löcher in der Tür, an die das Dokument zum Photographieren befestigt worden war. Ich nahm auch Vasič, der das Dokument angefertigt hatte, in Augenschein – kurzum, Friedjung verlor seinen Prozeß und ich setzte in den Delegationen meine Kampagne gegen Ährenthal fort.

Seither besaß ich Freunde in Serbien und Kroatien und arbeitete auch während des Krieges mit ihnen zusammen. Bei französischen Freunden lernte ich Herrn Steed Wickham Steed, später Chefredakteur der »Times«, Verfasser des Memoirenbuches »Through thirty years«. (Anm. d. Übers.) den Korrespondenten der »Times« für den Balkan und Mitteleuropa in Wien, näher kennen; das öffnete uns während des Krieges die Spalten der »Times«.

*

Als ich im Jahre 1910 meinen sechzigsten Geburtstag beging, gab es ein Bankett und Reden; ich soll auf die Reden geantwortet haben, daß alles, was ich bis dahin getan hätte, nur Vorbereitung gewesen sei, die wahre Arbeit liege erst vor mir. Das wurde mehrfach als Prophezeiung dessen angesehen, was ich im Kriege tun sollte. Was denn, Prophezeiungen! Ich wußte nicht, was ich auf die Reden erwidern sollte, und daß ich mit meiner Arbeit nicht fertig war, das fühlte ich.

Vor dem Kriege

Die letzten Jahre vor dem Kriege war ich als Abgeordneter tätig. Außerdem schrieb ich und gab mein Buch »Rußland und Europa« heraus. Der deutsche Verleger Diederichs hatte meinen Nekrolog für Tolstoj gelesen, besuchte mich, und ich verabredete mit ihm, meine Studien über Rußland zu sammeln und bei ihm herauszugeben. Zwei Teile sind schon erschienen; den dritten, über Dostojewski, habe ich im Manuskript liegen. Ich möchte noch mancherlei schreiben, aber die Zeit, die Zeit fehlt mir dazu.

Im Jahre 1911 wurde ich zum Abgeordneten gewählt, Professor Drtina wurde nicht mehr gewählt. Wir hatten einen gemeinsamen Klub mit den Staatsrechtlern Hajn und Kalina und den mährischen Fortschrittlern Stránský sen. und Votruba.

Merkwürdig, in meinem Leben wurde ich so oft in verschiedene Fragen und Konflikte verwickelt, häufig auch gegen meinen Willen; ich meinte manchmal, durch so verschiedene Interessen meine Zeit zu verlieren. Erst während des Krieges erkannte ich, daß alles, fast alles, was ich je getan habe und was mir begegnet ist, zu etwas gut war.

Gut war und kam mir während des Krieges zustatten, daß ich halb als Slovak geboren war, daß ich unter Slovaken gelebt und mit ihnen gearbeitet hatte; ich konnte während des Krieges für sie und mit ihnen sprechen wie einer von ihnen. Gut war, daß ich in Wien studiert hatte und dort bekannt war. Als Abgeordneter beobachtete und verfolgte ich bewußt den Wiener Hof, die Militärs, den Adel und die hohe Bürokratie. Alle diese Kenntnisse kamen mir zustatten, als ich während des Krieges auf den moralischen Zusammenbruch und den unabwendbaren Untergang Österreichs hinwies.

Meine Konflikte und Streitfälle, ob sie die Handschriften, das Staatsrecht oder den Sinn unserer Geschichte betrafen, brachten mich nicht nur in die Politik, sondern auch zum Studium unserer nationalen Fragen. Ich wäre nicht Politiker geworden, wenn ich nicht gezwungen worden wäre, die historischen Probleme unserer Nation so stark zu erleben. In den verschiedenen Konflikten lernte ich alle unsere Leute kennen, in meinen Kämpfen lernte ich Diplomat sein – es gibt ja auch eine literarische und journalistische Diplomatie. Das alles habe ich während des Krieges gebraucht und verwendet.

Seit meiner Kindheit bereitete mir das Slaventum Kopfzerbrechen: die polnische Frage, dann die russischen Probleme. Durch all das, was ich über Rußland gelesen und zusammengedacht hatte, gewann ich meine Beziehungen zu den Russen und eine gewisse Achtung bei ihnen. Ich erkannte, was wir von Rußland erwarten konnten und was nicht, ich kannte das Milieu, in dem sich dann unsere revolutionäre Armee formierte. Hätte ich Rußland nicht so gut gekannt, vielleicht hätte ich im Chaos der russischen Revolution nicht die richtige Orientierung gefunden. Ich hatte freundschaftliche Beziehungen zu den Polen. Als Abgeordneter bot sich mir Gelegenheit, mich der Südslaven in Bosnien, im Agramer Prozeß und in der Affäre Friedjung anzunehmen. Das trug uns während des Krieges die Zusammenarbeit mit den Südslaven ein. In der Friedjung-Affäre mußte ich ein Stück Detektivarbeit verrichten. Während des Krieges kam mir diese Erfahrung zugute. Der Kampf mit dem Minister Ährenthal belehrte mich über die offizielle Diplomatie und brachte mich mit Steed und Watson Der Londoner Universitätsprofessor R. W. Seton-Watson, als politischer Schriftsteller unter dem Pseudonym Scotus Viator bekannt, Herausgeber der »Slavonic Review«. (Anm. d. Übers.) zusammen. Dieser Kampf machte mich auch in England, Frankreich und anderswo bekannt.

Meine Frau war Amerikanerin. Das öffnete mir die angelsächsische Welt. Schon die Kenntnis der Sprache und der Kultur ermöglichte es mir, während des Krieges in England und Amerika zu arbeiten. Überhaupt waren mir die Sprachkenntnisse sehr nützlich, ich konnte in Rußland, Frankreich, England und Amerika Reden und Vorträge halten. Auch mit dem Italienischen schlug ich mich so ziemlich durch. Meine amerikanischen Vorträge hatten mich mit Menschen bekannt gemacht, die mir während des Krieges große Dienste erwiesen.

Solcher Erfahrungen machte ich mehr. Ich glaube an Teleologie, ich glaube daran, daß jeder von uns von der Vorsehung geleitet wird – wie, das vermag ich allerdings nicht zu sagen.

Ja, ich bin Realist, wie man mich nennt, aber ich liebe die Romantik. Ich sehe keinen Widerspruch darin. Persönlich stand mir die romantische Poesie am nächsten: Mácha, Musset, Byron.

Ich muß mich immer zurückhalten; während ich nach Realismus, nach wissenschaftlicher Methode rief, rang ich mit meiner eigenen Romantik und legte mir selbst ideelle Zucht auf. In der Praxis trachte ich Realist zu sein, strebe stets und bewußt danach. Ebenso zwang ich durch Angelsachsentum den slavischen Anarchismus in mir nieder, und ähnlich in der Philosophie: da bändigten Locke, Hume und die Empiriker den Plato in mir. Anscheinend verstehen die Menschen nicht, daß die Kritik, die scharfe Kritik, oft Selbstkritik, ja schmerzliche Beichte ist. Und ebenso liegt das impulsive Slovakentum mit dem nüchternen Tschechentum im Konflikt in mir. Der Mensch ist kein einfaches Wesen. Ich hatte den Nachteil, daß nicht nur meine Gegner, sondern auch meine Anhänger aus mir einen einseitigen Typus machen wollten.

So ist zum Beispiel mein Rationalismus verschrien. Mein Gott, wo ich lehren und beweisen will, muß ich die Vernunft, muß Vernunftsgründe anwenden. Aber immer und in allem, in der Wissenschaft und in der Politik, war die Vis motrix für mich das Ethische – und die Ethik gründe ich auf Gefühl, Liebe, Sympathie, Menschlichkeit. Nur Menschen mit unzulänglicher philosophischer Bildung behaupten, ich sei ein einseitiger Rationalist. Die Verhältnisse nötigten mich oft, nach rechts und links kritisch zu sein; aber meine Kritik entsprang nicht aus Rationalismus, gewiß nicht *nur* aus Rationalismus. Logik und Gefühl schließen sich nicht aus.

Die Politik hat ein Element von Poesie in sich. Sie enthält soviel Poesie, wie sie Schöpferisches enthält. Ich glaube, daß wir unser und unserer Nächsten Leben in hohem Maße gestalten und aufbauen können, daß man das Leben schaffen kann und soll. Das Leben selbst ist ein Drama, wie zum Beispiel das Drama Shakespeares selbst Leben ist. Und was ist Politik, wahre Politik, anderes als bewußte Gestaltung der Menschen, als Formung und Komposition des wirklichen Lebens?

Auch in der Politik geht es um das Gleichgewicht zwischen Verstand und Gefühl. Selbst wenn es sich um noch so aufregende politische Situationen handelt, muß man beobachten und kombinieren, wie und was und womit zu rechnen ist, das muß so genau sein wie Mathematik; das Gefühl darf in der Beobachtung und Abschätzung nicht irren. Aber das Ziel, das Ideal wird nicht vom Verstand aufgestellt, sondern vom Gefühl. Die Mittel hat der Verstand zu bestimmen, aber je nach dem Ziel kann man sein Verhalten ändern, etwas Neues, etwas Eigenes hineinlegen. Das ist schöpferisch, das ist die Lebenspoesie.

Am romantischsten waren in meinem Leben natürlich die Kriegsjahre, obgleich ich einen Weg ging, so gerade wie nach dem Lineal, nach einer Berechnung gezogen. Ich meine nicht die konspirative und kriegerische Romantik. Wenn ich mir vorstelle, wie unvorbereitet wir hineinkamen und doch eigentlich das jahrhundertealte Streben eines Dobrovský, Kollár, Palacký, Havlíček verwirklichten, wie vereinsamt wir waren, wir im Auslande und die in der Heimat, und dennoch mit Sicherheit das Mandat der ganzen Nation erfüllten, wie wir mit leeren Händen anfingen und am Ende die Freiheit, die Republik, die Slovakei und Karpathorußland heimbrachten – das kommt mir immer wie ein Traum vor. Da haben wir ein Beispiel von Vorsehung.

Es ist eben so: die Methode muß absolut sachlich, vernünftig, realistisch sein; aber das Ziel, das Ganze, die Konzeption, das ist ein ewiges Gedicht. Goethe hat ein schönes Wort dafür: Exakte Phantasie.

Der Roman des Lebens. – Lange ist's her, daß ich einen tschechischen Roman schreiben und den Roman meines Lebens hineinweben wollte. Ich begann damit schon am Gymnasium und dann immer wieder, ernstlich erst nach meinen Erfahrungen in Prag. Es sollte ein Stück Autobiographie sein, Dichtung und Wahrheit – aber ich hätte es nicht richtig gekonnt, so ließ ich es sein und verbrannte, was ich geschrieben hatte. Ich erkannte, daß ich nicht genügend künstlerische Kraft dazu hatte, und ein professorales Gerede wollte ich nicht von mir geben. Mein Leben war erfüllt, es enthielt sehr viel; jetzt vergesse ich schon Einzelheiten und die genaue chronologische Folge. Ich wende auch beim Erinnern meine Methode an. Was schon erledigt ist, werfe ich aus dem Kopf hinaus, um ihn frei und rein zu bekommen, wie man auf dem Schreibtisch Ordnung macht. Und dann, um aufrichtig zu sein, ich kann nicht alles sagen, nicht nur der Leute wegen. Ich zweifle, ob der Mensch über genügend geeignete Worte verfügt, die das Innerste ausdrücken. Wer zu lesen versteht, wird mich in meinen Werken zwischen den Zeilen finden.

Der Weltkrieg

Die erste Zeit des Krieges

Der Ausbruch des Krieges überraschte mich während der Ferien im sächsischen Schandau. Als in Sarajewo der Thronfolger erschossen worden war, erwartete ich, daß daraus etwas entstehen würde, und erwartete es doch wieder nicht. Ich erwartete es insofern, als ich schon seit Jahren spürte, daß, wie man zu sagen pflegt, etwas in der Luft lag; ich erwartete es zugleich nicht, weil ich wußte, daß die serbische Regierung bei dem Attentat ihre Hand nicht im Spiele hatte. Ich kannte im Süden viele Menschen und ihre Pläne. Es stimmt, daß gegen Österreich-Ungarn in Bosnien und der Herzegowina und daß auch in Kroatien agitiert wurde; aber das offizielle Serbien kompromittierte sich nicht. Es wollte sich ja mit Österreich verständigen, und Pašič hatte durch mich dem Minister Berchtold ein ehrenhaftes Angebot machen lassen. Auf serbischer Seite war guter Wille vorhanden. Und ich weiß auch, wie maßvoll das offizielle Serbien während des Krieges war.

Als die Mobilisierung verkündet wurde, konnte ich aus Deutschland nicht mehr zurückkehren, es gab keine Verbindung. Ich beobachtete daher die deutsche Mobilisierung, fuhr nach Dresden und in andere Städte. Die ernste Ordnung und die Bereitschaft bis zum letzten Knopf imponierten mir. Während der ganzen Mobilisierung sah ich keinen betrunkenen Deutschen, dagegen pflegten die Transporte der österreichischen Rekruten, die nach Hause einrückten, völlig trunken zu sein. Ich weiß, sie tranken auch aus Verzweiflung, aber das offenbart doch den Staat selbst. Ich hoffte, Deutschland würde geschlagen werden, wußte aber, daß es viel Mühe kosten und schwerer sein würde, als mancher dachte; Österreich dagegen würde mit seinen Kräften, vor allem seinen moralischen Kräften bald fertig sein. Für Frankreich hegte ich die Befürchtung, daß es durch den Ansturm der Deutschen überrascht und vielleicht auch gefährdet sein würde. Am meisten zweifelte ich an Rußland. Als ich zuletzt hingereist war, im Jahre 1910, wollte ich mehr die russische Armee sehen als Tolstoj; ich sah ihre Unvorbereitetheit und Unordnung. Während des russisch-japanischen Krieges hatte sich das ein wenig gebessert, aber nicht viel. Ich kannte in Wien den Berichterstatter der amtlichen Petersburger Agentur Svatkovský; er besuchte mich, ich weiß nicht mehr, ob es nach Kriegsbeginn oder kurz nach dem Attentat von Sarajewo war, und sprach mit großer Sorge über Rußland; er stimmte den damaligen Plänen, Böhmen einem russischen Großfürsten zu überlassen, nicht zu. Er sagte, man würde sich in Prag das Regime selbst des besten russischen Großfürsten keine vierzehn Tage gefallen lassen. Militärisch und moralisch erwartete ich vom zaristischen Rußland nicht viel. Meinen Glauben an Deutschlands Niederlage gründete ich eher darauf, daß ich die wirtschaftlichen und zahlenmäßigen Mittel der beiden Kriegsparteien zusammenrechnete und gegeneinander abwog. Daß Amerika helfen würde, daran dachte ich nicht.

Nach meiner Rückkehr nach Prag sah ich zu, wie unsere Leute einrückten: mit Widerwillen, wie zur Schlachtbank; es gab Fälle von Widerstand, die Verfolgungen begannen. Einen Aufstand in Böhmen konnte nur jemand erwarten, der von den Verhältnissen keine Ahnung hatte. Als ich mich entschloß, gegen Österreich etwas zu unternehmen, sagte ich mir nicht, daß ich Patriot sei und die Nation mich dazu beauftrage; ich hatte einfach ein schlechtes Gewissen, weil unsere Leute zur Front und ins Gefängnis gingen und wir Abgeordneten zu Hause saßen. Wenn ich schon Abgeordneter bin, sagte ich mir, so muß ich nun etwas tun! Allerdings mußte ich damit rechnen, daß mir und meiner Familie etwas geschehen könnte, aber das gehört eben dazu.

Zunächst reiste ich zweimal nach Holland. Ich besaß einen Reisepaß für alle europäischen Länder, das Visum bekam ich, um meine Schwägerin, die nach Amerika zurückfuhr, zum Schiff zu begleiten. Jetzt fällt mir ein, daß es »Esperanza« hieß. Auch das zweitemal bekam ich ein Visum. In Holland sammelte ich Informationen und trat vor allem in Verbindung mit meinen englischen Freunden Steed und Seton-Watson. Seton-Watson kam zu mir nach Holland; ich sprach volle zwei Tage mit ihm und legte ihm unser ganzes Problem dar, die Notwendigkeit, Österreich-Ungarn zu zerschlagen und Mitteleuropa umzubilden. Danach verfaßte der Professor eine Denkschrift für Lord Grey. Auch die Russen und andere Mächte bekamen sie.

Im Dezember darauf fuhr ich nach Italien. Es ließ mir zu Hause keine Ruhe, ich wollte mit meinen serbischen und kroatischen Freunden Verhandlungen anknüpfen. Als Vorwand diente mir, daß ich unsere Tochter Olga nach dem Süden bringen wollte. Aber ein Visum, glaube ich, bekam ich nicht mehr. An der italienischen Grenze wollte uns der Stationsvorsteher aufhalten und nach Prag telegraphieren, ob er uns weiterfahren lassen dürfe. Da kehrte ich zum erstenmal im Leben meine Abgeordnetenstellung hervor und drohte, meine Macht zu zeigen, wenn man mich zurückhielte; man zuckte die Achseln. Was nun? Wir standen auf dem Bahnsteig, der Zug, mit dem wir angekommen waren, begann sich in Bewegung zu setzen. Wir sprangen schnell hinein und fuhren los. Gepäck hatten wir absichtlich wenig mitgenommen. Wäre das nicht gewesen, so wäre ich vielleicht nicht mehr über die Grenze gelangt.

Damals dachte ich noch, in ein paar Wochen nach Prag zurückkehren zu können. Ich kehrte erst nach vier Jahren zurück, auf den Tag genau, an dem ich die österreichische Grenze überschritten hatte. Ich trug einige Tausender bei mir, die mir Beneš gegeben hatte, de facto sind die Anfänge unserer Revolution durch Beneš finanziert worden. Mit Scheiner Der damalige Vorsitzende der Sokol-Organisation Josef Scheiner. (Anm. d. Übers.) hatte ich verabredet, daß die Sokoln etwas Geld aus ihren Fonds beschaffen sollten; er machte mir auch Hoffnung, unsere Landsleute in Amerika würden mich unterstützen, aber daraus wurde nicht viel, solange die Vereinigten Staaten neutral blieben. Darauf verstanden wir uns noch nicht; außer Scheiner fiel niemandem ein, daß man Geld brauchen würde. Noch bevor ich von Prag abgereist war, ersuchte ich Voska, der sich damals in Prag aufhielt, in Amerika etwas Geld für die Verfolgten und die Familien der Hingerichteten zu beschaffen.

Es ist wahr, Geld hatten wir während des ganzen Krieges wenig. Ich glaube, daß bisher keine Revolution in der Welt mit so geringen Mitteln bewerkstelligt wurde wie die unsrige.

In Venedig traf ich mit dem Redakteur Hlaváč zusammen, der mir die neuesten Nachrichten aus Wien mitteilte. Von dort fuhr ich nach Florenz und Rom. Ich wohnte in der Nähe des Monte Pincio. Gern besichtigte ich wieder das alte Rom, aber hauptsächlich begann ich die alten Beziehungen wieder anzuknüpfen und neue zu suchen. Natürlich konnte ich noch keinen fertigen Plan haben; ich war von Prag mit leeren Händen losgegangen. Ich suchte Serben, Kroaten und Slovenen auf, deren es in Rom genug gab, die aber nicht geeinigt waren; es gab verschiedene Richtungen, eine großserbische, eine großkroatische, eine jugoslavische. Oft war ich mit Supilo und Vošnjak zusammen.

Unter den Italienern begann schon die Agitation für »Dalmazia nostra«. Unter anderm besuchte ich auch den Historiker Professor Lombroso. Er schlug die Hände zusammen, als er mich erblickte – in den Zeitungen stand, ich sei in Prag mit vielen anderen erschossen worden. Er zeigte mir in seinem Archiv ein Bündel von Ausschnitten und Schriftstücken, die mich betrafen – morto!

Ich wurde mit dem englischen Botschafter bekannt und informierte ihn über die Verhältnisse in Österreich. Er übernahm meine Briefe an Steed. Ich ging zu diesen Beratungen des Nachts und wurde dennoch von österreichischen und deutschen Spionen beobachtet. Der Botschafter empfahl mir Vorsicht. Svatkovský kam mir nach und sandte einen Bericht von mir nach Rußland. Ich besuchte die russische Botschaft. Vor allem mußte ich nachweisen, daß es notwendig sei, Österreich-Ungarn zu zerschlagen. Damals wurde allgemein geglaubt, die Donaumonarchie müßte erhalten werden als Damm zwischen Deutschland und dem Balkan.

Ich beeilte mich, um bald heimkehren zu können; ich wollte zu Hause Bücher mit Randbemerkungen von mir verbergen und vor allem ein Faszikel, das alle möglichen Informationen über die habsburgische Dynastie enthielt, die ich in meiner Abgeordnetenzeit gesammelt hatte. Ich fürchtete, man könnte es finden und meine Frau deswegen verhaften. Daß man sich an meiner Tochter Alice rächen würde, kam mir nicht in den Sinn. Ich sah immer das Faszikel vor mir – man hat es dann selbstverständlich mit den andern Büchern auch beschlagnahmt. Es ist verlorengegangen.

In Rom hielt ich mich ungefähr einen Monat auf. Von dort fuhr ich mit einem italienischen Diplomatenauto nach Genua und von dort weiter nach Genf. In Genf wollte ich vor allem mit Denis Ernest Denis, der französische Historiker (1849-1921), Verfasser der Werke »Hus et la guerre des Hussites«, »Fin de l'indépendance bohême«, »La Bohême depuis la Montagne Blanche« u. a. (Anm. d. Übers.) in Verbindung kommen und dann nach Hause zurückreisen. Aber dazu riet mir nicht einmal der österreichische Konsul, zu dem ich wegen meines Visums ging; er sprach mit mir über den Krieg und meinte, Österreich werde ihn verlieren. Bald bekam ich zwei Nachrichten. Eine aus Prag von Beneš, ich solle nicht kommen, da ich gleich an der Grenze verhaftet werden würde, und die andere aus Wien von Machar, daß ein Befehl erlassen worden sei, mich ohne weitere Untersuchung an der Grenze sofort aufzuhängen. So blieb ich.

Merkwürdig, ich war wie ein geheizter Kessel; ich hatte den Kopf voll von unserer Aktion gegen Österreich, sah und fühlte nichts anderes, als wäre ich hypnotisiert. Ich hatte für nichts anderes Sinn, als für den Krieg, für die Situation, wie sie sich auf den Schlachtfeldern entwickelte. Ich dachte nur daran, mit wem ich sprechen und wodurch ich Interesse erwecken könnte, dann wieder, wie wir die Grenzbehörden überlisten und Botschaften aus und nach Prag bekommen könnten. Damals gewöhnte ich mir den Schlaf ab; ich könnte an den Fingern nachrechnen, wie viele Nächte ich in den vier Jahren wirklich geschlafen habe.

In Genf fanden sich einige unserer Leute zusammen: Dr. Sychrava war dort, dann kam Božinov, Ing. Baráček, der eine Chiffriermaschine konstruierte, ferner ein paar Studenten und der tschechische Arbeiterverein; später traf Abgeordneter Dürich ein. In Genf hatte man Verbindung mit Paris, Redakteur Kepl reiste hin und her. In Paris hatte Štefánik seine Propaganda in den Salons und in der Gesellschaft begonnen; er hatte eine besondere Begabung des gesellschaftlichen Apostolats und wußte die Menschen zu begeistern; er warb Interesse und Liebe für uns. Zweimal kam Beneš mit Nachrichten aus Prag zu mir. Auch Svatkovský kam. Ich verhandelte mit Denis und Professor Eisenmann, der damals im französischen Kriegsministerium tätig war.

Der serbische Generalkonsul stellte mir einen serbischen Paß aus: Namen, Geburtsort und Beruf füllte ich wahrheitsgemäß aus, denn ich wollte nicht unnütz lügen, um mich nicht zu verraten; nur die Staatsangehörigkeit war falsch angegeben.

Ich fuhr auch nach Lyon, um französische Musterungen zu sehen. Da ich gehört hatte, daß französische Rekruten Widerstand leisteten, wollte ich mich davon überzeugen. Ich kam sogar in französische Kasernen hinein und sah gute, fröhliche Soldaten, auf die Verlaß war.

Mit Denis reiste ich nach Paris. Wir besprachen die Herausgabe der Zeitschrift: »La nation tchèque«. Damals lag Štefánik nach einer Operation im Spital, ich besuchte ihn täglich. Štefánik war sehr sentimental, titulierte mich »Peterchen« und wollte mich fortwährend streicheln und küssen; ich kam ihm nicht so nahe, der Altersunterschied hielt mich zurück. Ich hatte ihn schon als Studenten in Prag gekannt. Ich erinnere mich, wie er einmal im Winter ganz durchgefroren ohne Überzieher zu mir kam. So gab ich ihm den meinen; ich mußte ihn noch ändern lassen, weil er ihm zu groß war.

Das ist für uns typisch. Bedenken Sie, daß fast alle unsere führenden Männer aus engen Verhältnissen hervorgegangen sind und geradezu Hunger leiden mußten. Die Hungrigen verzehren die Satten.

In Genf wohnte ich im Hotel Richmond. Bei meiner Ankunft hatte ich kaum ein Blatt Papier bei mir; in Genf legte ich mir wieder eine Bibliothek an und meinen »Taubenschlag«, ein Regal mit Fächern für Zeitschriften, Ausschnitte, Anmerkungen. Als ich im Jahre 1915 nach London übersiedelte, nahm ich schon mehrere Kisten mit Büchern und Papieren mit, lauter politische und Kriegsliteratur. Meine Erholung bildeten Spaziergänge um den See herum und französische Romane. Damals holte ich nach, was ich in den früheren Jahren an französischer Literatur versäumt hatte. Als wir mit unserer Zeitschrift Schwierigkeiten bekamen, fuhr ich nach dem französischen Annemasse. Ich rechnete mit der Möglichkeit, nach Serbien zu reisen; deshalb lernte ich reiten, um gegebenenfalls der Armee nachreiten zu können.

Viel Arbeit und Sorge bereitete die Absendung der Boten nach Prag. Ich wollte nicht die gewohnten und den österreichischen Behörden gewiß bekannten Mittel anwenden, wie das Verbergen von Nachrichten in Hemdkragen oder Schuhabsätzen usw. Das ergab manchmal ziemlich schwierige technische Probleme: zum Beispiel ein Stückchen Papier unter den Schnelligkeitsregulator einer Taschenuhr legen, einen Regenschirm in passender Weise anbohren, ein zusammengerolltes Schreiben in einen Bleistift schieben, dem ein Stückchen Blei entnommen worden war. Diese Künste übte hauptsächlich Ingenieur Baráček aus. Ein tschechischer Tischler fertigte uns Koffer nicht mit doppeltem Boden, sondern mit doppelten Wänden an; der Hauptwitz bestand darin, daß die Kofferwand beim Anklopfen nicht hohl klang, sondern geradezu hell, der Tischler verstand sich darauf. Ein andermal verstauten wir unsere Nachrichten in Ölfässern, und da mußten die Fässer unauffällig bezeichnet werden. Manchmal mißlang etwas. Von Prag brachte uns ein Bote Nachrichten im Einband der Opern von Smetana, aber vor der Grenze schrak er vor der Durchsuchung zurück – ein Glück, daß er Gelegenheit fand, den Band aus dem Fenster des Zuges hinauszuwerfen.

Eine noch größere Arbeit bestand darin, Boten zu finden und sie psychologisch vorzubereiten. Es waren allerlei Leute, gebildete und ganz einfache, Männer und Frauen. Jeden forschte ich besonders aus, bedachte, was ihm unterwegs zustoßen und seine Mission in Prag erschweren könnte, und gab ihm dann entsprechende Instruktionen für sein Verhalten. Das waren psychologische und technische Übungen, mitunter auch Purzelbäume. Selbstverständlich mußten die Boten sich ihre Fahrkarten nach Prag in einer andern Stadt kaufen als in Genf, weil Genf schon verdächtig war.

Auch mußten wir uns vor den österreichischen Spionen in acht nehmen. Einer von ihnen biederte sich uns an, war uns aber schon von Prag aus angekündigt worden, ein Photograph, der für unsere illustrierten Blätter arbeitete. Kaum war er angekommen, so erkannte ich ihn und schickte ihn zu unseren Leuten, die ihn sich vornahmen; es ist ihnen, glaube ich, gelungen, allerhand über Prag zu erfahren.

Sonderbar war der Fall eines gewissen D. Er war österreichischer Offizier, der Herkunft nach Mähre, und kam zu mir ins Hotel Richmond mit einer merkwürdigen Geschichte über den Wiener Hof und die Erzherzöge – wenn ich mich recht erinnere, war auch ein Mord dabei. Vielleicht hatte er sich alles ausgedacht, um mich zu gewinnen; aber was er erzählte, war ziemlich charakteristisch für Wien, und darum veröffentlichte ich es als Feuilleton, ich glaube in der »Neuen Zürcher Zeitung«. Ich wollte ihn dadurch auch auf die Probe stellen und sah, wie unangenehm es ihm war. Ich reiste nach Zürich, um nachzuprüfen, was er mir über seine Beziehungen zu gewissen Engländern erzählt hatte, fand sie aber nicht. Er wollte um jeden Preis nach Paris gelangen und behauptete, einen Zielapparat zum Abwerfen von Flugzeugbomben erfunden zu haben und ihn der Entente anbieten zu wollen. Ich verschaffte ihm die Möglichkeit, auf französischem Boden in Annemasse zu wohnen, wo damals schon Dr. Sychrava lebte und arbeitete, und wir sandten seine Vorschläge nach Paris. Aus Paris schrieb man, man habe Hunderte von solchen Vorschlägen und kein Interesse dafür. Darauf verschwand Herr D. Ich glaube, daß auch er ein Spion war. Da er von uns nichts erfahren hatte; wollte er uns dazu benützen, um nach Frankreich zu kommen. So oft er in der Umgebung von Annemasse mit mir spazierenging, steckte ich einen geladenen Revolver zu mir, beobachtete ihn und ließ ihn nicht hinter mir gehen.

Revolution und Krieg gibt es nicht ohne List, ohne Lüge. Es ist naiv, bei Krieg und Revolution nur das Heldentum hervorzuheben; Achilles war nicht möglich ohne Odysseus. Darum wird der Zustand der Gesellschaft ohne Kriege und Revolutionen moralisch höher sein. Ich machte es mir zur Regel, so wenig wie möglich zu lügen. Bei aller Vorsicht läßt der Mensch sich erwischen, weil er die Einzelheiten, die er zusammenphantasiert hat, vergißt und sich verrät. Es ist merkwürdig, daß die Menschen sich gegenseitig so gern belügen; sie wissen es und glauben einander doch. Die Lüge ist eine Gefährtin der Gewalt; darum darf man Notlügen nur möglichst wenig gebrauchen. Ich habe mich in der Praxis davon überzeugt, daß auch in der Rebellion der gerade Weg der kürzeste ist.

Und ich sage Ihnen, daß es für Politik und Rebellion (auch der Krieg ist eine Art von Politik) der Psychologie bedarf. Ich hatte das Glück, unsere Leute daheim gut zu kennen und im Voraus zu wissen, was für eine Rolle ein jeder in unserem Spiele darstellen würde. Ich kannte Wien und die dortigen Schichten vom Hofe bis zur Bürokratie und Journalistik; daher konnte ich vieles voraussehen und aus Indizien auf den Gesamtzustand daheim und in Wien schließen. Ich mußte unsere Mitarbeiter und unsere heimlichen Gegner studieren. Bevor ich einen bedeutenden Mann aufsuchte, verschaffte ich mir seine Biographie, um zu wissen, wie ich ihm beikommen könnte. Dazu half mir allerdings nicht die akademische Psychologie, sondern das Leben und – die Romane! Siebzig Jahre lang lese ich Tag für Tag Romane; erst jetzt lasse ich manchmal einen Tag aus, um die Augen ausruhen zu lassen. Ich lebe in der Poesie und hielte es ohne sie nicht aus. Sie enthält unermeßlich viel Erfahrung und Kenntnis der Menschenseele.

Ich glaube, daß ich die Menschen ziemlich gut zu durchschauen vermag – allerdings, manchmal auch nicht. Der Mensch ist eine verdammt komplizierte und sonderbare Maschine. Und jeder eine andere.

*

Als Beneš mir nachkam – es war schon höchste Zeit, man hätte ihn sonst in Prag verhaftet und gefangengesetzt –, war ich froh. Als er mir den Reisepaß zeigte, mit dem er über die deutsche Grenze gelangt war – über die österreichische war er heimlich gewandert –, wäre ich fast böse geworden, weil er sich mit einem so schlecht fabrizierten Paß über die Grenze getraut hatte. Es ist lächerlich, aber ich war wütend und erfreut zugleich über die deutschen Beamten, die ihn mit einem so zweifelhaften Dokument durchgelassen hatten. Nun, mit Beneš zusammen fühlte ich mich wohler; in Frankreich hatte ich verhältnismäßig wenig Beziehungen, während Beneš in Paris studiert hatte und sich dort heimischer fühlte. Das Schicksal hatte es gut eingerichtet, daß wir die Arbeit teilen konnten, er in Paris und ich anderswo.

Ich kannte Beneš als Universitätskollegen von Prag her. Zu Beginn des Krieges war er als Volontär in die Redaktion des »Čas« gekommen, um sich journalistisch zu betätigen. Einmal wollte er mich in meiner Wohnung aufsuchen, wir trafen uns auf meinem Wege zur Redaktion. Er sagte, sein Gewissen bedrücke ihn, wir müßten etwas unternehmen. Darauf antwortete ich ihm: »Ich unternehme schon etwas.« Damals war ich von meiner ersten Reise nach Holland zurückgekehrt. Wir gingen zusammen in die Redaktion, und unterwegs berichtete ich ihm, was ich bis dahin alles getan hatte und was mir am Herzen lag. Ich erinnere mich noch, als wäre es heute, daß mir beim Abstieg von der Letná, dort, wo fast ganz Prag zu sehen ist, die Prophezeiung Libušas in den Sinn kam ...»Ich sehe eine große Stadt, deren Ruhm die Sterne berühren wird ...« So beginnt eine der Weissagungen, die die Sage der Fürstin Libuša zuschreibt; sie bezieht sich auf die Gründung von Prag. Eine andere beschwört die bewegte Geschichte des tschechischen Volkes herauf, furchtbare Bruderkämpfe, Elend, Erniedrigung. »Nicht ohne Ende wird die Nacht über dem Vaterlande sein«, heißt es weiter. »Wieder steigt auf der helle Tag, wieder kehrt zurück das Glück meinem Volke. Geläutert durch Leid, gestärkt durch Liebe und Arbeit, reckt es kräftig sich empor, erfüllt seine Sehnsucht und kommt wieder zu Ruhm ...« Auch in Smetanas Nationaloper »Libuša« sind diese Weissagungen in der Schlußapotheose verwendet. (Anm. d. Übersetzers.) Die erste Sorge galt allerdings dem Geld; Beneš versprach sofort, einen Betrag zu verschaffen. Und er brachte ihn.

In der Schweiz lernte ich ihn näher kennen. Und ich muß sagen, daß wir ohne Beneš keine Republik hätten. Zwischen uns gab es in den Hauptlinien vollkommene Übereinstimmung; auch wenn ich nicht anwesend war, entschied Beneš alles so, daß es dem vereinbarten Vorgehen entsprach.

Einmal, es war schon später, kam er von Paris aus nach England und berichtete mir über seine Arbeit, über die Entwicklung unserer Angelegenheiten, über die allmähliche Verwirklichung unserer Pläne – damals sagte ich zu ihm: »Beneš, wir werden Freunde werden.«

*

Am fünfhundertsten Jahrestag der Verbrennung des Hus, im Jahre 1915, trat ich im Reformationssaale in Genf zusammen mit Denis, unter dem Vorsitz Lucien Gautiers öffentlich gegen

Österreich auf. Ich wählte diesen Tag, um auch vor den Augen der Welt an die historische Kontinuität, an die Geschichte unseres Staates anzuknüpfen. Ich wußte schon: entweder werden wir siegen, oder ich werde nie mehr nach Österreich zurückkehren.

Während meines Aufenthaltes in Genf starb unser Sohn Herbert. Er hatte sich bei galizischen Flüchtlingen mit Flecktyphus angesteckt. Später wurde unsere Tochter Alice verhaftet, anläßlich der Knopf-Affäre. Ein Genfer Tscheche, Sozialdemokrat, empfand es als peinlich, daß seine Partei in Böhmen nicht genügend gegen Österreich arbeitete. So stattete er auf eigene Faust einen Boten aus, eine Frau, und gab ihr eine in einem roten Knopf verborgene geheime Botschaft mit. Den Knopf sollte sie Dr. Soukup Führender tschechischer Sozialdemokrat. (Anm. d. Übers.) übergeben. Die Frau kam glücklich in Prag an und sandte den Knopf durch ihren Schwiegervater, einen Arbeiter, ab. Es versteht sich, daß ihm unsere Leute mißtrauten und glaubten, es handle sich um einen Spitzel – kurzum, der Knopf geriet in die Hände der Polizei, Persekutionen waren die Folge. Gegen die Verhaftung Alices reichten amerikanische Frauen ein Gesuch bei der österreichischen Regierung ein. Ich hörte, meine Frau sei krank geworden. Ich fürchtete, Alice würde das Gefängnis nicht überstehen. In amerikanischen Blättern las ich, unser Jan, der Soldat war, sei meinetwegen gehängt worden oder solle gehängt werden. Das und noch vieles andere griff meine Nerven an, zerbrach mich aber nicht. Ich war eben wie im Traum, ich sah nichts anderes als unser Ziel. Wenn Freunde mich trösteten, spielte ich den Helden, als wäre nichts dabei ... Das gehört schon zum Beruf, sagte ich.

Der Mensch hält viel aus, alles, wenn er ein Ziel hat und wenn er sich einmal entschlossen hat, ihm um jeden Preis und allen Ernstes nachzugehen. Wahrhaftigkeit – das ist das Geheimnis der Welt und des Lebens, das ist religiöse und moralische Heiligkeit.

London

Nach London fuhr ich zum erstenmal von Genf aus im April 1915, um mit Steed, Watson, Sarolea und anderen zusammenzukommen und für die englische Regierung und die Verbündeten ein Memorandum zu verfassen. Damals wurde ich darauf aufmerksam gemacht, daß im Schlafwagenabteil von Genf nach Paris ein Spion reisen werde, ich solle mich in acht nehmen. Nun, sagte ich mir, wenn ich nur weiß, mit wem ich reise. Ich änderte deshalb weder den Tag der Abfahrt noch das Abteil, sondern legte mir nur mein Portefeuille unter das Kissen und fuhr los.

Ende September desselben Jahres übersiedelte ich nach London. In Paris arbeiteten schon Beneš und Štefánik, das war versorgt. Die Politik der Entente wurde mehr in Paris gemacht, England hatte dagegen das wirtschaftliche Übergewicht.

Es ist natürlich, daß ich die Angelsachsen besser kenne als die anderen Nationen. Das kam durch meine Ehe mit einer Amerikanerin. In London hielt ich mich gern auf. In einer so großen Stadt kann man allein sein, selbst unter Millionen von Menschen. Während des Krieges wohnte ich zunächst in einem Boardinghouse, bei Miß Brown, Hampstead 4, Holford Road. Ich pflegte auf dem Dach des Bus in die Stadt zu fahren und auf das Gewimmel von Menschen und Wagen hinunterzublicken – im Auto fuhr ich ungern, denn ich sagte mir: Wozu mehr ausgeben, wenn man dasselbe für wenig Geld haben kann? Unsere Leute meinten, ich müßte mein eigenes Auto haben, der Repräsentation wegen. In der Stadt aß ich in den Volksrestaurants von Lyons. Das war billig, 10-15 Pence für ein anständiges Mittagessen. Hatte ich Gäste und mußte repräsentieren, so ging ich mit ihnen ins Café Royal. Zu Hause litt ich viel durch die Kälte. Sie wissen, daß die englischen Kamine nicht sehr wärmen.

Im Herbst 1916 fand Olga ein eingerichtetes Häuschen, gleichfalls in Hampstead, Platt's Lane 21. Es war ein Häuschen mit allem, auch einer Köchin, und so aß ich fortan zu Hause. Ich pflegte nach Hampstead Heath zu gehen, manchmal auch nachts, wenn mich Sorgen bedrängten, zum Beispiel als von einem Sonderfrieden mit Österreich gesprochen wurde. Einmal rannte ich mir fast den Kopf ein, als ich im Londoner Nebel gegen einen Kandelaber lief. Von Zeit zu Zeit begannen die Sirenen zu heulen: Alarm bei deutschen Luftangriffen. Auf das Signal hin mußten sich alle Menschen in Kellern und Tunnels verbergen ... Wissen Sie, ich blieb lieber im Garten und sah es mir an. Einmal erblickten wir zwei brennende Zeppeline über Hendon, ein andermal flogen 36 Flugzeuge durch einen wahren Granatenregen – es war ein herrlicher Anblick. Wiederholt fanden wir im Garten Granatsplitter. Während ich in Brighton war, wurde die Stadt von einem deutschen Unterseeboot beschossen.

Einmal wollten Diebe bei uns einbrechen. Die Polizei glaubte, sie hätten es auf meine Papiere abgesehen, und riet mir, an Türen, Fenstern und Schornstein Alarmglocken anzubringen. Schon in der Schweiz hatte ich sonderbare kleine Abszesse an den Schultern bemerkt, und der Arzt meinte, sie rührten von einer Vergiftung her. In England kamen sie am Hals wieder, man mußte sie aufschneiden und schickte mich zur Erholung an die See in Bournemouth. Auch die englischen Ärzte sagten, es sei eine Vergiftung, übertragen durch die Wäsche, also vermutlich ein Anschlag politischer Gegner. Ich dachte, die Vergiftung könnte durch Mangel an frischer Luft hervorgerufen worden sein; deshalb begann ich später, in Amerika, wieder zu reiten. Beim Reiten soll man doppelt soviel Luft einatmen wie beim Gehen. Mehrmals litt ich an Grippe, aber der Mensch hält viel aus. Ich war darauf vorbereitet, daß irgendein Spion oder Fanatiker ein Attentat gegen mich ausführen könnte; als Beneš zu mir kam, bereitete ich auch ihn darauf vor. Ich fürchtete mich nicht und redete ihm zu, meinen Tod unter Umständen tüchtig für unsere Propaganda auszunützen. In jener Zeit schrieb ich auch ein Testament nieder. Es war ein trauriges Vermächtnis, weil ich nichts zu vermachen hatte, außer den paar Schriften von mir – und Schulden.

Bei meiner Ankunft in London hatte ich Schwierigkeiten mit meinem Paß. Von Genf her besaß ich einen serbischen Reisepaß, hatte aber, um mich bei einem eventuellen Verhör nicht zu versprechen, alle Rubriken mit Ausnahme der für die Staatsbürgerschaft wahrheitsgemäß ausgefüllt: geboren in Hodonín in Mähren, Professor usw. Niemand hatte das anfangs beachtet.

Erst als ich in die Filiale der Schweizer Bank, bei der ich ein Konto hatte, kam, um Geld zu holen, schüttelte der Kassierer den Kopf über meinen Paß – es war ein Deutschschweizer, der sich in der Geographie auskannte: Mähren läge nicht in Serbien. Aber ich verblüffte ihn, indem ich sagte: »Wenn Sie schon so gut Geographie können, so müßten Sie wissen, daß Morava ein Fluß in Serbien ist, und im übrigen geht Sie mein Paß nichts an.« Trotzdem trug ich mein Geld in eine andere Bank.

In Hampstead kam längere Zeit hindurch ein Detektiv zu mir, mein Reisepaß ließ ihm keine Ruhe. Damals war ich schon Professor an der Londoner Universität, am King's College (ich hatte keine Lust dazu gehabt, doch erwies es sich als gut) – und Asquith, der Ministerpräsident, sollte meine Vorlesungen eröffnen; weil er erkrankt war, sandte er Sir Robert Cecil als Vertreter. Das stand gerade in den Zeitungen, und ich zeigte es dem Detektiv: »Wenn mir Ihr Premier vertraut, können auch Sie mir vertrauen.« Aber das übte nur eine geringe Wirkung auf ihn aus – er war ja im Recht. Ich ersuchte Herrn Seton-Watson, die Sache in Scotland Yard für mich zu regeln. Dann wurde ich in Ruhe gelassen.

Der Chef von Scotland Yard, Sir Basil Thompson, interessierte sich für mich; ich besuchte ihn und legte ihm unsere Tätigkeit dar. Ich wurde auch zu ihm gerufen, als die Affäre der Gräfin Zanardi-Landi spielte, die sich als uneheliche Tochter der Kaiserin Elisabeth und des Königs von Bayern ausgegeben hatte. Sie war Verfasserin eines Buches über ihr Leben, in dem sie ihre Herkunft andeutete. Ich hatte das Buch gelesen und bemerkt, daß ihre Schilderungen von Wien und vom Hofe unbestimmt waren. Sir Basil ersuchte mich, ihm darüber meine Meinung zu sagen; der Bruder der Gräfin, offenkundig ein Jude, war dabei und sagte rund heraus, daß seine Schwester eine Betrügerin sei. Mich beirrte die Photographie der Autorin und ihrer Töchter; sie sahen aristokratisch aus und ähnelten der österreichisch-bayrischen Dynastie. Ich trachtete, mit ihr bekannt zu werden, und schrieb ihr, ich wolle ihr Buch ins Tschechische übersetzen; als sie nicht antwortete, versuchte ich, ihr auf der Straße zu begegnen – sie wohnte einige Häuser weit von uns. Als ich sie zum erstenmal sah, erkannte ich sofort an ihren Ohren, dem besonderen Flaum der Wangen und der ganzen Physiognomie, daß sie ihrem jüdischen Bruder ähnlich war.

Während des ganzen Krieges träumte ich davon, daß österreichische Polizisten mir nachjagten. Sogar daheim, als ich schon Präsident war, hatte ich noch manchmal solche Träume. Erst in letzter Zeit habe ich Ruhe vor ihnen.

*

Heute wundere ich mich selbst, daß ich damals soviel Arbeit ausgehalten habe. Zum Beispiel schrieb oder vielmehr diktierte ich jede Woche Artikel für die »Sunday Times«. Ich schrieb auch in anderen Zeitschriften, in der »Nation«, im »Spectator«, in »New Europe«, versandte Notizen durch unser Pressebüro und verfaßte viele Memoranden. Wie viele Briefe ich allein schreiben mußte! Dann die Vorlesungen an der Universität, Vorträge in Klubs, in Cambridge, Oxford, wo ich bei dem Kretologen Sir Arthur Evans wohnte und mit Miljukow und Vinogradov zusammenkam. Nach Edinburgh fuhr ich zu Besprechungen mit dem belgischen Konsul Professor Sarolea und seiner Redakteurin Frau West; sie gaben ein gutes Blatt heraus, »Everyman«, das sich unserer Sache annahm. Ich besuchte Sir George Clerk, den späteren Prager Gesandten, im Foreign Office, den früheren Wiener Botschafter Sir Maurice Bunsen, die Entente-Botschafter. Häufiger sah ich allerdings Journalisten und Professoren. Es gab Samstage bei Steed, wo Journalisten, Offiziere und Diplomaten zusammenkamen; wer nach London kam, stellte sich bei Steed und Madame Rose ein; sie schrieb gute Artikel in der konservativen »Morning Post«. Ich könnte mich heute nicht mehr erinnern, wieviel Menschen ich kennengelernt und zu informieren versucht habe. Ich drängte mich nicht zu offiziellen Persönlichkeiten, so lange es uns nicht gelungen war, die öffentliche Meinung zu gewinnen. Anfangs hatte ich nichts in Händen und konnte nichts versprechen; ich hatte nur meine Argumente dafür, daß es im Interesse Europas läge, Österreich-Ungarn aufzuteilen. Ich trachtete, täglich etwas gegen Österreich und für uns in die Zeitungen zu bringen. Wir mußten unsere Sache bekanntmachen, es genügte nicht, Politik nur in irgendeinem hohen Amte zu treiben. Das alles war Arbeit, ja Schinderei. Es gab Gänge, Besuche, Versammlungen und Vorträge, Artikel und Briefe, dazu die Absendung unserer

Kuriere und die Sorge um sie, wenn mitunter die englische Polizei ihnen Schwierigkeiten bereitete. Das geschah manchmal, als nach der Knopf-Affäre Kuriere aus Amerika eintrafen; solange Amerika neutral war, konnten amerikanische Bürger nach Wien und nach Prag gelangen.

Ich hatte meine Grundsätze über Propaganda und glaube, daß sie richtig waren: Die Deutschen nicht beschimpfen, den Feind nicht unterschätzen, nichts entstellen und vergrößern; nichts ins Leere versprechen und nicht als Bittsteller auftreten; die Tatsachen sprechen lassen und an ihnen beweisen: das ist euer Interesse und daher auch eure Pflicht; durch Ideen und Argumente wirken und persönlich im Hintergrund bleiben; keine Konjunkturpolitik treiben, sich nicht an Dinge klammern, die der Tag mitbringt und davonträgt, in allem einen Gesamtplan und ein Gesamturteil haben; und noch etwas – nicht zur Last fallen.

Ebenso wichtig war: Von niemandem, außer von unseren Landsleuten Geld annehmen, auch wenn man es uns anbot. Mitunter war nicht mehr viel in der Kasse und Beneš telegraphierte: Wir brauchen soundso viel. Oft kam am selben Tag ein Scheck von unseren Landsleuten in Amerika. Anfangs bereitete es mir Kummer, daß wir im Ausland unser so wenige waren; aber das war gut – so kam es nicht zu größeren Meinungsverschiedenheiten.

Lügen und übertreiben ist die schlechteste Propaganda. Ich werde Ihnen ein Beispiel nennen: Als unser Freund Seton-Watson jung war und eine historische Studie über die Kalvinisten in Ungarn vorbereitete, hatte er – wie die meisten Westeuropäer – keine Ahnung von der Nationalitätenpolitik der Magyaren. Er sammelte in Budapest sein Material, fand auch Dokumente über die Slovaken und fragte nach ihnen, um sie aufzusuchen. Es gibt keine Slovaken, sagten die Magyaren, das sind nur ein paar Hirten in den Bergen. Aber Seton-Watson lernte einige Slovaken kennen. Von ihnen erfuhr er mehr und reiste in die Slovakei. Nach Wien zurückgekehrt, sagte er zu Steed mit erstaunten Augen: »Stellen Sie sich vor, die Magyaren haben mich belogen. Belogen!« Das veranlaßte ihn, die nationalen Probleme der Slovaken und der Südslaven zu studieren, und er wurde eine Autorität in den Fragen der Magyarisierung und der magyarischen Politik.

Das Lügen macht sich nicht bezahlt, weder in der Politik noch im täglichen Leben.

*

Mehrere Male wäre ich beinah ums Leben gekommen. Zum erstenmal im Jahre 1916, als Štefánik eine Audienz bei Briand für mich vereinbart hatte. Ich besaß schon die Fahrkarte für die »Sussex«, um nach Paris zu reisen, da telegraphierte mir Beneš ab; die Unterredung werde später stattfinden. So gab ich die Fahrkarte für die »Sussex« zurück, und gerade auf dieser Fahrt wurde das Schiff von den Deutschen torpediert und versenkt.

Zum zweitenmal erging es mir so, als ich auf der Reise nach Rußland vom schottischen Hafen Amble nach Bergen in Norwegen fahren wollte. Auch diese Reise verlief merkwürdig glücklich. Ich wartete in Amble auf das Schiff, es kam aber nicht, es war versenkt worden. Wäre ich damit gefahren, so hätte ich Štefánik verfehlt, der eben aus Rußland zurückkam und mir Nachrichten brachte. Ich kehrte daher nach London zurück, wo mich Štefánik erwartete; auch Beneš traf aus Paris ein. Ich fuhr einige Tage später zu Schiff nach Aberdeen. Wir wurden von zwei Torpedozerstörern begleitet; in der Nacht neigte sich plötzlich der Dampfer und drehte sich so rasch herum, daß er in allen Fugen krachte. Am Morgen sagte mir der Kapitän, daß wir nur knapp einer schwimmenden Mine ausgewichen wären – man hatte das Schiff im letzten Augenblick beigedreht.

Nach Rußland mußte ich mir einen neuen Reisepaß besorgen, selbstverständlich auf einen falschen Namen. Ich erfand für mich den dänischen Namen Madwig; einen dänischen Namen wählte ich deshalb, weil die Familie meiner Frau, die Garrigues, aus Dänemark nach Amerika gekommen waren, und mir einfiel, daß ein dänischer Philologe Madwig hieß. Dazu dachte ich mir eine ganze Geschichte aus und lernte sie auswendig, um mich nicht bei Widersprüchen fassen zu lassen, wenn ich den Deutschen in die Hände fallen sollte: ich sei Däne von Geburt, von Kind auf in den Vereinigten Staaten usw. Sir Basil Thompson riet mir aber ab, diesen Namen zu wählen, ich weiß nicht mehr warum; er schlug mir den Namen Thomas George

Marsden vor. Unter diesem Namen reise ich noch heute in der Welt. Das »T. G. M.« wollte ich haben, um mich bei der Unterschrift nicht zu irren.

Sir Basil riet mir ferner, bei der Durchreise durch Schweden gut achtzugeben, denn dort gebe es deutsche Spione und die schwedischen Behörden könnten mich mit Berufung auf ihre Neutralität gegen Österreich ausliefern oder wenigstens zurückhalten. Deshalb ging ich nach meiner Ankunft in Stockholm nicht einmal ins Hotel, sondern verbrachte den ganzen Tag unterwegs in den Straßen mit Bohdan Pavlo, der mir aus Petersburg entgegengekommen war.

Auf diese Reise hatte ich mich gründlich vorbereitet. Ich beseitigte alle Merkmale meiner Identität, entfernte aus den Kleidern alle Prager und Londoner Schneiderfirmen und durchsuchte dreimal jedes Stückchen Papier und jedes Kleidungsstück, das ich mitnahm, um mich nicht zu verraten. Aber in Rußland fand ich unter meiner Wäsche einen Kragen, auf den die Londoner Wäscherei mit Tinte meinen vollen Namen geschrieben hatte: Masaryk. Und dabei hatte ich mir auf meine Vorsicht und Erfahrung etwas eingebildet!

Nach Rußland hatte mich die dortige Zweigstelle unseres Nationalrates gerufen; es war dringend notwendig, unsere Auslandsaktion in den Ententestaaten zu vereinheitlichen; außerdem handelte es sich um die Rekrutierung und Organisation unserer Freiwilligen aus den russischen Gefangenenlagern, vor allem darum, aus ihnen ein selbständiges Korps zu bilden, de facto schon unsere eigene, gegen Österreich kämpfende Armee. Darin bereiteten uns die russischen Bürokraten die größten Schwierigkeiten. Bürokraten gibt es nicht nur in den Ämtern, sondern auch in den Armeen. Nach dem Sturz des Zarentums war zu erwarten, daß uns hauptsächlich der neue Außenminister Professor Miljukow, den ich gut kannte, helfen würde. So reiste ich nach Rußland. Aber kaum war ich angekommen, so reichte Miljukow seine Demission ein, und bald darauf begann der Bürgerkrieg. In diesem vollständigen Zusammenbruch mußte unsere politische und militärische Aktion organisiert werden. Es war eine Plage.

Merkwürdig! Wohin ich in Rußland kam, überall wurde geschossen. In Petrograd wohnte ich gegenüber dem Telegrafen- und Telefonamt, um das sich ein zäher Kampf entspann. Das Büro unserer Zweigstelle befand sich in der Znamenskaja, und ich pflegte von meiner Wohnung in der Nähe des Winterpalais dahin zu gehen. Unsere Leute hatten Angst um mich und teilten mir einen »Leibschützen« zu; sie brachten mir ihren Koch Hůza, der mich überallhin begleiten sollte. Ich konnte mich lange Zeit nicht an ihn gewöhnen. Bis dahin hatte ich mir alles selbst besorgt, auch die Schuhe selbst gereinigt, und jetzt war ein Mann da, der das alles unbedingt für mich machen wollte. Ich mußte mich daran gewöhnen.

Aber auch mit dem »Leibschützen« war es in Petrograd unsicher. Was hätte er mir überhaupt geholfen, wenn mich eine Kugel getroffen hätte? Unsere Leute zwangen mich, nach Moskau abzureisen, dort wäre Ruhe, die Zweigstelle sollte mir nachfolgen. Gut, ich reise. Kaum war ich aber in Moskau angekommen, so ging es dort wieder los. Schon am Bahnhof hörte man schießen. Ich ließ Hůza im Bahnhof, er sollte mir meine Koffer mit einem Istwostschik nachbringen, und ging zu Fuß ins Hotel »National« am Hauptplatz, wo ich ein Zimmer bestellt hatte. Auf dem Platz stieß ich auf einen Kordon von Soldaten. »Wohin gehen Sie?« rief mich ein Offizier an. Ich antwortete, daß ich ins Hotel »National« wolle. »Das geht nicht«, sagte er, »man schießt dort.« Ich sah, daß von zwei Seiten geschossen wurde: auf der einen hatten die Bolschewiken das Theater besetzt, die andere wurde von Kerenskijs Militär gehalten, und von hüben und drüben schoß man aus Hand- und Maschinengewehren. Der Offizier riet mir, ins Hotel »Metropol« zu gehen. Ich ging weiter, vor mir schritt ein Mensch, der begann zu laufen und schlüpfte in ein großes Tor, das sich halb öffnete. Es war das Hotel »Metropol«. Ich wollte ihm nach, aber man schlug mir das Tor vor der Nase zu. Ich klopfe und rufe: »Was machen Sie, öffnen Sie!« – »Sind Sie unser Gast?« ruft der Portier. »Sonst können wir Sie nicht hereinlassen, wir sind besetzt.« Ich wollte nicht lügen, und rief deshalb: »Machen Sie keine Dummheiten und lassen Sie mich hinein!« Er stutzte und öffnete.

Das Hotel »Metropol« war ein großstädtisches, mondänes Hotel für Ausländer und reiche Leute, die nach Moskau kamen, um sich auszutoben. Damals befanden sich darin, die Bedienung eingerechnet, an fünfhundert Menschen. Auf dem Dachboden des Hotels hielten sich etwa fünfzig Kerenskij-Junker auf, die auf die Bolschewiken schossen, während die Bolschewiken aus dem Theater das Feuer erwiderten. Als ich schon drin war, kam der Hotelverwalter oder wer es war zu mir und sagte, ich müsse wieder fort, es sei kein Platz da, und man könne mir nichts zu essen geben. »Ich werde nirgends hingehen«, antwortete ich, »ich will nichts von Ihnen, kümmern Sie sich nicht um mich.« So ließ man mich da sitzen im Pelz, wie ich war, und kümmerte sich nicht um mich. Währenddessen wurde das Hotel weiter beschossen, die Gäste flohen in den Keller, wo ihnen das Mittag und Abendessen serviert wurde – ich erhielt nichts. Abends kam ein Hotelkoch zu mir, sah mich an und dachte sich: Was für ein Sonderling! Er ließ sich mit mir in ein Gespräch ein und sagte, daß er den Besuch seines Schwiegervaters vom Lande erwarte und ein Zimmer vorbereitet habe; da der Schwiegervater nicht mehr ins Hotel gelangt sei, könne ich das Zimmer nehmen. Und dann gab er mir auch zu essen.

Das Zimmerchen lag im zweiten oder dritten Stockwerk, um die Ecke herum, wo eine Kugel nur manchmal im Rückprall von den gegenüberliegenden Häusern einschlug. Ich schleppte die Matratze vom Bett auf den Erdboden in eine Zimmerecke und schlief dort. Am Tage ging ich im Hotel herum und dachte daran, was wohl Hůza und die Moskauer Tschechen, die mich erwartet hatten, tun mochten. Aus dem Hotel konnte niemand hinausgelangen, das Telephon im Vestibül wurde beschossen, so daß es auch keine Verbindung mit der Außenwelt gab. So lange Tage habe ich selten verlebt. In den ersten Tagen war es noch nicht so schlimm; man schoß aus Gewehren und Mitrailleusen; nach einigen Tagen aber begannen die Bolschewiken das Hotel aus Geschützen zu beschießen, die hinter der Stadt aufgestellt waren. Bald war die Hotelfront in allen ihren höheren Stockwerken zerschossen. Die Gäste übersiedelten in den Keller. Dort hielt ich es nicht aus, ein fürchterlicher Geruch und Geschrei herrschten dort, Kinder und Frauen weinten. Da war ein Pole, der das Bombardement von Przemysl erlebt hatte; er sagte, das sei nicht so schrecklich gewesen. Ich schlich mich über Nacht in mein oben gelegenes Zimmerchen; infolge der Schußgefahr und der Schutthaufen mußte ich buchstäblich kriechen.

Ich erinnere mich eines Bildes, als wäre es gestern gewesen. Ich stand in der Zimmerecke am Fenster und spähte seitwärts auf die Straße, um zu sehen, was dort vorging. Da sah ich, wie ein Junge in die Straße hineinrannte, um sie zu überqueren. Er lief und stürzte plötzlich mit dem Gesicht zur Erde, die Hände von sich gestreckt. Ich dachte mir, wenn ich Arzt wäre, würde ich an seinem Fallen erkennen können, wo er getroffen worden war. So lag er dort auf dem Bürgersteig, mit dem Gesicht zur Erde, die Mütze war einen Schritt weiter gerollt. Unter dem Gesicht strömte ein Rinnsal Blut, dann ein zweites und drittes – ich zählte sieben. Während ich so hinabsah, kam ein Rabe geflogen, setzte sich auf die Schaffellmütze und blickte auf den Jungen. Mir wurde bange, er könnte auf ihn loshacken, doch konnte ich nichts tun, um den Raben zu verscheuchen … Hinter der Straßenecke sah ich einen Ambulanzwagen des Roten Kreuzes stehen, aber niemand konnte den Jungen holen, weil immerzu gefeuert wurde. Schließlich erbarmte man sich seiner. Man schwenkte das Abzeichen des Roten Kreuzes und trug ihn davon. Ich weiß nicht, ob er noch lebte. Solcher Bilder blieben mir viele haften …

Da das Hoteltelephon sich beim Eingang befand, wo die Kugeln einschlugen, war es verboten, sich ihm zu nähern. Trotzdem schlich ich mich in die Zelle und telephonierte mit unseren Leuten – sie hatten alle schon gedacht, ich wäre tot. Hůza versuchte dann eines Abends, mir Wäsche zu bringen, mußte aber umkehren. Eines Nachts nach einer Kanonade zogen die Kadetten aus dem Hotel ab, die Bolschewiken feuerten jedoch weiter. Das Hotel ergab sich, und die Bolschewiken ordneten für den nächsten Tag – ich glaube einen Samstag – den Abzug der Gäste an. Für die Verhandlungen mit den Bolschewiken wählten die Russen als Parlamentär einen Polen, die Ausländer (es waren ihrer mehr als vierzig) wählten mich. Wir ließen alle Waffen, die sich im Hotel befanden, auf einen Haufen zusammentragen; aber einen Teil der geladenen Revolver und der Munition verbarg der Pole für den Fall, daß ein Massaker entstünde – in diesem Fall wäre es schon auf eins hinausgelaufen, ob wir uns gewehrt hätten oder nicht. Er fürchtete besonders, man könnte die Frauen angreifen, und daraus könnte ein allgemeines Gemetzel werden. Mehrere von uns wußten von dem Waffenversteck. Die Bolschewiken kamen, besetzten das Hotel und nahmen die Waffen. Es war eine sonderbare Besatzung, mit Gewehren, die an Stricken befestigt waren, und ähnlichen Dingen. Man stellte uns unter Bewachung. Einer der Soldaten griff nach dem Ring an meiner Krawatte. Ich glaube, es war ein Aluminiumring mit einem roten Stein. Unsere Burschen hatten ihn mir als Andenken geschenkt; da ich außer dem Ehering keine Ringe trage, hatte ich die Krawatte durchgezogen. Ich zeigte dem Soldaten, daß der Ring nur aus Blei und Glas bestehe und ein Andenken wäre; wenn er wolle, würde ich ihn ihm schenken. Er wollte nicht. Scherzhaft fragte ich ihn, ob er mich bald hinauslassen werde. »Wenn ich will, laß ich«, sagte er, »wenn ich will, bring ich um!« Aber er brachte nicht um. Einige Gäste bestachen die Wache; ich kann das nicht, es ist demütigend.

Am schlimmsten war's, als die Wache im Keller den Wein fand und sich total betrank. Ich suchte den Kommandanten auf und bat ihn, die Wache abzulösen. Er ließ mit sich reden und brachte eine andere Wache. Nach einer langen Nacht kam eine Kommission, um unsere Pässe zu prüfen; die wurde, nach dem Gewand zu schließen, von einem Studenten angeführt. Unter den Gästen befand sich ein lettischer Sozialist; er kannte mein Buch über den Marxismus und half mir sehr.

So kam ich nach einer Woche hinaus. Dann wohnte ich bei unseren Landsleuten und begann wieder, zusammen mit der Zweigstelle an der Organisation unserer Armee zu arbeiten. Unsere Jungens zeigten dann einander das zerschossene Hotel, in dem ich gewohnt hatte; den Hotelschlüssel brachte einer in das Museum von Turčiansky Sv. Martin.

Von Moskau fuhr ich nach Kiew, da unsere Truppen rund um Kiew lagen. Dort stieg ich im Hotel »Paris« am Kreščatik ab. Kaum war ich angekommen, so schlossen die Bolschewiken Kiew ein, und als die Frist für die Übergabe abgelaufen war, begannen sie die Stadt zu beschießen. Dr. Girsa Der spätere tschechoslowakische Gesandte. (Anm. d. Übers.), der Arzt war, brachte mich in das Georgijevskij-Hotel, das sicherer lag; aber unsere Beratungen fanden im Hotel »Paris« statt, und ich mußte täglich dort hingehen. Eine Granate flog ins Zimmer neben uns, prallte von der Wand ab, fiel zu Boden und blieb aufrecht stehen, ohne zu explodieren. Sie war fast eine Elle hoch. Niemand kam zu Schaden, nur ein Mitglied der Familie, die gerade zu Mittag speiste, wurde durch ein Stück Mörtel am Kopf verletzt. Die Bolschewiken drangen in die Stadt ein, in den Straßen wurde gekämpft. Der Weg zu unserer Zweigstelle führte über den Hauptboulevard und eine Querstraße, die, glaube ich, Prorjeznaja hieß. Ich kam mit Hůza durch diese Querstraße, während geschossen wurde; wir deckten uns durch die Häuser auf der Seite, von der die Kugeln flogen. Natürlich konnten dort Schornsteine und Dächer auf uns herabstürzen; aber wir hatten keine Wahl. In einen Hof fiel gerade eine Granate und platzte; wir besichtigten die Stelle.

Auf dem Hauptboulevard lief uns ein Offizier entgegen und winkte mit der Hand. »Achtung!« schrie er, »Gefahr, zurück!« Es rasselte nur so auf dem Boulevard, so dicht regneten die Kugeln auf das Pflaster. Ich blickte auf Hůza: gehen wir zurück, können wir genau so gut getroffen werden, also lieber vorwärts! Und wir liefen über den Boulevard.

Eines Tages ging ich mit Klecanda zum Bahnhof, um mit dem Kommandanten der Bolschewiken zu verhandeln. Vor dem Bahnhof klirrte es plötzlich, einen Zoll über unsern Köpfen schlug eine Kugel in eine Telegraphenstange ein. Im nahen Hof spielten zwei Burschen mit einem geladenen Gewehr; das Gewehr ging los, einer von ihnen wurde getötet, und die Kugel flog zu uns herüber.

Wirkliche Angst empfand ich nur, als sich die Soldaten in Moskau betrunken hatten; das hätte häßlich enden können. Sonst fürchtete ich mich nicht, und wenn ich mich schon fürchtete, so ließ ich mir nichts anmerken, schon unserer Jungen wegen nicht. Wie hätte ich sie denn kommandieren sollen, wenn sie gesehen hätten, daß ich Angst hatte? Über alles das und einzelne Erfahrungen ließe sich recht viel erzählen, aber ich vergesse schon viele Einzelheiten, und, um aufrichtig zu sein, diese Erinnerungen unterhalten mich nicht mehr. Ich habe den Kopf jetzt voll von anderen Dingen ...

Mit den Soldaten in Rußland

In Rußland gab es mehr zu tun als in England, da hörte das Schreiben auf, und es gab mehr zu handeln. Selbstverständlich redete man auch mehr, ohne das lange Gerede geht es in Rußland gar nicht. Solche russischen Beratungen dauern vom Morgen bis in die Nacht hinein; an die Luft kam ich erst weiß Gott wann in der Nacht. Und was man reisen mußte: zum russischen Hauptquartier, zu unsern Regimentern und so fort – nun, viele Mühe. Einmal, auf einer Fahrt von Kiew, brach der Wagen auseinander, in dem ich saß, die Achse oder sonst was war zerschmettert; zufällig fuhr der Zug gerade langsam in einen Bahnhof ein, so daß nichts geschah; wir mußten nur den Rest der Reise zusammengedrängt in anderen Wagen verbringen.

Es gab viele Schwierigkeiten in Rußland: die größten mit den russischen Behörden, die unsere Sache nicht begreifen konnten. Sie hielten uns für Österreicher und für Verräter an unserem Kaiser. »Verrieten sie den Kaiser, so werden sie den Zaren verraten.« Wir verlangten die Genehmigung zur Aufstellung einer freiwilligen Armee aus unseren Gefangenen gegen die Deutschen, und als man uns schon mehrere Regimenter bewilligt hatte, die Genehmigung, aus ihnen ein ganzes Korps aufzustellen. Ich wundere mich nicht, daß man keine Lust dazu hatte. Man fürchtete, die gleiche Bewilligung dann auch den Polen geben zu müssen, und denen traute man nicht. Außerdem besaß man nicht Kleidung und Waffen genug für die eigenen Soldaten, und da sollte man die unsrigen ausrüsten! Viele Russen waren dagegen, weil sie unsere Gefangenen als gewandte Arbeiter in den Fabriken, Schächten, auf den Bahnen und Feldern brauchten. So mußte ich mit Klecanda und anderen ins Hauptquartier und zu allen möglichen Ministern reisen – es war ein bitteres Brot. Miljukow, der am ehesten unsere Wünsche erfüllt hätte, war, wie erwähnt, gerade am Tage meiner Ankunft in Petrograd zurückgetreten. Ich verhandelte mit den Generalen, mit Brussilow, Alexejew und hauptsächlich mit Duchonin, dem Kommandanten des russischen Generalstabes, einem guten Soldaten, und mit ihm wurden wir endlich einig. Vielleicht am stärksten half uns die öffentliche Meinung, nachdem sich die Unsrigen bei Zborov gut gehalten hatten. Damals verhandelte ich wegen unserer Truppen im russischen Hauptquartier in Mohilow; ich sprach mit vielen Militärs, namentlich mit Brussilow – er verbeugte sich und sagte: »Ich verneige mich tief vor Ihren Soldaten.« Ich habe mich gefreut, daß wir nach dem Krieg etwas für ihn tun konnten, als er, ein Vertriebener, in Karlsbad zur Kur weilte. Seine Frau sandte mir nach seinem Tode einen Ikon, der in ein zerschossenes Tuch gehüllt war; er hatte ihn als Schutz immer bei sich getragen und ihn mir vermacht.

Nachdem wir schließlich die Aufstellung unseres Korps durchgesetzt hatten, fragte mich Duchonin, wen wir als Kommandanten wünschten, und ich nannte ihm General Šokorow, einen zuverlässigen Militärbeamten. Bald darauf schlugen die Bolschewiken Duchonin tot und schändeten seinen Leichnam. Ich nahm an seinem Begräbnis teil, und da sagte mir seine Witwe, Duchonin wäre gern Kommandant unserer Armee geworden. Wie hätte mir einfallen sollen, daß der Chef des Hauptquartiers Wert darauf legte, der Befehlshaber eines Korps zu sein! Wir können wenigstens seiner Witwe den Dank abstatten für den guten Willen und die Achtung, die er unseren Soldaten bewiesen hat.

Kaum war unser Korps aufgestellt, als die Schwierigkeiten mit den Bolschewiken begannen. Wir vereinbarten für uns eine bewaffnete Neutralität, und ich erreichte, daß man uns den Abzug über Sibirien nach Frankreich zugestand. Als ich aber nach Sibirien abreiste, wollte man die Truppen entweder entwaffnen oder für sich gewinnen – das bedeutete immer neue Verhandlungen mit den Kommissaren, den Militärs und allen möglichen Leuten.

Weitere Schwierigkeiten gab es natürlich mit unsern eigenen Leuten. Vor allem hatten wir in Rußland unsere alten, halb russifizierten Emigranten. Jede Emigration nimmt den Charakter des Landes an, in dem sie lebt. Unsere Kolonie in Paris war ganz anders als die Kolonie in Amerika, noch ganz anders die in Rußland; damit mußte gerechnet werden. Einige einflußreiche Landsleute in Rußland hatten das ganze Programm des alten Zarismus übernommen. Bei meiner Ankunft hatten manche von ihnen in den Ministerien gegen mich gearbeitet und da und dort auch unsere Leute beeinflußt. Das mußte ich in Ordnung bringen.

Dann gab es Sorgen um unsere Soldaten. Sie bestanden aus Freiwilligen der Emigranten und Freiwilligen aus den Gefangenenlagern. Es kamen Konflikte zwischen den Mitgliedern der alten Družina, den Freiwilligen aus Serbien und der Dobrudža und den neuen, aus den Musterungen in den russischen Gefangenenlagern hervorgegangenen Regimentern auf – sie mußten bereinigt werden. Andere stritten darüber, wohin man ziehen solle: in den Kaukasus, an die rumänische Front oder über Archangelsk nach Frankreich. Wieder andere waren sich nicht einig, ob das Kommando russisch oder tschechisch sein sollte, und noch andere, ob die Offiziere eine gemeinsame Menage mit der Mannschaft haben sollten oder nicht. Ich mußte also diese Dinge regeln.

Was sagte ich? Ich sagte, daß, zum Teufel, gar nichts daran läge, was für ein Kommando sie hätten, wenn sie nur gehorchen wollten. Es sei gleichgültig, ob die Offiziere mit der Mannschaft zusammen äßen. Möge jeder essen, wo es ihm gefalle, man sorge nur für eine gute Küche. Es fanden sich demagogische Offiziere, die bei den gemeinsamen Mahlzeiten um die Soldaten warben, und es gab manche Soldaten, die keine Lust mehr hatten zu kämpfen. Es traten Schwierigkeiten mit der Verpflegung ein, ringsherum löste sich die russische Armee auf und lief auseinander. Unter solchen Zuständen organisierten wir unser Korps.

Nun bedenke man, daß auch unsere Gefangenen bis zu einem gewissen Grad demoralisiert waren. Das ist ganz natürlich: jede Gefangenschaft lähmt gewissermaßen den Menschen durch das, was Erniedrigendes und Rechtloses an ihr ist; er hat seinen Heimatboden nicht unter sich. Wenn der Soldat einmal sein Gewehr fortgeworfen hat, will er vor dem Krieg Ruhe haben. Die Freiwilligenmusterungen in den Gefangenenlagern gingen mitunter nicht ganz glatt vonstatten. Es gab Lagerkommandanten, besonders Nichtrussen, die unsern Rekrutierungen alle möglichen Hindernisse in den Weg legten. Die in den Lagern verbreiteten Manifeste, die unsere Gefangenen aufforderten, sich freiwillig ins Feld zu melden, waren von Idealen erfüllt, die eher abschreckend wirken mußten. »Ihr werdet Hunger leiden, werdet in den Schützengräben verlausen«, derlei Annehmlichkeiten wurden denen versprochen, die in die Armee eintreten sollten. Indessen wollten die Menschen sich natürlich satt essen und menschlicher leben denn als Kriegsgefangene. Und diejenigen, die schon zur Armee gehörten, hatten Konflikte mit den Offizieren, weil sie annahmen, daß Freiwillige nicht blind zu gehorchen brauchten; sie wurden darin von Demagogen unterstützt, nach bolschewistischem Muster wurden Soldatenräte und Konventikel gebildet, die Truppen sollten durch Abstimmung geleitet werden. Das alles war verständlich, aber manchmal sehr schwierig. Es gab bei uns einen Obersten, einen Russen, der den Mund stets voll nahm, indem er Hus und das Brüdertum zitierte, um emporzukommen. Den »biß ich durch«, wie die Russen sagen, ließ ihn nicht avancieren – und sein Regiment wollte sich empören. Derlei Dinge gab es mehr. Diejenigen unserer Leute, die sich bolschewisiert hatten, agitierten gegen die Truppen und gegen unsere Anleihe. Aber als die Deutschen sich Kiew näherten, traten sie schnell in unsere Armee, die Truppen waren schon unser Schutz geworden.

Unsere Menschen sind gute Soldaten, wenn sie im Kampfe stehen. Dann sind sie tapfer und klug wie selten andere. Sie verstehen es, aus jedem Schlamassel herauszukommen; aber wenn sie nicht darin sind, so sausen sie hinein. Sie können nicht durchhalten und versagen, wenn sie nichts zu tun haben; das war vor Sibirien so und noch einmal am Ende unseres sibirischen Feldzugs. Aber selbst besser ausgerüstete und organisierte Armeen als die unsrige hätten einen solchen sibirischen Feldzug nicht besser bestanden. Mir ging es nur darum, sie kampffähig zu erhalten bis zur Ankunft in Frankreich; ihr Brüdertum und die besonderen Orden der freiwilligen Armee schadeten nichts, wenn sie nur in kampffähigem Zustand blieb. Wir veranstalteten im Laufe der Zeit Kurse für Offiziere und Truppenübungen und errichteten alle möglichen Werkstätten, Schneidereien, Schustereien, Metzgereien, Druckereien, Sportstätten, Theater, Posten und Banken, um unsere Soldaten zu beschäftigen und beisammenzuhalten. Sie mußten selbst für ihre Verpflegung sorgen, und das war recht schwer; die Muschiks in der Ukraine wollten für Rubelgeld nichts mehr verkaufen, die Deutschen bezahlten mit Nägeln. Das Papiergeld hatte keinen Wert für sie, es entwickelte sich ein primitives Tauschgeschäft. In Sibirien war es in dieser Beziehung besser. Als unsere Jungens aber dann in den Kampf kamen, waren sie Soldaten, wie man sie kaum wiederfindet, es war ein Kampf ums Leben.

Mich hatten unsere Soldaten gern und erkannten mich als Oberbefehlshaber an. Ich glaube, hauptsächlich deshalb, weil ich ihnen manchmal meine Meinung sagte – beim Militär gehört es dazu, daß die Menschen zueinander aufrichtig sind – und vielleicht auch, weil ich mich nicht fürchtete. Die Jungens erzählten sich ganze Legenden über mich. Sie behaupteten, daß ich mich vor nichts fürchte. Indessen habe ich wiederholt Angst gehabt, aber mir nichts anmerken lassen; gerade ihretwegen ging ich in den Straßen herum, wenn geschossen wurde. Sie merkten dieses Lehrmeisterliche in mir nicht. Gern weilte ich mit ihnen zusammen. Ich beobachtete viel Gemeinsames zwischen Soldaten und Kindern. Die Soldaten bedürfen ebenso wie Kinder der Gerechtigkeit, der Unmittelbarkeit, der Offenheit. Weil sie selbst bis in den Tod gehorsam sein müssen, muß ihnen derjenige, dem sie gehorchen, wirklich und ohne Falsch imponieren. Auch die Militärparaden sind wichtiger für die Soldaten selbst als für ihre Kommandanten. Ich liebe die Soldaten, wenn ich auch den Krieg nicht liebe.

Unsere größte Sorge bestand in der Frage, wo unser Korps am zweckmäßigsten verwendet werden sollte. Russische Fronten gab es nicht mehr; dagegen standen im Westen 500 000 gut ausgerüstete deutsche Soldaten, weil die Deutschen den Bolschewiken nicht trauten. Die Bolschewiken wären anfangs mit uns gegen die Deutschen gezogen, aber die Verbündeten wollten das nicht, und zwar mit Recht; gegen den Willen Trotzkijs schloß Lenin mit den Deutschen Frieden. Ich bitte Sie, um Gottes willen, wie konnte oder kann nur jemand glauben, daß wir uns damals durch die deutsche Front bis in die Heimat hätten durchschlagen können! 50 000 Soldaten, fast keine Geschütze, eine unvollständige Ausrüstung, eine ganz mangelhafte Verpflegung und im Rücken ein Land in heller Revolution! Oder einen Vernichtungskampf gegen die Bolschewiken führen? Der Zarismus war gefallen, seine ganze Verwaltung zusammengebrochen, das riesige Land in Aufruhr – mit 50 000 Soldaten kann man eine große, durch die Unfähigkeit des alten Regimes hervorgerufene Bewegung nicht unterdrücken!

Frankreich wollte im Herbst des Jahres 1917 unsere Truppen an die rumänische Front werfen. So fuhr ich dahin, um die Front bei Maresti unweit Jassy zu besichtigen, und sah, daß dort nicht mehr gekämpft wurde; nur gleichsam mir zu Ehren gab man ein paar Schüsse ab, und die Deutschen antworteten ebenso matt. Ich sprach mit rumänischen und französischen Offizieren und hörte, daß Fleisch und Brot zu fehlen begannen, daß die Verproviantierung stockte. Und außerdem witterte ich, daß Rumänien schon an Frieden dachte. Ich hatte recht. Was wäre dort mit unsern Leuten geschehen? So entschloß ich mich, sie nicht hinzuschicken, obgleich ich deswegen in eine Polemik mit Clemenceau kam.

Das einzig Mögliche und Vernünftige war, unsere Soldaten an die französische Front zu bringen, wo man jeden Mann brauchte. Ich sah, daß es über Archangelsk nicht gelingen konnte. Die Verbindung dahin war schlecht, und die Deutschen hätten unsere Transporte auf See glatt torpediert. Der längste Weg nach Frankreich und in die Heimat war der kürzeste: über Sibirien und rund um die Welt. Ich ordnete alles so an und reiste über Sibirien als Quartiermeister voraus, um unseren Leuten zu zeigen, daß es ginge. Ich vereinbarte mit den Bolschewiken – mit ihrem ersten Generalissimus und dann mit dem Kommissar Frič, der Universitätsprofessor gewesen war – eine bewaffnete Neutralität. Unsere Soldaten sollten mit den Waffen abziehen, das wurde mir schwarz auf weiß gegeben. Unseren Soldaten erteilte ich den Befehl, sich nicht in die inneren russischen Angelegenheiten einzumischen, aber sich zu wehren, wenn irgendeine slavische Partei gegen sie auftreten sollte. Mit den Deutschen und den Magyaren befanden wir uns schon dadurch im Kriegszustand, daß unsere Armee von den Franzosen offiziell als ein Teil der französischen Armee erklärt worden war. Nur die Bolschewiken konnten sich unseren Soldaten in den Weg stellen, deshalb sprach ich von der »slavischen Partei«. Die Neutralität verstand sich schon darum von selbst, weil die Bolschewiken uns eigentlich ernährten; sie verhinderten wenigstens unsere Verpflegung nicht.

Ich verließ Moskau am 7. März, zufällig an meinem Geburtstag. Durch die Freundlichkeit Lady Pagets bekam ich einen Platz im Zug des englischen Roten Kreuzes, der die englische Samaritermission aus Rußland hinausbrachte. Ich saß auf einem harten Bänkchen, glücklicherweise hatte mir Hůza in Moskau noch eine Matratze besorgt. Die Reise dauerte einen Monat. Auf der Fahrt konzipierte und schrieb ich mein Buch: »Das neue Europa«, betrachtete mir die englischen Mitreisenden und debattierte mit dem bolschewikischen Schaffner. Einmal mußte unser Zug halten, weil in der Gegend vor uns gekämpft wurde. Manchmal ging uns das Heizmaterial aus, und man mußte für die Lokomotive Holz spalten – darin tat sich Hůza vor allen hervor.

Ich eilte nach Amerika, auch aus dem Grunde, weil ich Friedensverhandlungen erwartete. Nur mußte ich mich noch in Japan aufhalten, um mit den europäischen Verbündeten in Fühlung zu kommen und die japanische Regierung darauf aufmerksam zu machen, daß wenigstens ein Teil unserer Truppen sich in Japan einschiffen würde.

Nun, es gab viel, aber gute Arbeit in Rußland. Wir kehrten nicht mehr mit leeren Händen nach Hause zurück, hatten etwas Wirkliches und Eigenes, unsere Armee, das erste wirkliche, wenn auch exterritoriale Stück unseres künftigen Staates.

Das Ende des Krieges

Nach Amerika, nach Vancouver fuhr ich von Japan mit der »Empreß of Asia«. In Amerika
warteten schon überall unsere Landsleute und amerikanische Journalisten auf mich, ich mußte
mich an die amerikanische Publizistik gewöhnen. Einerseits lebte ganz Amerika im Krieg in
einer fieberhaften Erregung, alles war neu, es fühlte eine neue Beziehung zu Europa und zur
Welt überhaupt; andererseits wirkte schon die Popularität unserer Legionen, die sich damals
schon mit der Waffe durch Rußland und Sibirien durchschlugen. Ich kannte unsere Soldaten
und wußte, daß sie herauskommen würden. Die Amerikaner haben eine ungewöhnliche Be-
wunderung für alles Heldentum, und so machte der Zug unserer Fünfzigtausend durch einen
ganzen Erdteil einen großen Eindruck auf sie.

Es war das viertemal, daß ich nach Amerika kam. Das erstemal war es im Jahre 1878, als ich
Miß Garrigue nachreiste, und zweimal waren es Vortragsreisen in den Jahren 1902 und 1907. So
hatte ich Amerika schon seit seinen Pionierzeiten wachsen gesehen. Ja, es gefällt mir. Nicht,
daß ich die Landschaft liebte; die unsere ist schöner. Die amerikanische Landschaft ist wie das
amerikanische Obst. Mir kam es immer vor, als schmecke das Obst dort irgendwie roher als
das unsere, das unsere süßer und reifer. Ich glaube, das macht die tausendjährige Arbeit, die
bei uns in allem steckt. Und ebenso ist die amerikanische Landschaft irgendwie roher als die
unsere, Für den Farmer, der mit Maschinen ausgerüstet ist, ist der Boden dort eine Fabrik und
nicht ein Gegenstand der Liebe wie bei uns heute.

In Amerika gefällt mir die Offenheit der Menschen. Selbstverständlich gibt es auch dort
gute und schlechte Menschen wie bei uns; aber sie sind auch im Bösen offener. So ein amerikanischer Wikinger ist völlig rücksichtslos und unbarmherzig; er ist ein offener Pirat ohne alles
Getue und verbirgt sich nicht hinter einem moralischen oder patriotischen Paravent. Die Guten
wiederum gehen ebenso energisch dem nach, was sie für gut halten, sei es die Humanität, die
Religion oder kulturelle Dinge. Sie sind unternehmender als bei uns. Da steckt immer noch
viel unternehmungslustiges Pioniertum.

Die amerikanische Industrialisierung und das Arbeitstempo überraschen mich nicht. Da die
Amerikaner mehr als 100 Millionen Menschen mit Ware zu versorgen haben, mußten sie sich
daran gewöhnen, im Großen zu arbeiten; das bewirken die großen Ausmaße. Auch in ihrem
Kapitalismus sehe ich keinen Unterschied; so ein amerikanischer Milliardär ist wie ein Millionär
bei uns, nur in größerem Maßstab. Man sagt auch: die Jagd nach dem Dollar! Als ob es bei
uns besser wäre! Der Unterschied liegt allerdings darin, daß wir in Europa eher dem Kreuzer
nachjagen als dem Dollar und das so erniedrigend tun, als ginge es um ein Trinkgeld. Europa
ist in dieser Beziehung weniger rücksichtslos, aber um so schmutziger.

Der Amerikanismus der Maschinen! Maschinen haben ihre guten und bösen Seiten, ebenso
wie der Taylorismus, die Rationalisierung. Ersetzen die Maschinen die grobe, aufreibende Arbeit
des Menschen, so ist es gut; man sollte mehr daran denken als an den Geldgewinn. Mir war das
amerikanische Arbeitstempo fremd; ich brauche zu jeder Arbeit sozusagen einen freien Rand,
um sie mir in Ruhe zu überlegen. Unser Arbeiter ist vielleicht weniger flink, arbeitet aber gut
und genau; die Qualität geht bei uns über die Quantität. In Amerika wird die physische Arbeit
höher geschätzt als bei uns; der amerikanische Student verrichtet in den Ferien Erntearbeit oder
läßt sich als Kellner anstellen; bei uns wird die Schulbildung und besonders die akademische
Bildung fast überschätzt. Der amerikanische Arbeiter ist im Vergleich zu unserm freier und hat
seinen elbow-room; ist er geschickt, so hat er seinen Fordwagen und seinen Bungalow – daher
gibt es dort keinen Sozialismus in unserem Sinne.

Es schadet nichts, daß der sogenannte Amerikanismus zu uns vordringt. So viele Jahrhunderte haben wir Amerika europäisiert, jetzt hat es das gleiche Recht bei uns. Wir amerikanisieren
uns, aber vergessen Sie nicht, daß Amerika sich wieder je weiter desto mehr europäisiert. Ich
habe gelesen, daß jetzt zwei Millionen Amerikaner jährlich nach Europa kommen. Bedeutet
Europa für ihr Leben etwas Gutes, so mögen sie es nur mit sich hinübertragen. Wenn man die

neueren amerikanischen Autoren liest, so sieht man, wie streng sie die Fehler und Flachheiten des amerikanischen Lebens beurteilen. Wären doch unsere Autoren so offen gegen unsere Fehler! Die Zukunft liegt darin, daß Europa sich Amerika angleicht und Amerika Europa.

Kurz: mir bot Amerika vieles zu Beobachtung und Studium; ich lernte dort viel, viel Wertvolles.

*

In Amerika bereitete ich mich schon bewußt für die Friedensverhandlungen vor. Vor allem mußten wir die Einigkeit zwischen Tschechen und Slovaken festigen. Dann kamen die Verhandlungen mit den Karpathorussen, damit sie sich selbst zu unserem Staate bekannten. Das war ein neues Projekt, das erst in Amerika auftauchte; ich sah sofort, was es für uns bedeuten würde, wenn wir eine Landbrücke zum künftigen demokratischen Rußland oder zur Ukraine besäßen. Ich überredete die Vertreter der Karpathorussen in keiner Weise, ich legte ihnen nur die Lage dar: Ihr könnt euch an die Magyaren, die Polen oder an uns anschließen, wählt selbst. Sie wählten uns.

Die weitere Arbeit bestand, wie vorher in Europa, darin, die kleineren, europäischen Nationen in ihrem Kampf um die Freiheit zu vereinigen: also mit Polen, Ruthenen, Serben, Kroaten, Rumänen und andern zu verhandeln. Das Ergebnis war die gemeinsame Unabhängigkeitserklärung in Philadelphia. Ferner ging es darum, das amerikanische Volk zu gewinnen. Was gab es da für Zusammenkünfte, Beratungen, Vorträge und mehr oder minder feierliche Meetings und Kongresse. Es half nichts, man mußte die öffentliche Meinung, die vorher von uns wenig, von den Slovaken fast nichts wußte, bearbeiten. In Amerika war der Krieg gegen die Germanen populär, aber die verwickelten nationalen Probleme Mitteleuropas waren den Leuten fremd. Zum Glück hatten unsere Landsleute in den Vereinigten Staaten schon seit Beginn des Krieges eine Propaganda gegen Österreich eingeleitet. Als dann unsere Legionen in Sibirien die Aufmerksamkeit der ganzen Welt auf sich lenkten, hatten wir die Trümpfe in der Hand. Vor allem durfte keine Zeit verloren werden, denn der Krieg neigte sich dem Ende zu; und da kam das Ende schon um ein halbes Jahr früher, als ich erwartet hatte.

Als die öffentliche Meinung vorbereitet war, begann ich mit den amtlichen amerikanischen Kreisen zu verhandeln, mit Lansing, Oberst House und anderen. Mr. Crane, mein alter amerikanischer Freund, tat viel für uns. Sein Sohn war Lansings Sekretär.

Mit Präsident Wilson traf ich, glaube ich, viermal zusammen. Mein erster Eindruck von ihm war der einer vollkommenen Sauberkeit (neatness); ich sagte mir: man sieht, daß er eine Frau hat, die ihn liebt. Wir verstanden uns ziemlich gut – nun, wir waren ja beide Professoren. Er war in den Prinzipien eigensinnig, nahm aber Einwände an. Er kannte mich, und wir hatten, wenn auch indirekt, in Beziehung gestanden, bevor ich nach Amerika gekommen war. Ich sah voraus, daß er sich in den europäischen Fragen nicht auskennen und infolge seiner Gradlinigkeit mit den europäischen Staatsmännern nicht verstehen würde, und warnte ihn, zu den Friedensverhandlungen nach Europa zu reisen. Er ließ sich aber nichts sagen, denn er war von seinem Plan des Völkerbundes zu sehr erfüllt, als daß er mit Hindernissen gerechnet hätte.

Zu jener Zeit, im Mai des Jahres 1918, kam mir unsere Tochter Olga aus England nach. Damals war es wegen des Unterseebootkrieges verboten, Frauen und Kinder auf die Schiffe zu nehmen; sie bekam auf Anordnung Wilsons einen Schiffsplatz als Kurier, die einzige Frau im Konvoi von acht Schiffen.

Ich lebte zumeist in Washington. Um mir ein wenig Bewegung zu schaffen und Luft zu schöpfen, ritt ich im Rock-Creek-Park. Dort hätte ich mir einmal fast das Genick gebrochen, als ich versuchte, über das höchste Hindernis zu springen. Danach ließen mich unsere Leute nicht mehr allein reiten. Auch besorgten sie mir das erste Auto. Es war ein kleiner Dodge. Ich erinnere mich, wie wir darin am Armistice Day durch die Straßen fuhren oder zu fahren versuchten. Eine solche Freude des Volkes habe ich niemals gesehen. Alle Menschen jubelten und sangen, umarmten sich, hupten, ganz New York war mit einem buntpapierenen Schnee überschüttet. Bei uns können wir nicht so toben und kindlich lustig sein wie die Amerikaner.

Bis ich das Telegramm bekam, daß man mich in der Heimat zum Präsidenten gewählt hatte, hatte ich nie an etwas derartiges gedacht. Mit dem Telegramm begannen nur Sorgen für mich: Sorgen wegen der Abreise, wegen meiner Begleitung und so fort.

Ich reiste am 20. November ab. Zufällig ist dieser Tag der Geburtstag meiner Frau. Die Fahrt auf dem Schiff war meine erste Erholung seit vier Jahren. Ich konnte mit meiner Tochter Schach spielen. Seit damals habe ich das Spiel nicht mehr in Händen gehabt. Ich ging auf dem Deck herum, blickte auf das Meer hinaus, dachte nach, wie alles gekommen war – und freute mich. Gott, es war uns ja doch nun gelungen!

Die Republik

Der alte Baum

Eines überraschte mich, als ich aus dem Krieg zurückkehrte: wie sehr meine Bekannten, meine Altersgenossen gealtert waren. Während der Dauer des Krieges hatte ich alles andere vergessen, hatte mich mit ganzer Aufmerksamkeit in den Krieg versenkt, in alle seine Einzelheiten und Folgen, und als ich dann die Veränderung an den Menschen sah, stutzte ich bei dem Gedanken, offenbar auch selbst gealtert zu sein.

Ich kenne eine alte Eiche; sie soll neunhundert Jahre alt sein, aber weder ihre Größe noch ihr Alter hindern sie daran, neue Blätter zu treiben und zu blühen.

Der Mensch sollte auf ähnliche Weise alt werden. Jahrhunderte zu leben, das sollte keine Kunst sein. Mit den künstlichen, nicht-natürlichen Eingriffen erreicht man das selbstverständlich nicht. In gesunder Luft und in der Sonne wachsen, vernünftig essen und trinken, sittlich leben, mit Muskeln, Herz und Hirn arbeiten, Sorgen haben, ein Ziel haben – das ist das ganze Rezept der Makrobiotik. Und das lebendige Interesse nicht verlieren: denn das Interesse ist eben das Leben selbst, ohne Interesse und ohne Liebe gibt es kein Leben.

Wir messen das Leben viel zu einseitig, nach seiner Dauer und nach seiner Größe. Wir denken mehr daran, das Leben zu verlängern, als es wirklich auszufüllen. Viele Menschen fürchten den Tod, haben aber keine Bedenken, de facto nur halb zu leben, ohne Inhalt, ohne Liebe, ohne Freude. In der Erkenntnis der Wahrheit, in der sittlichen Ordnung, in der tätigen Liebe nehmen wir schon in diesem Leben an der Ewigkeit teil, verlängern wir unser Leben nicht um Tage oder Jahre, sondern um die Ewigkeit. Es ist gut, daß wir das Menschenleben zu verlängern trachten; aber darüber hinaus sollen wir es wertvoll gestalten.

Manchmal kehrt mir ein Traum wieder, ich weiß nicht, woher er kommt, vielleicht von einem Bilde: ein Schiff auf der See, und darüber neigt sich ein Engel mit einer Uhr; von Zeit zu Zeit sinkt aus der Uhr ein Tropfen ins Meer und der Engel spricht: Wieder ist eine Minute dahingegangen. Diesen Traum rufe ich mir immer als Warnung ins Bewußtsein: Arbeite, schaffe, solange deine Minuten fließen.

Viele Menschen altern nur aus Bequemlichkeit, weil sie nichts mehr tun wollen. Nicht altern, das heißt nicht nur sich erhalten, sondern immer weiter wachsen, immer empfangen. Jedes Jahr soll so sein, als stiege der Mensch um eine Sprosse höher auf der Leiter.

Ich gebe selbst acht, ob ich altere; ich kontrolliere meine geistigen Fähigkeiten, mein Gedächtnis, meine Kombinationsgabe und alles übrige. Wenn ich sähe, daß ich eine dieser Hauptfähigkeiten verlöre, würde ich den Jüngeren sofort den Platz räumen.

*

Ein Wort über die Pflege des Körpers: Wenn es nach mir ginge, würde ich trachten, ohne Ärzte auszukommen. Aber wenn einer nicht selbst für seine Gesundheit sorgen kann, müssen die Doktoren für ihn sorgen. Ein gebildeter Mensch soll sich beobachten, soll über seine Diät nachdenken; das ist kein Materialismus – Materialismus ist es, nicht daran zu denken und zu essen und zu trinken, was die Gurgel begehrt, ohne Maß und gegen die Vernunft.

Vor allem also Mäßigkeit: viel weniger essen und trinken, als in der Regel getrunken und gegessen wird. Ich esse dreimal täglich: zum Frühstück zuerst etwas Obst, ein Stückchen Butter und Marmelade auf Toast, mitunter ein Stückchen gebratenen Speck und etwa ein halbes Glas ungesüßten Tee. Früher aß ich manchmal auch ein weiches Ei, aber das soll nicht sehr gesund sein. Zu Mittag einige Löffel klare Suppe, ein Stückchen Fleisch, reichlich Gemüse, ein Stückchen Mehlspeise, Obst und schwarzen Kaffee. Das genügt. Auch meinen Gästen biete ich mittags nicht mehr, bis auf das Zugeständnis, daß sie ein sogenanntes Entree bekommen, gewöhnlich Fisch; ein solches Vorgericht regt angeblich den Appetit an – ich weiß nicht, wozu das gut ist; es genügt doch, den natürlichen Hunger zu stillen. Zwischen den drei Mahlzeiten nehme ich nichts zu mir, es sei denn einen Schluck reinen Tee um fünf Uhr, wenn Besuch da ist.

Der Magen muß sich ausruhen wie jeder arbeitende Muskel, und das kann er durch hungern. Die Mehrzahl der Menschen läßt ihren Magen bis zur Erschöpfung arbeiten; sich überessen ist so, als wollte man über seine Kräfte schwere Lasten tragen. Heute warnt auch schon die Medizin vor dem Dicksein. Die Dicken erreichen kein hohes Alter, weil sie ihren meisten Organen eine viel zu große Anstrengung auferlegen. Und außerdem ist das Dicksein kein schöner Anblick. Natürlich gehört es auch zum Humanitätsprogramm, daß die Menschen schön sind.

Was das Trinken betrifft, so habe ich von Kindheit an Wein getrunken, denn ich stamme aus einer Weingegend. Bier trinken lernte ich erst in der Stadt. Erst gegen mein fünfzigstes Lebensjahr erkannte ich, daß der Alkohol zu nichts Gutem taugt, eher zum Bösen, und hörte überhaupt auf zu trinken. Nach meiner letzten Krankheit nötigten mich die Ärzte, vor dem Essen ein Gläschen Wein zu trinken; es schmeckte mir nicht und schließlich stellte ich fest, daß es auch ohne Wein und eher besser geht. Als Präsident wollte ich auch meine Gäste zwingen, ohne Wein oder Bier zu essen, aber das ging nicht. Nun gut, denke ich mir, jeder möge tun, was ihm beliebt. Abstinenz ist nicht meine Religion, aber von Zeit zu Zeit versuche ich, meine Mitbürger darauf hinzuweisen, wie dumm eigentlich unmäßiges Trinken ist.

Meine sonstige Lebensführung ist einfach. Wenn ich früh aufstehe, bade ich in kaltem Wasser und turne dann. Dazu habe ich mein eigenes System. Täglich gehe oder reite ich ein bis zwei Stunden. Ich vertrage es noch jetzt, zwei bis drei Stunden im Sattel zu sitzen, bis vor einigen Jahren ritt ich sogar fünf Stunden.

Das Rauchen. Als Junge spielte ich den Mann. Im Jahre 1866 wollte ich den Preußen zeigen, daß ich ein Tscheche war, drehte mir Zigaretten aus weißrotblauem Papier und paffte sie vor ihnen. Später, an der Universität, rauchte ich eine Zeitlang Zigaretten, aber es vergnügte mich mehr, sie geschickt zu bereiten.

Rauchen, Trinken und Unmäßigkeit sind keine Bedürfnisse, sondern nur Gewohnheiten. Wollen wir gesunde Kinder erziehen, so genügt es nicht, sie zu belehren, man muß ihnen praktisch gesunde Gewohnheiten beibringen.

Ich habe irgendwo gelesen, der Tod sei ein Unfug. Ich will über den Tod nicht streiten, aber gewiß sind vorzeitiges Altern und viele Krankheiten nur Unfug. Ich glaube daran, daß die Menschen ihre Gesundheit und ihre Gewohnheiten immer mehr in die Gewalt bekommen werden wie die Naturkräfte und daß sie einst auf viele unserer Krankheiten mit demselben Grauen zurückblicken werden wie wir auf die mittelalterliche oder asiatische Pest. Die moderne Medizin hat recht, wenn sie aufhört, nur zu heilen und lieber vorbeugt und erzieht.

Das Amt des Präsidenten

Daß ich Präsident wurde ... vorbereitet war ich darauf nicht. Obgleich ich als Haupt unserer Auslandsregierung anerkannt, obgleich ich schon sicher war, daß wir aus dem Kriege frei hervorgehen und ich heimkehren würde – was ich, wieder daheim, tun würde, darüber nachzudenken hatte ich keine Zeit. Noch eine Zeitlang an der Universität dozieren? Daneben Abgeordneter und Journalist sein?

Als man mich im November 1918 zum Präsidenten gewählt hatte – gut. Zunächst konnte ich mir den Kopf darüber nicht zerbrechen, dazu gab es vor meiner Abreise von Amerika zu viele Sorgen. Erst auf dem Schiff hatte ich Muße, die neue Lage zu überdenken. Ich verglich die amerikanische und die schweizerische Republik miteinander; ich revidierte den Kataster unserer politisch und administrativ reifen Persönlichkeiten; ich stellte mir die Einzelheiten des notwendigen Staatsaufbaus vor, überlegte, wie unser Staat aussehen sollte und derlei Dinge mehr. Ich hatte mich schon längst mit der Analyse des Staates, seinen Formen und Funktionen befaßt; als Abgeordneter hatte ich die Zusammensetzung Österreich-Ungarns und alle seine politischen und kulturellen Kräfte bis ins Einzelne studiert. Im Augenblick entbehrte ich sehr die genaue Kenntnis der Entwicklung, die die Verhältnisse in der Heimat inzwischen genommen hatten. Zugleich mußte ich mich auf das vorbereiten, was in London, Paris und Italien geschehen würde. Ich war mir klar darüber, daß ich diese politischen Zentren und die Personen, die auf der Friedenskonferenz das neue Europa schaffen sollten, besuchen mußte – all das ging mir im Kopf herum. Ich mußte mich auch an die Formalitäten des Staatsoberhauptes gewöhnen.

Nachdem ich zurückgekehrt war, fühlte ich mich nicht sehr wohl. Ich glaubte, ich würde nicht mehr lange leben. Vielleicht lag das an den Anstrengungen und Aufregungen während des Krieges und an mehreren Grippeanfällen, die ich überstanden hatte. Für alle Fälle suchte ich, dafür zu sorgen, daß die Kontinuität gewahrt bliebe, daß nichts unsere im Ausland getrennt geleistete Arbeit unterbräche. Die Frucht der mehrjährigen Auslandsarbeit, all der Demarchen und Beziehungen sollte ja erst geerntet werden – dem galt meine erste Sorge.

Daheim mußte ich mich in die neuen Verhältnisse einleben. Die Regierung war schon gebildet, die revolutionäre Nationalversammlung war da, es gab schon manche neue Gesetze und Institutionen. Es war gut, daß ich fast alle Menschen unseres politischen Lebens längst kannte und wußte, was von jedem zu erwarten war. Und vieles, beinah täglich Neues, mußte ich lernen.

Es ist keine Kleinigkeit, der erste Präsident eines neuen Staates zu sein, der nicht seine Traditionen für Regierung und Repräsentation hat. Ich sah Fehler, die geschahen und die ich selbst beging. Etwa eine solche Geringfügigkeit: ich vergaß, daß ich Präsident war, und versprach meinen Kameraden, am Tage nach der Eidesleistung in das Kaffeehaus zu kommen, wo wir im Jahre 1914 unsere politischen Beratungen abzuhalten pflegten. Ich gehe von der Burg in die Stadt – ein Auflauf von Menschen! So lernte ich, Präsident sein, und lerne es noch heute. Immer entstehen neue Situationen, in denen ich mich entscheiden muß.

Ich mußte viel darüber nachdenken, was der Präsident eines demokratischen Staates ist und wie er zu sein hat. Als die Verfassung geschaffen wurde, stellten sich viele vor, daß die Funktion des Präsidenten der Republik mehr oder minder repräsentativ sein würde, de facto ohne Möglichkeit, unmittelbar in die politischen Ereignisse einzugreifen. Das wäre ein Analogon zur streng konstitutionellen Monarchie (England), aber bei uns war die erste Verfassung weder theoretisch noch praktisch genügend vorbereitet; man hatte den alten Staatsapparat übernommen – das war nicht richtig – und das Neue entstand unter dem Druck der von Grund aus veränderten Verhältnisse. Ich machte meinen Einfluß mit Hilfe Švehlas und anderer geltend. Ich setzte mich zum Beispiel dafür ein, daß der Präsident das verfassungsmäßige Recht hätte, nicht nur die Entwürfe der Regierung und des Parlaments zu billigen, sondern sich an den Regierungsberatungen zu beteiligen und nach Bedarf initiativ sogar im Parlament aufzutreten. Es ging mir auch darum, den fachmännischen Charakter der Verwaltung und Regierung zu sichern; darum haben wir bei uns eine kombinierte, parlamentarisch-fachmännische Regierung.

Ich glaube, daß unsere Verfassung gut ist. Es handelte sich aber und handelt sich stets weiter darum, den Buchstaben mit Leben zu erfüllen. Es gibt in unserer Verfassung, wie in jeder andern, gewisse Unklarheiten. Dieses und jenes könnte anders lauten. Wir haben zum Beispiel unverhältnismäßig viele Abgeordnete, nach dem Vorbild Englands genügten uns rund zweihundert. Es ist wahr, daß es heikel ist, die Verfassung zu ändern; dafür haben wir ja das Vorbild Amerikas: dort wurden seit Annahme der Verfassung 1787 in 140 Jahren nur 19 Verbesserungen durchgeführt, obgleich mehr als 2000 Entwürfe eingereicht worden sind. Und die Verbesserungen waren eigentlich Ergänzungen, zum Beispiel das Frauenwahlrecht. Der ursprüngliche Text bleibt in Gültigkeit.

Wie ich gesagt habe, handelt es sich nicht nur um den Wortlaut des Gesetzes, sondern darum, wie wir es verstehen und wie wir es durchführen. Alle Gesetze, auch die Verfassung, bleiben bei der fortwährenden Entwicklung der Verhältnisse so lange unverändert, bis sich endlich zeigt, wo und was neu zu kodifizieren ist. Das sogenannte Gewohnheitsrecht bestand nicht nur in den Anfängen der Kultur, es gilt heute noch, wenn auch in veränderten Formen.

Bei allem, was ich tat, mußte ich mir überlegen, was für einen Präzedenzfall ich damit schaffen würde; und das war häufig eine harte Nuß. Man mußte bewußt Tradition schaffen. Da ist zum Beispiel das unvermeidliche Zeremoniell: ich trachtete, daß sich auch darin der Demokratismus ausdrückt, wie es der Zeit und dem Charakter unseres Volkes entspricht. Ich wünschte, daß sich unsere Leute besser als bisher der Notwendigkeit von Symbolen bewußt würden. Nicht nur das religiöse, sondern auch das politische Leben äußert sich sinnlich und ideell in Symbolen.

Ich hatte bisher in privater Zurückgezogenheit gelebt, aber jetzt mußte ich mich mit den Wachen, mit den Paraden, den Empfängen und all der Repräsentation aussöhnen.

Ich möchte bemerken, daß wir uns in dieser Beziehung gut eingerichtet haben. Unser republikanisches Zeremoniell, unser Protokoll, ist in vieler Hinsicht vorbildlich geworden. Ich selbst lebe für mich so, wie ich wünschte, daß jeder Bürger leben könnte; meine einzige kostspielige Vorliebe sind Bücher; aber die werden der Öffentlichkeit dienen. Ein großes Opfer, ein empfindliches Opfer ist mir dadurch auferlegt, daß ich mich beständig unter offizieller Aufsicht und unter den Augen der Leute befinde.

Natürlich bereiteten mir die politischen und administrativen Tagesfragen viel Sorgen. Denken Sie nur an die Anfänge der Republik, den Zusammenbruch der Valuten rings um uns, an die Bürgerkämpfe und Putsche in fast allen Nachbarstaaten. Wir haben fast schon vergessen, was seinerzeit gefährlicher war, die wirtschaftliche Verelendung, die kommunistische Welle oder die verzweifelten Umsturzversuche der besiegten Schichten des alten Regimes. Und immer noch heißt es auf der Hut sein gegen alte und neue Fehler. Heute erscheint es uns fast als selbstverständlich, daß unser Staat das alles in verhältnismäßiger Ruhe überlebt und dabei seine Ordnung aufgebaut hat. Aber damals hieß es, den Verstand zusammennehmen und nicht den Kopf verlieren. Ich hatte wöchentlich, auch mehrmals wöchentlich Beratungen mit Švehla, Tusar, Rašín und anderen. Beneš pflegte im Ausland zu sein, das bedeutete eine ausführliche Korrespondenz. Was gab es da für Beratungen, gemeinsame Mittagessen, das heißt wieder Beratungen in anderer Form, Spaziergänge und Reden! Ich denke gern an diese Zeiten zurück. Ich wurde mir in concreto über den Wert der Persönlichkeit in der Politik und im Staate klar.

Ein gutes Programm ist eine gute Sache; aber außerdem muß ein ehrenhafter, tapferer und weiser Mensch da sein, der den Mut zur Verantwortung hat. Deshalb sehe ich mich immer mehr nach Menschen als nach Schlagworten um. Wir hören bei uns noch zu sehr auf Schlagworte – das ist, glaube ich, auch ein Erbe aus Österreich-Ungarn. Dort hatten nicht wir die Verwaltung und die Politik in Händen, sondern Wien hatte sie, und so gewöhnten wir uns mehr, als gesund ist, an Schlagworte. Ich weiß, daß man in der Politik ohne Schlagworte nicht auskommen kann. Aber da wir nun unsern Staat selbst in Händen haben, muß man die Schlagworte – oder, wenn Sie wollen, die Ideale – in bestimmten und durchdachten Forderungen, Ratschlägen und praktischen Programmen verkörpern. Unsrer Journalistik merkt man an, wie ungenau, negativ, polemisch, unkonstruktiv wir noch denken. Ich habe nichts gegen Kritik; mein Gott, fast während meines ganzen Lebens bin ich als Kritiker aufgetreten; aber ich ziehe eine konstruktive, beratende, nicht aufgeregte Kritik vor. Nicht einmal die Revolution darf nur negativ sein, sie muß positiv gerechtfertigt und vorbereitet sein – wie könnte sich dann die reformierende Kritik mit der Negation zufriedengeben?

Selbstverständlich halte ich noch heute Beratungen mit den führenden Politikern und Ministern ab, und zwar sehr häufig. Ich trachte, alles zu kontrollieren, wenn ich auch in den administrativen Gang der Geschäfte möglichst wenig eingreife. Es ist nötig, daß die Minister selbst lernen, wie auch ich lernen mußte. Oft, vielleicht täglich sage ich: Noch dreißig Jahre einer ruhigen, vernünftigen und arbeitsamen Entwicklung, dann ist unser Staat gesichert. Aber für diese dreißig Jahre kann ich die wirklich führenden, erprobten und starken Männer an den Fingern abzählen, die jüngeren kenne ich schon zu wenig. Ich sehe mich nicht nur nach Politikern, sondern nach Staatsmännern um. Deren haben wir – ich sage es gerade heraus – nicht so viele, daß wir uns ohne die Arbeit aller behelfen könnten. Darum Achtung, daß wir bewährte Arbeiter nicht unnötig verlieren oder aus bösem Willen verbrauchen!

Wir müssen noch vieles lernen: vor allem die Kunst, die Abgeordneten, Politiker, Journalisten und Beamten nach dem größeren Maßstab des Staatsmannes kritisch zu beurteilen. Staatsmann ist nicht, wer nicht wenigstens ein Stück Weges voraussieht und die Entwicklung der künftigen Jahre vorbereitet.

Nichts ist vielleicht für die Politik und für das Leben so wichtig wie Menschenkenntnis. Die richtigen und berufenen Menschen zu erkennen und die unrichtigen und unrechtmäßig sich an die Öffentlichkeit drängenden zu durchschauen! Jeder erfolgreiche Umsturz trägt viele Parvenüs, Schreihälse und falsche Propheten an die Oberfläche. Auch wir haben solche. Man erkennt sie an ihren Früchten, und am Ende werden sie von allen erkannt. Denn über alles hinweg, was uns in Lager und Parteien teilt, wollen wir wohl alle eine vernünftige und ehrliche Politik. Zwei mal zwei ist und bleibt auch in der Politik nur vier.

Ebenso wichtig wie die innere Politik war und ist mir immer die auswärtige, besonders in der Nachkriegszeit. Hier muß man doppelt scharf voraussehen und auf die künftigen Dinge vorbereitet sein, niemals und durch nichts sich überraschen lassen. Die Fragen, die in die Zukunft hinausreichen, sind niemals eng begrenzt; wir können nur dann Schätzungen nach vorwärts wagen, wenn wir im Rahmen des Möglichen den weitesten Zusammenhang und das Zusammenspiel aller Kräfte und Faktoren berücksichtigt haben. Man muß *wissen*, um voraussehen zu können, wie Comte sagt. Die Außenpolitik ist und soll eine Sache der großen und konsequenten Staats- und Weltkonzeption sein. Dabei stellt sich selten jemand vor, wieviel Kleinarbeit und unsichtbare Initiative die Außenpolitik erfordert. Für mich wenigstens ist sie eine unaufhörliche Arbeit. Ich habe mich während des Krieges davon überzeugt, welchen praktischen Wert in der Politik, namentlich in der internationalen, persönliche Beziehungen und ehrliche persönliche Informationen haben. Sympathie und Vertrauen sind ein besseres Argument als Schlaumeierei. Auf diesem Gebiet ist die Funktion des Präsidenten natürlich manchmal eine formell amtliche, aber unverhältnismäßig viel öfter eine private. Allerdings bin ich mir wohl bewußt, daß der Begriff des Privaten in diesem Falle durch die Gesetze nicht definiert ist. Und gerade bei uns ist es, weil unsere Leute früher wenig Verbindung zum Ausland hatten, noch immer nötig, informative und freundschaftliche Beziehungen zu unzähligen Menschen anzuknüpfen, die aus Interesse für unsern Staat und unsere Einrichtungen zu uns kommen. Nur die wenigsten wissen, wieviel Zeit ich dieser Arbeit gewidmet habe.

Viele Menschen besuchen mich nicht als Präsidenten, sondern als den Autor politischer und anderer Schriften, als den Urheber von Ideen, für die sie sich interessieren. So diene ich bei dieser Anknüpfung von Beziehungen auch als Schriftsteller, Schulmeister und Journalist. Ungern belehre und erkläre ich, lieber erfahre ich etwas; aber ob gern oder ungern, ich muß es abarbeiten. Gute, freundschaftliche Beziehungen zum Auslande ermöglichen geeignete wirtschaftliche Verbindungen.

Ein anderes Kapitel meiner Politik betrifft die Burg, d. h. ihre Wiederherstellung; aus ihr möchte ich ein Denkmal unserer Geschichte machen, ein Bild unseres alt-neuen Staates, ein

Symbol nicht nur der Vergangenheit, sondern auch der Zukunft. In concreto: die monarchische Burg umwandeln in eine demokratische.

Viel Interesse widmete ich von Anfang an unserer Armee. Die Militärfragen habe ich schon als Abgeordneter in Österreich studiert, weit mehr noch während des Krieges, als ich mit seinem Ausgang rechnen mußte und unsere Armee in Rußland organisierte. Ich bin entschiedener Pazifist, liebe aber die Armee. Selbst wenn es keine Kriege mehr gäbe, wären zwei soldatische Grundtugenden jedem ganzen Mann unentbehrlich: Zucht und Tapferkeit.

Wenn ich den Frieden will, so bedeutet das nicht, daß ich einen Angriff ohne Abwehr hinnehmen würde. Im Gegenteil. Ich will den Frieden praktisch, nicht utopisch: das heißt, daß ich zur Erhaltung des Friedens alle Kräfte an Scharfsinn und Liebe für Nation und Menschheit anspanne, aber wenn es nötig ist, auch alle Kräfte der Verteidigung. Darum muß man furchtlos, mannhaft, so stark wie möglich sein. Es gibt und gab niemals den geringsten Widerspruch in meinem Streben, den Staat zu verteidigen.

Wir brauchen zum Ausbau des Staates und zu unser aller persönlichem Glück den Frieden; darum werden wir ausdauernd und wohlbedacht für den Frieden arbeiten. Des Friedens bedürfen alle anderen Nationen und Staaten ebenso wie wir. Das neue Europa ist wie ein auf dem großen Friedhof des Weltkriegs errichtetes Laboratorium: ein Laboratorium bedeutet und erfordert die Arbeit aller. Und die Demokratie – die moderne Demokratie – ist noch in den Anfängen. Es wäre ein Fehler, die Anhänger und Verteidiger des alten, aristokratisch-monarchistischen Regimes zu übersehen – auch bei der Arbeit!

Soldaten wird es, in irgendeiner Form, vielleicht immer, jedenfalls noch lange geben. Ich meine: Die Nation braucht die geschulte Bereitschaft junger, mutiger und abgehärteter Männer, die jederzeit bei großen Katastrophen zur Arbeit dirigiert werden können und zur Verteidigung bereit stehen.

Schwer lastete auf mir die Frage der Todesstrafe. Es kostete mich immer viele Nächte, wenn ich ein Todesurteil unterschreiben sollte, und die Tage, an denen ich es tat, habe ich in meinem Kalender mit einem schwarzen Kreuz verzeichnet. Ich beobachtete aufmerksam, ob die Todesstrafe einen Einfluß auf die Verbrechen ausübt. Ich studierte die Statistik der Verbrechen, namentlich der Mordtaten in der ganzen Zeit, sehe aber nicht, daß die Todesstrafe auf die verbrecherisch veranlagten Menschen abschreckend gewirkt hat. Der Verbrecher denkt im Augenblick des Mordes nicht an die Strafe, sondern an den Erfolg seiner Untat. Eine gewisse Wirkung wird nur auf die anderen Mitbürger, vor allem auf diejenigen, die nachdenken, ausgeübt.

Mein Argument für die Todesstrafe ist nicht, daß sie abschreckend wirkt, sondern daß sie eine sittliche Sühne enthält; einem Menschen das Leben nehmen, ist ein so fürchterliches Unrecht, daß es nur durch eine ebenso schwere Sühne ausgeglichen werden kann. Ich mache allerdings den notwendigen Unterschied zwischen Mord und Totschlag und erkenne Milderungsgründe bei jedem Verbrechen an, wie es die moderne Kriminalpsychologie erfordert. Aber in Ausnahmefällen kann ich nicht bestreiten, daß die Todesstrafe der metaphysischen Anerkennung des Wertes des Menschenlebens entspricht. Ich glaube daran und erwarte, daß mit der höheren Bildung und Sittlichkeit der Bevölkerung die Todesstrafe unter Zustimmung aller aufgehoben werden wird.

*

Soll ich sagen, worin mein Leben sich erfüllt hat, so ist es nicht, daß ich Präsident geworden bin und diese ebenso große Ehre wie schwere Pflicht tragen kann. Meine persönliche Genugtuung, wenn ich so sagen darf, liegt tiefer: daß ich auch als Staatsoberhaupt nichts Wesentliches von dem gestrichen habe, woran ich als armer Student, als Lehrer der Jugend, als unbequemer Kritiker und Reformpolitiker geglaubt und was ich geliebt habe; daß ich, zur Macht gelangt, kein anderes sittliches Gesetz, keine andere Beziehung zum Nächsten, zur Nation und zur Welt gefunden habe als die, von denen ich mich vorher habe lenken lassen. Ich darf sagen, daß sich mir alles das, woran ich geglaubt habe, bestätigt und erfüllt, so daß ich weder an meinem Glauben an Humanität und Demokratie, noch an meinem Wahrheitssuchen noch an dem höchsten sittlichen und religiösen Gebot der Menschenliebe etwas zu ändern brauchte. Ich sage aus einer

Erfahrung, die ich in meiner Stellung immer wieder bestätigt finde, daß es für Staaten und Nationen und ihre Verwalter keine andere Moral, keine andere ethische Ordnung gibt als für den Einzelmenschen. Daraus spricht nicht die persönliche Befriedigung, daß ich während meines ganzen so seltsam und verwickelt verlaufenen Lebens ich selbst geblieben bin; wichtiger ist, daß die menschlichen und allgemeinen Ideale, zu denen ich mich bekannte, in so vielen Prüfungen unverändert geblieben sind und sich bewährt haben.

Ich sage mir, daß ich in dem unaufhörlichen Ringen um eine bessere Zukunft der Nation und der Menschheit auf der guten Seite gestanden bin. Dieses Bewußtsein genügt, um ein Menschenleben schön und, wie man zu sagen pflegt, glücklich zu machen.

III. Denken und Leben

Noetik – Erkenntnislehre

Über die Erkenntnis

Fragen Sie mich nach meiner Philosophie, meiner Noetik und Metaphysik, so habe ich sie allerdings literarisch nicht zu einem System verarbeitet, sondern nur gelegentlich dies und jenes aufgeschrieben. Selbstverständlich habe ich sie mir pro foro interno formuliert. Jeder Mensch hat seine Philosophie, wenn Sie wollen, seine Metaphysik. Ich will Ihnen im voraus sagen: niemals habe ich mich als Philosophen, geschweige denn als Metaphysiker ausgegeben ...

»Und das sagt ein Professor der Philosophie!«

Mit Recht. Ich habe Geschichtsphilosophie gelehrt, Philosophie der Geschichte und Soziologie. Häufig wird Psychologie, Ethik, Rechtsphilosophie, Philosophie der Geschichte, Soziologie und wer weiß was sonst zur Philosophie gerechnet. Das ist aber eine unrichtige Klassifikation der Wissenschaften. Das sind lauter selbständige Fachwissenschaften oder Teile davon; allerdings hat jedes Fachwissen seine philosophische Grundlage, seine nahe Beziehung zur Philosophie. Wahre philosophische Wissenschaften gibt es aber nur zwei: die Logik zusammen mit der Noetik – und die Metaphysik. Unter dem Wort Philosophie versteht man einerseits eine bestimmte Weisheit, eine tiefere Erkenntnis und ein Wissen und andererseits die gesamte Welt- und Lebensanschauung. Für mich ist die Philosophie – ich meine die wissenschaftliche Philosophie – der Versuch einer gesamten Welt-, implicite Geistesanschauung. Sie sollte die Summe alles Wissens, die Synthese aller Wissenschaften sein. Vermag aber heute jemand alle Wissenschaften zu umfassen, deren Fachwissen sich derartig ausgedehnt hat? Man vermag es eben nicht, und wäre man noch so gelehrt. Das ist das ernste Problem: Was ist, was kann die Philosophie oder die Metaphysik neben dem Fachwissen sein?

»Oder das Problem ist, ob Philosophie und Metaphysik Wissenschaft sein können.«

Das nicht. Die Philosophie, also auch die Metaphysik, kann nicht anders als wissenschaftlich sein, darf nie und in keiner Beziehung in Gegensatz zur wissenschaftlichen Erkenntnis geraten. Wenn ich von einem Problem spreche, so meine ich damit die Aufgabe. Die Aufgabe ist klar, aber ihre Lösung ist schwer; niemals wird sie das letzte Wort bringen, so wie in der menschlichen Erkenntnis niemals das letzte Wort gesagt werden wird.

Um Ihnen aber zu antworten: meine Philosophie, meine Noetik und Metaphysik sind in meinen literarischen Arbeiten enthalten; sie sind auch in dem, was und wie ich es getan habe ...

»... oder sie sind in ihrer praktischen Anwendung enthalten. Darin sind Sie vielleicht ein wenig Pragmatiker, Herr Präsident.«

Pragmatiker? Das nicht. Aber es gibt auch mehrere Arten von Pragmatismus; soweit es sich um Pierce oder William James handelt, so gehen diese beiden von Kant aus und sind mir schon dadurch fremd. Ich habe auch niemals solchen Nachdruck auf den Utilitarismus gelegt, und in religiöser Hinsicht stehe ich gar anderswo. James schreibt, daß der Pragmatismus nur ein neuer Name für alte Denkmethoden sei. Ich liebe neue Namen für alte Dinge nicht.

»Gewiß, es gibt mehrere Arten von Pragmatismus; ich möchte sagen, daß es auch einen tschechischen Pragmatismus gibt. Zum Beispiel die typischen tschechischen Denker: Komenský, Palacký, Havlíček. Ich weiß, man soll sie nicht alle in einen Sack werfen; aber es springt in die Augen, wie diese drei ihr Denken stets den praktischen Dingen des Lebens, den Lebensfragen der Nation zugewendet haben. Alle drei sind Politiker. Die typische tschechische Philosophie ist eigentlich politisch – vielleicht weil eine kleine Nation sich nicht den Luxus erlauben kann, um des Denkens willen zu denken. Das also möchte ich den tschechischen Pragmatismus oder die praktische Tradition der tschechischen Philosophie nennen; und in diese Tradition fallen für mich auch Sie.«

Das ist wahr, auf die drei können Sie verweisen: sie haben gelehrt, aber auch praktisch geführt. Ihre Politik war das Streben, das Volk durch Bildung und Humanität zu erneuern, die Nation politisch und geistig zu befreien. Es ist bezeichnend, daß alle drei eine Weltauffassung hatten.

Komenský, ein typischer Tscheche und ein schon recht neuzeitlicher Geist, war ein religiöser Mensch und lebte seine Religion auch als Erzieher und Politiker. Apostel der Humanität, Verkünder der Harmonie in allem und überall, arbeitete er für seine Nation durch die Arbeit für die ganze Welt, und hat diese ganze Welt durchmessen. Er ist der anerkannte Lehrmeister der Nationen – der wahre und erste bewußte Paneuropäer.

Palacký versenkte sich in die Geschichte unseres Volkes und gab uns die fundierte Philosophie unserer Geschichte. Aus ihr schöpfte er die Grundsätze unserer Politik und nahm an dieser Politik tätigen Anteil. An Palacký bewährt sich das alte Wort: Historia vitae magistra.

Und Havlíček war ein moderner, energischer Geist, stets aber vorsichtig, kritisch, seiner nationalen Verantwortlichkeit bewußt. Kurzum, das Vorbild des demokratischen Journalisten. Er folgte Palacký, war eine Zeitlang auch Abgeordneter und gab auf diese Weise ein lebendiges Beispiel dafür, wie eng Journalistik und Politik zusammenhängen. Sie haben recht, daß er auch Philosoph war, Philosophen sind ja nicht nur die Professoren, jeder denkende Mensch hat irgendeine, hat seine Philosophie, seine Metaphysik, versucht den Sinn des Lebens und der Welt zu erfassen. Und bei Havlíček ist jedes Wort, jeder Zeitungsartikel die Äußerung einer geschlossenen Weltanschauung.

Sie sprechen von unserer philosophischen Tradition. Ich glaube, sie wird nicht genug anerkannt; aber ich kann sagen, daß ich in den dreien mein eigenes und unser nationales Programm gefunden habe. Immer haben sie mich in meinen Anschauungen bekräftigt. Wenn Sie die praktische Art meiner Philosophie betonen, gut, ich habe stets gern gearbeitet und getrachtet, praktisch zu sein. Ich wandte mich zur Praxis und in die Praxis. Es gibt aber keine Praxis ohne Theorie. Die Theorie braucht nicht an sich formuliert zu sein, es genügt, wenn sie der Praxis zugrunde liegt und sie leitet.

»Also die Theorie für die Praxis.«

Ja, aber auch die Praxis für die Theorie. Die Theorie hat Wert, auch wenn sie nicht sofort der Praxis dienen kann. Erkennen ist ebenso wichtig wie Handeln. Durch Handeln erkennen wir ebenso, wie wir durch Erkennen das richtige Handeln vorbereiten. Ergibt sich mitunter ein Gegensatz zwischen Theorie und Praxis, so liegt irgendwo ein Fehler vor: entweder ist die Theorie oder die Praxis schlecht, oft beide. Bei aller praktischen Art bin ich immer für die Theorie, für theoretisches, wissenschaftliches und philosophisches Erkennen. Ich bin gegen eitles Spekulieren, gegen Spiele mit Worten, bin gegen schlechte Praxis und überflüssige Arbeit – so wie die Theorie blütenlos sein kann, so kann die Praxis unfruchtbar sein. Arbeit und Nutzen sind nicht der Sinn des Lebens. Der Teufel ist sehr arbeitsam, er ist Tag und Nacht geschäftig und doch dumm. Wenigstens unser tschechischer und slavischer Teufel. Ich bin für Sachlichkeit, für das Erkennen der konkreten Dinge. Nicht Pragmatismus, sondern Konkretismus wäre meine Losung.

»Damit wären wir wieder fast dort, wo wir waren. An Stelle des Dualismus Theorie und Praxis setzen Sie den Dualismus der abstrakten und der konkreten Erkenntnis.«

Nein, der Gegensatz zwischen abstrakter und konkreter Erkenntnis ist nur logisch. Das Erkennen der Dinge, der Einzelheiten, das konkrete Erkennen, beruht auf abstraktem Erkennen. Zum Beispiel: die abstrakte Psychologie handelt von der Seele und dem Bewußtsein, von Vorstellungen, Urteilen, Gefühlen, Willen, Phantasie, Gedächtnis. Ja, aber alle diese Kategorien bestehen doch nicht an sich, sie sind nur abstrahiert; im lebendigen Menschen sind all diese Elemente und Tätigkeiten in eins verbunden. Jeder Mensch ist eine ganze Welt, ein Mikrokosmos, und es gibt nicht zwei gleiche Menschen. Was sind da für verschiedene Temperamente, Charaktere und Begabungen, was für Unterschiede des Geschlechts, des Alters, des Berufs, der Nation und der Rasse! Man hat auch schon eine konkrete Psychologie, zum Beispiel eine Psychologie der Kindheit, der Genialität, der Kunst und der Religion, eine Psychologie der Persönlichkeit usw. Aber vorher hat es ein abstraktes Erkennen geben müssen, damit man die konkrete Wirklichkeit der psychischen Einzelheiten gliedern und methodisch verarbeiten konnte. Entwicklungsmäßig und logisch betrachtet, geht die abstrakte Erkenntnis der konkreten voraus.

»Wenigstens soweit es sich um die wissenschaftliche Erkenntnis handelt.«

Ja, aber jedes wirkliche, systematische Erkennen ist wissenschaftlich oder zielt wenigstens auf Wissenschaftlichkeit hin. Es gibt keinen Gegensatz zwischen abstrakter und konkreter Erkenntnis, das Verhältnis ist rein logisch und methodisch: beide Arten der Wissenschaft sind durch das Studium derselben Gegenstände festgelegt, nämlich der konkreten Dinge.

Nehmen Sie dieses Beispiel: In der Natur besteht nicht das Leben, sondern lebende Individualitäten; es bestehen Menschen, Tiere, Pflanzen. Diesen Gattungen gemäß gibt es die Anthropologie, die Zoologie und Botanik; aber neben diesen Wissenschaften, und logischerweise vor ihnen, ist die Biologie entstanden, die abstrakte Wissenschaft vom Leben. Sind Sie nicht ein wenig Gärtner und wissen daher, was Ihnen alles an Schönheit und Verständnis der Natur entgehen würde, wenn Sie nicht mindestens etwas von der abstrakten Soziologie der Pflanzen kennen, wenn Sie nichts von ihrer Architektur, Vermehrung, Zusammensetzung, Chemie und dergleichen wissen würden? Wenn wir nicht den Weg der abstrakten Erkenntnis gingen, so stünden wir als Halbblinde vor der Welt der konkreten Einzelheiten.

Den eigentlichen Gegenstand der Erkenntnis bildet die Welt der Einzelheiten, der Individuen, der lebenden und nichtlebenden Individualitäten; aber zu dieser Erkenntnis gelangen wir auf dem Umweg der abstrakten Wissenschaften. Erkennen heißt tunlichst genau, tunlichst vollständig die konkrete Wirklichkeit erkennen; eben dazu muß man zunächst die konstituierenden Elemente und allgemeinen Gesetze der Dinge und verschiedenen Vorgänge abstrahieren, theoretisch konstruieren und in ein System des Wissens bringen – aber nicht vergessen, daß der wahre Gegenstand und das Ziel der Erkenntnis die Welt der singulären Wesen und Dinge ist, die uns allein gegeben wurde.

»Die uns – wozu gegeben wurde? Zu unserer Erkenntnis oder zu unserem Tun?«

Zu beidem, zum Tun und Erkennen. Man kann nicht handeln ohne Erkennen. Auch Erkennen ist Aktivität, Denken und Erkennen ist Tätigkeit, oft unendlich energische oder, wie wir sagen, schöpferische Tätigkeit. Man spricht vom technischen Zeitalter, man sagt, der heutige Menschentypus sei Techniker und nicht Denker. Aber wo wäre die Technik ohne die vorangegangene ungeheure theoretische Arbeit?

Der Erkenntnis nachgehen ist ein äußerst tätiges Leben. Wenn Sie Wissenschaft sagen, so sagen Sie damit auch Streben, Geduld, Ausdauer, Opfermut, Ehrlichkeit – lauter Forderungen des tätigen und des moralischen Lebens.

»Ordnen Sie dadurch die Wissenschaft der Ethik unter?«

Ich möchte sagen, nicht die Wissenschaft, sondern den Gelehrten. Der Ethik ist jeder und der ganze Mensch untergeordnet, alles, was er erlebt und tut, also auch das Erkennen. Die Erkenntnis ist eine moralische Pflicht ebenso wie die Liebe und der Dienst am Nächsten, wie jedes der moralischen Gebote. An den Gelehrten und Philosophen verehren wir nicht ihre Begabung, sondern ihr großes Streben nach Wahrheit – das ist eine sittliche Tat. Deswegen empfinden wir auch den Mißbrauch der Wissenschaft als Sünde, es ist die Sünde wider den heiligen Geist. Die Sittlichkeit und die Nützlichkeit der Wissenschaft bestehen darin, daß es einzig und allein, rein und streng um Erkenntnis geht, um Wahrheit; aber jede Wahrheit ist oder wird einmal gut sein für das Leben.

»Ja, aber vielleicht kommt es darauf an, wie man mit der Wahrheit umgeht.«

Sie wollen damit sagen, daß Wissenschaft und Erkenntnis mitunter mißbraucht oder unrichtig gebraucht werden. Jawohl. Dennoch möchte ich sagen: Die Wahrheit vor allem, immer und überall die Wahrheit! Die Wahrheit steht niemals in Widerspruch zur Sittlichkeit; keine Lüge oder Unwahrheit ist auf die Dauer gut, auch nicht die fraus pia. Unser Leben, unsere Anschauungen und Überzeugungen, unsere gesellschaftlichen Beziehungen sind mit einer Menge von Lügen belastet und dazu noch unnötigen Lügen. Die Lüge ist unmännlich; sie ist eine Waffe des Schwächlings, ziemlich oft des Gewalttätigen, nicht des starken Menschen. Die Wahrheit, die redliche Wahrheit, die wirkliche Erkenntnis kann niemals Schaden stiften.

»Und was ist mit der Wissenschaft, die dem Krieg dient?«

Der Krieg wird nicht von der Wissenschaft gemacht, sondern von Menschen, von der menschlichen Unvollkommenheit, von Menschen, die die Wissenschaft noch nicht genügend anerkennen; wenn die Welt sich mehr nach Erkenntnis und Wahrheit richten würde, so gäbe es weniger Kriege, ja es brauchte überhaupt keine zu geben. Zur Verteidigung wird die Wissenschaft mit Recht verwendet; aber die Wissenschaft zu pflegen, um sie zur Gewalt, zu agressiver Kriegführung zu gebrauchen, ist ein Verbrechen. Wir müssen endlich Recht und Gewalt, Wahrheit und Lüge, Wirklichkeit und Fiktion unterscheiden, müssen die Wahrheit auch in jenen Fällen suchen, in denen früher zu den Waffen gegriffen wurde. Ich glaube, daß der letzte große Krieg hinlänglich die Überflüssigkeit, Schädlichkeit und Sinnlosigkeit des Kriegführens erwiesen hat.

Unsere Erkenntnis der Welt und der Menschen ist allerdings bisher sehr unvollkommen, aber eben deswegen trachte man nur ehrlich und ausdauernd nach Erkenntnis, nach Wahrheit! Und die Wahrheit wird siegen.

Was ist Wahrheit?

»Mir scheint aber, daß wir von der Noetik in die Ethik geraten sind.«

Nicht ganz, wir sind auf dem Wege dahin. Sie haben mit dem Pragmatismus angefangen, und der Pragmatismus stellt seine Theorie der Erkenntnis auf die Bedürfnisse des tätigen Lebens. So sind wir zum Verhältnis zwischen Theorie und Praxis gelangt. Ich erkenne diesen Dualismus nicht an: der Mensch ist für mich nicht in eine erkennende und eine handelnde Hälfte geteilt. Er erkennt im Handeln, das Erkennen allein ist dann Tätigkeit und Handeln – und was für eine mächtige Tätigkeit! Die Noetik fragt, was das sei, die Erkenntnis, die Wahrheit. Die Ethik muß sich fragen, ob wir der Wahrheit so redlich und gänzlich dienen, wie wir sollen.

»Nun gut: was ist das, die Wahrheit?«

Aha, die Frage des Pilatus! Ich bitte Sie, was ist das, diese Vögel dort im Park?«

»Krähen, Herr Präsident.«

Sie haben bessere Augen als ich. Sind es nicht Tauben?

»Nein, Krähen.«

Wissen Sie das sicher?

»Ja. Ich sehe ihnen schon eine Weile aufmerksam zu. Tauben fliegen anders.«

So sehen Sie, Sie nennen selbst die Kennzeichen der Wahrheit: daß Sie es sicher wissen, weil Sie aufmerksam hingesehen haben, und ich habe mir meine Erkenntnis durch Sie bestätigen lassen. Wenn Sie um jeden Preis eine Definition der Wahrheit haben wollen, so möchte ich sagen: Wahrheit ist das, was wir sicher und kritisch wissen, was bewußte Wirklichkeit ist. Darauf kommt es an: das, was wir wissen, bestimmt und mit Sicherheit zu wissen, wenigstens mit der zur Zeit erreichbaren völligen Sicherheit. Wie Aristoteles gesagt hat: Der Mensch trachtet von Natur aus nach Erkenntnis – ja, aber er trachtet eben nach bestimmter und sicherer Erkenntnis. Das Bedürfnis der Sicherheit, das Bedürfnis der Überzeugung und Wahrheit, ist die Grundlage und der Sinn der ganzen Noetik, sonst nichts.

Sie haben gesagt, daß Sie in meinen Schriften keine ausgebaute Kritik und Erkenntnistheorie, keine reine Noetik gefunden haben. Ich könnte sagen: Sie sind in ihnen enthalten; aber damit Sie sie nicht zu suchen brauchen, will ich sie Ihnen andeuten, allerdings nur schlagwortmäßig. Ich glaube, daß ich nicht mehr dazu kommen werde, die Problematik und Systematik der Noetik wieder ex cathedra zu lehren. Bedenken Sie, daß ich von Plato ausgegangen bin, mich durch die Skepsis Humes, den Subjektivismus Kants durchgearbeitet, bei Comte, Mill, Brentano und so vielen anderen gelernt habe – wie viele noetische Fragen gibt es da, mit denen ich mich habe auseinandersetzen müssen!

Also ganz kurz gesagt: Zu jeder einzelnen Erkenntnis, zum Erkennen überhaupt, zur Wahrheit gelangen wir durch Denken. Der Mensch ist ein Wesen, das denkt, abgesehen davon, daß er will und fühlt.

Denken ist die Aufnahme und Vorstellung von materiellen und nichtmateriellen Dingen durch die Sinne oder durch Gedächtnis und Phantasie, und weiter ist es Urteilen über die vorgestellten Dinge. Sie sehen etwas Weißes und Schwarzes, das sich bewegt; daß es Krähen sind, ist schon Ihr Urteil. Die Wahrheit liegt im Urteil, nicht im Vorstellen. Wir beurteilen die vorgestellten Dinge, haben von ihnen unsere Meinung, unsere Überzeugung. Das ist das Plus, durch das aus bloßer Vorstellung die Erkenntnis wird.

»Also ist Erkenntnis: Urteil verbunden mit Überzeugung.«

Oder so: Erkenntnis ist bewußt gewordenes Urteil, ein Urteil, das bewußt nach Wahrheit strebt, nach Sicherheit und Bestimmtheit. Durch das Urteil sagen wir aus, daß wir etwas glauben und was wir glauben, daß wir von etwas überzeugt sind. Überzeugung ist begründeter Glaube; wir sagen, daß wir dessen und dessen sicher sind, absolut sicher, daß wir davon eine bestimmte Kenntnis haben. Mit einem Wort: Sicherheit.

Nach Sicherheit streben bedeutet dasjenige gut beobachten, was man beurteilt, aufmerksam sein, kritisch sein. Erkenntnis ist kritisches Bewußtsein. Denken, Erkennen, Wissen bedeutet, sich dessen gut bewußt werden, was man weiß und was man nicht weiß, was man erkannt hat, was man nicht kennt, was man nicht kennen kann. Kritisch sein bedeutet nicht Zaudern, Unentschiedenheit, Zweifelsucht oder Skepsis. Kritischsein ist Untersuchung der Erkenntnisse, Überprüfung, Kontrolle, Beglaubigung. Da haben wir wenigstens ein Kriterium der Wahrheit: Wahrheit als ein Urteil, das im Prüfungsfeuer der Kritik standgehalten hat.

Und nicht allein unserer Kritik. Jede wissenschaftliche Erkenntnis ist fortwährend der Kontrolle und Kritik unzähliger Menschen unterworfen, kann untersucht, korrigiert oder bestätigt werden, und wird es stets. Nicht nur die Erkenntnisse nehmen zu, sondern auch die kritischen Methoden; bedenken Sie nur, was es heute schon an Experimenten und Messungen gibt! Die Kritik der anderen und die fortwährende Kritik, die große Zusammenarbeit im Suchen der Wahrheit ist auch eine der Bürgschaften unserer Erkenntnis. Wir können uns nicht denken, schon Erkenntnis genug und lauter Wahrheit gewonnen zu haben; wir können aber sicher sein – und auch das ist eine noetische Sicherheit – daß wir uns mit dem Fortschreiten der Zeiten der Wahrheit immer mehr nähern werden.

Vom Mythos

Ich sage nochmals: Kritizismus ist nicht Skepsis. Zweifeln ist nicht Beginn des Denkens, wie man mitunter meint.

»Schon darum nicht, weil die Skepsis der Entwicklung nach später ist.«

Nun ja. Von Natur aus ist der Mensch vertrauensvoll, ich möchte sagen, gläubig. Er glaubt seinen Sinnen, der Phantasie und dem Gedächtnis, glaubt dem Verstand, den Gefühlen, dem Drang und dem Willen, glaubt nicht nur sich, sondern auch anderen; er glaubt blind, kindlich naiv. Sie wissen, wie unkritisch die Menschen auch heute fähig sind zu glauben; wie war es erst der primitive Mensch! Der Primitive unterscheidet nicht zwischen Wirklichkeit und den Früchten der Phantasie, Träumen, Visionen, Fiktionen, Vermutungen, Analogien; er handelt impulsiv, und impulsiv, zügellos denkt er auch. Wie er sich Welt und Leben auslegt, ist ein Gemisch von Erfahrungen und Erkenntnissen, unkritischen Phantasien und übernommenen Traditionen. Es ist, möchte ich sagen, ein seelischer Zustand von Absolutismus; der primitive Mensch unterliegt politisch blindlings dem Führer, geistig den Priestern. Diesen noetischen Zustand nenne ich mythisch – er zeigt sich uns ganz offenkundig in den Mythologien der Primitiven.

Die Methode des Mythizismus ist die Analogie. Der primitive Mensch erklärt sich die ganze Welt nach sich selbst, nach seinem Bewußtsein und den Funktionen seines Körpers, nach seiner nächsten Umgebung, seinem Stand, seiner Erfahrung. Der mythisch gestimmte Mensch ist ein naiver Egozentrist und Egoist. Er ist sich selbst kein Rätsel und die Welt ist ihm keines.

»Ein Egoist, der eigentlich sich selbst nicht beobachtet.«

Ja. Der Primitive ist völlig versenkt in seine Umgebung, er ist ein absoluter Objektivist; in sich selbst hinein blickt der Mensch aufmerksamer erst in einem viel späteren Zustand. Der Mann auf dem Lande ist auch heute noch objektivistischer als der Stadtmensch, der Arbeiter als der Intellektuelle; das Kind versenkt sich in die Dinge so sehr, daß es seiner selbst nicht bewußt wird. Erst in fortgeschrittenerem Alter blickt der Mensch sozusagen in sich hinein, nicht nur um sich. Daß er anfangs sein Ich in seine Umgebung projiziert, das geschieht spontan, ohne Kritik, absichtslos, völlig naiv. Im Treiben um sich und in der Bewegung der Dinge sucht der primitive Mensch Kräfte, die denen ähnlich sind, die ihn bewegen; nach der Analogie seines Ichs sieht er in den sich wandelnden Dingen lebendige und tätige Wesen, Geister, Götzen und Götter oder er verlegt sie hinter und über die Dinge als ihre Beweger und Herren. Die mythischen Vorstellungen in mythologische Systeme einzuordnen, ist schon eine weitere Entwicklung des Denkens; beachten Sie, daß dazu der Primitive Tausende von Jahren Zeit hatte, daß das eine längere Entwicklung ist als die der Wissenschaft – man wundere sich nicht, daß auch in unseren Begriffen und Vorstellungen noch soviel Mythologie erhalten ist. Die Griechen und Römer besaßen, wenn ich mich richtig erinnere, mehr als dreißigtausend verschiedenartiger übermenschlicher, transzendenter Götter und Halbgötter. Auch den Primitiven interessiert die ganze Welt; es drängt ihn, zu fragen, woher die Welt stamme und was mit ihr geschehen werde, er denkt über sich und sein Geschick nach, woher er komme, wie er geboren sei, wie das Leben sich erhalte, was der Tod bedeutet; er muß irgendeine Anschauung von der Gesellschaft haben, in und mit der er lebt – kurzum, der Mensch hat seit Urzeiten eine Welt- und Lebensanschauung, hat eine Philosophie. Eine primitive, mythische ...

»... und so alte wie Werkzeug aus Feuerstein.«

Aber sie ist, mein Lieber, nicht verlorengegangen, sie ist in uns vergraben wie die Messer, Pfeile und Beile aus Feuerstein in der Erde. Wenn wir den gegenwärtigen Menschen besser kennen werden, werden wir in ihm noch mancherlei Überreste seiner primitiven Mythik finden. Wir haben des naiven Egozentrismus, des Glaubens an Götzen und Gespenster noch genug in uns; wenn Sie Beweise dafür haben wollen, so finden Sie sie leicht – etwa in der Politik.

Wissen und Mythos

Also weiter: Zugleich mit der mythischen Stimmung und gegen sie entwickelt sich im Menschen das Erkennen. Wir können schon sagen: kritisches, wissenschaftliches Erkennen. Das Dasein des primitiven Menschen war hart, wie man heute weiß, war kein Paradies, nicht das goldene Zeitalter Saturns; der Mensch mußte sich gewöhnen, zu beobachten, aufzupassen, abzuwägen, kurzum, zu denken, mußte Werkzeug schaffen und vervollkommnen, um sein und der Seinigen Leben zu verteidigen. Auch das einfachste Werkzeug ist schon ein Stück Mechanik und Physik, die Jagd, der Hirtenberuf und der Ackerbau sind der Beginn der Zoologie, Botanik, Astronomie und wer weiß noch wessen. Seit Uranfang mußte der Mensch um das Leben kämpfen – und arbeiten; das bedeutet lernen, experimentieren, erfinden und über sich selbst und seine Umgebung hervorragen. Bei den alltäglichsten, praktischsten Dingen begann das genaue Denken; erst später wird der Mythos von den entfernteren, nichtalltäglichen und begrifflichen Dingen überwunden. Man kann sagen, daß der Konflikt zwischen kritischem Denken und naiver Gläubigkeit, Wissen und Glauben, Wissenschaft und Mythos so alt ist wie der Mensch, wie die Menschheit.

»Vielleicht hat schon in Urzeiten der Konflikt zwischen Fortschritt und Konservativismus bestanden.«

Gewiß bestand er. Als Lebens- und Weltanschauung, als Versuch, Welt und Leben auszulegen, ist der Mythos der Entwicklung nach – im einzelnen und in der Gesellschaft – früher, älter, ursprünglicher als Kritik und Wissenschaft. Die Gläubigkeit ist in den Menschen fester verwurzelt als das kritische Denken. Darum erscheint der Mythos in der historischen Verschärfung des Konflikts positiv, die kritische Wissenschaft negativ, weil sie diese und jene primitive, mythische Anschauung berichtigt und de facto bestreitet und zerstört. Ziemlich gutes Verständnis für den Gegensatz zwischen Wissenschaft und Mythos findet man schon bei Vico, der drei Entwicklungsstadien unterscheidet: das dichterische, das heroische, das menschliche. Diese drei Stadien haben Turgot und Saint-Simon übernommen. Nach ihnen liest man bei Comte, daß die menschliche Kultur überhaupt drei Stadien durchläuft: das theologische – mit den Entwicklungsstufen des Fetischismus, Polytheismus und Monotheismus – das metaphysische, das an Stelle der Götter abstrakte Begriffe setzt – und schließlich das positive, wissenschaftliche, das, anstatt die ersten Ursachen zu suchen, die Tatsachen und ihre Ordnung und Gesetze feststellt.

Ad vocem Comte: Er begann mit der Kritik des Mythos und kam dazu, selbst eine ganze positivistische Mythologie zusammenzuphantasieren. An ihm sieht man, wie stark der Mythos im Menschen verwurzelt ist.

»Als Literat möchte ich sagen: Gott sei Dank. Wir Literaten kommen nämlich ohne Mythik nicht aus.«

Auch wir Philosophen nicht. Der Dichter unterscheidet sich aber vom Gelehrten und Philosophen, obgleich man die Philosophie treffend einen begrifflichen Roman genannt hat. Der Dichter und Künstler denkt in Bildern, der Gelehrte und Philosoph in Begriffen. Aber auch der Gelehrte kommt ohne Phantasie nicht aus oder, um Goethes Terminologie zu gebrauchen: ohne exakte Phantasie. Die geistige Entwicklung des einzelnen und der Gesellschaft besteht eben darin, daß sie den leichtgläubigen Mythos allmählich aufgeben und die kritische Erkenntnis annehmen. Die Mythik weicht der Wissenschaft, aber diese bewahrt Überreste des Mythos und schafft auch neue Mythen –, was wollen Sie, der Mensch ist ein Mythophile! Mythik und Wissenschaftlichkeit sind in ihm nicht schroff getrennt, sie durchsetzen einander. Die Philosophie ist mythischer als die Wissenschaft, weil diese sich auf ihr Fach beschränkt, während die Philosophie alle Fächer, das ganze Leben und die Welt umfaßt. Der primitive Mensch übernimmt sich in seiner Theorie, in der Auslegung von Welt und Leben; der wissenschaftliche, kritische Mensch wird bescheidener, denn er weiß, wie wenig er weiß. Und im allgemeinen Leben herrscht dieselbe Vermengung. Wenn man die zeitgenössische Gesellschaft beobachtet, so findet man in ihr eng nebeneinander die verschiedensten Stufen und Arten von Mythik und Wissenschaftlichkeit, findet man völligen Primitivismus ...

»Wie jemand – ich weiß nicht mehr, wer – gesagt hat: Unter uns lebt sowohl der Urmensch als auch das Mittelalter ...«

Ja, und auch das Altertum, leben Sokrates, Plato, Aristoteles und nicht nur sie: im heutigen Menschen lebt nicht nur das Vergangene, sondern auch das Zukünftige. Die Entwicklung – in der Natur und im Menschen – ist nicht nur lauter Veränderung, sondern auch Erhaltung des Alten und Entstehung des Neuen, Zukünftigen.

Vergessen Sie nicht: der Mythos entstand in Tausenden und Abertausenden von Jahren – darum ist er kollektiv, traditionell und empfing leicht die allgemeine Zustimmung. Dagegen ist der Kritizismus, die Wissenschaftlichkeit, als etwas Neues individuell, wird aus persönlicher Begabung und aus persönlicher Erfahrung geboren – darum empfängt die Bildung auf höherer Stufe die allgemeine Zustimmung viel schwerer. Die Wissenschaft ist nicht kollektiv, sondern kooperativ. Und das wissen Sie, Kooperation ist immer, im Denken wie in der Praxis, schwerer als die spontane, massenhafte Zustimmung. Der Konflikt zwischen kritischem Wissen und mythischem Glauben äußert sich in der ganzen Geschichte als ein Konflikt zwischen Einzelnen und Minderheiten einerseits und der Mehrheit andererseits.

Betrachten Sie nur die Geschichte der Philosophie, mit den Griechen beginnend: wie bald nach Homer und Hesiod, nach den Schöpfern und Sängern des Mythos, entsteht die Philosophie, die die Welt nicht mehr mit Hilfe von Göttern und Götzen auslegt, sondern aus einem empirisch gegebenen Prinzip zu erklären trachtet, aus Wasser, Luft, einem Urstoff – da sind Thales, Anaximenes, Anaximander – und aus der Zahl – die Pythagoräer. Wieder neue Mythen. Übrigens sehen Sie schon in diesen Anfängen die Abstraktheit, von der wir gesprochen haben. Später nimmt man für die Auslegung der Welt eine Vielheit von Prinzipien an: Empedokles, Anaxagoras und Demokrit setzen das All aus Elementen, aus Atomen zusammen, und zur Geltung kommt auch der ordnende Verstand, Nus, bei Anaxagoras. Das ist der Beginn der philosophischen Lehre und der Zweckmäßigkeit der Weltordnung, der Beginn des Theismus und Monotheismus. Wichtig ist, daß sich die ersten Philosophen und alle anderen nach ihnen, ob ausdrücklich oder nur zwischen den Zeilen, gegen die Mythologie, gegen die mehr oder weniger erstarrte Theologie der Volksreligion stellten. Daher der Widerstand der Priester, die zumeist die offiziellen Mythologen waren, gegen Philosophie und Wissenschaft. In Anaxagoras, in Sokrates haben wir die ersten Opfer dieses Konfliktes zwischen Wissen und blindem Glauben. Und es ist begreiflich, daß sich in der sogenannten Sophistik schon der Skeptizismus, der Individualismus und in gewissem Maße auch der Subjektivismus ankündigt. Vorerst hatten sich die Philosophen mit der äußeren Welt befaßt, erst später mit der inneren; Sokrates versetzte, wie man gesagt hat, die Philosophie vom Himmel herab auf die Erde. Der Mensch war ursprünglich ein radikaler Objektivist, erst später lenkt er die Aufmerksamkeit auch auf das Subjekt hin, auf sein eigenes Innere.

Zugleich mit der Philosophie entwickeln sich die Spezialwissenschaften, die Medizin, vor allem die Mathematik. Es ist kein Zufall, daß von den Griechen nur ein einziges Lehrbuch auf die spätere Zeit gekommen ist, die Arithmetik und Geometrie von Euklid. Daran sieht man wieder die Priorität der abstrakten Erkenntnis. Und die Spezialwissenschaften widersprachen dem Mythos noch mehr als die Philosophie.

»Mag sein, aber was Sie sagen, ist eher eine Geschichte der Erkenntnis als eine Theorie der Erkenntnis.«

Ich glaube nicht. Die Geschichte der Erkenntnis verfolgen, heißt auch die Wege der Erkenntnis verstehen. Ja, das ist die Geschichte der Erkenntnis, eine ewige Geschichte, die immer weiter fortdauert. Der Konflikt zwischen Glaube und Kritik, Mythos und Wissen ergibt sich aus unserer menschlichen Natur. Die Überwindung der Mythik kennzeichnet und definiert selbst die Erkenntnis! Das ist ein ebenso abstraktes Wort wie Natur oder Leben. Das, was wir heute Erkenntnis, Wissenschaft nennen, sind unzählige Erkenntnisse von einzelnen Menschen – und vielleicht die meisten von solchen, deren Namen nicht einmal übriggeblieben sind. Unser Wissen, unsere Kultur beruht auf der Summe von unzähligen persönlichen Leistungen und Entdeckungen unbekannter Geister, unbekannter Genien; wir setzen nur ihr Werk fort. Oft gedenke ich der unbekannten Denker der Urzeit und aller Zeiten. Was mußte alles erdacht und erschaffen werden, damit zum Beispiel wir beide jetzt so bequem philosophieren können!

Die Entwicklung der menschlichen Erkenntnis läuft bisher und immer weiter in dem Gegensatz zwischen wissenschaftlicher Genauigkeit und Mythik. Die Wissenschaft ist das Übereinkommen, der Konsensus der denkenden, der genau und kritisch denkenden Menschen. Jede Erkenntnis pilgert von Kopf zu Kopf, von Mensch zu Mensch, von Zeitalter zu Zeitalter, um überprüft, verbessert und vermehrt zu werden. Sie ist nichts Fertiges, sondern ein lebendiges, unvollendetes Werk, ein immerwährendes Erkennen. Wir wissen mehr und Genaueres als vor einem Jahrhundert, einem Jahrtausend. Wer kann sagen, was die Menschen nach Hunderten, Tausenden, Hunderttausenden von Jahren erkennen und begreifen werden? Man darf nicht vergessen, daß die Entwicklung der Genauigkeit sich erst in den Anfängen befindet. Die Gelehrten und Philosophen zählen oft Probleme auf, die der menschliche Verstand niemals lösen wird, die jenseits der Grenze und außerhalb der Reichweite unserer Erkenntnis liegen sollen. Aber – wo ist, wo wird die endliche Grenze der Erkenntnis sein? Daß es eine geben wird, ist gewiß; aber ebenso gewiß ist, daß der Mensch, so lange er denkt, sie weiter und weiter hinausschieben wird. Die Entwicklung des Denkens und der gedanklichen Reife gibt uns selbst eine noetische Gewähr: das Vertrauen in die vollkommenere Erkenntnis der künftigen Zeiten.

Probleme der Erkenntnis

»Richtig, aber kein Vertrauen in die künftige bessere Erkenntnis entbindet uns von dem Bedürfnis, auch für die Gegenwart eine gewisse noetische Gewähr zu haben.«

Selbstverständlich. Wir wollen, wir müssen wissen, welche Erkenntnis gültig, richtig und sicher ist. Praktisch haben wir zweierlei Gewähr, richtig zu erkennen. Zunächst, möchte ich sagen, die ethische Gewähr: die Richtigkeit unseres Erkennens ist in beträchtlichem Maße durch unsere Wahrhaftigkeit, unsern Ernst, unsere intellektuelle Ehrlichkeit verbürgt; wir wollen nur Wahrheit, streben stets nach Wahrheit und sind immer bereit, unsere Irrtümer zu erkennen, unsere Erkenntnisse zu verbessern oder bessere anzunehmen. Die zweite Gewähr ist verstandesmäßig: das ist der Kritizismus, von dem wir schon gesprochen haben; wir werden nur das als wahr ansehen, was einer Prüfung durch sachliche und genaue Kritik, einer, wie wir sagen, objektiven Kritik standhält. Aber ich weiß, daß diese praktischen Garantien nicht genügen, um die noetischen Skrupel zu beseitigen.

Wenn man das Ende eines Gegenstandes in Wasser taucht, so sieht es aus, als wäre er gebrochen; das ist eine Gesichtstäuschung, die wir nachträglich durch eine andere Erfahrung korrigieren. Wir wissen, daß die Erfahrung mitunter irrt, die Sinne und der Verstand irren; darum verfällt der denkende, kritische Mensch in eine besondere Unruhe, denn er weiß, daß er irren kann. Er fragt und muß sich fragen, ob die Dinge wirklich so sind, wie wir sie mit unseren Sinnen wahrnehmen und erleben, wie wir sie uns vorstellen und sie beurteilen. Er fragt, was sie sind, wie diese Dinge wirklich beschaffen sind und was und wie unsere Erkenntnis von ihnen ist. Ist unsere Erkenntnis objektiv, d. h. entspricht sie mehr oder weniger den Dingen, wie sie wirklich sind? Oder ist sie subjektiv, d. h. mehr oder weniger durch unsere Sinne, unsere Erfahrung und unsere Verstandesfähigkeiten bedingt? Was ist in unsern Vorstellungen, Urteilen und Erkenntnissen objektiv, was subjektiv? Das sind Fragen, aus denen die ganze Noetik entsteht – und schließlich auch die metaphysische Spekulation.

Im naiven noetischen Zustand stellt der Mensch sich vor, daß er die Dinge durch seine Sinne so aufnimmt, wie sie wirklich sind, daß die Dinge sich mittels der Sinne in uns einfach spiegeln. Durch bessere Beobachtung findet der Mensch später, daß unsere Sinne manchmal irren, unsere Erfahrung und Vernunft die Dinge nicht ganz getreu darstellen; und durch weitere bessere Beobachtung unser selbst werden wir uns bewußt, daß das erkennende Subjekt nicht nur passiv, nicht nur rezeptiv ist, sondern tätig die Vorstellungen verarbeitet, die es von außen empfängt. Zum Beispiel: außerhalb unser selbst, »außen«, gibt es keine allgemeinen Begriffe, sondern nur einzelne konkrete Dinge; und doch können wir ohne allgemeine Begriffe nicht denken und erkennen. Das hat in der Entwicklung der Philosophie zu der Anschauung geführt, das Ich, der Geist, das Bewußtsein, das Subjekt sei nicht ein Spiegel, sondern etwas Tätiges, etwas, was mehr oder weniger aus sich heraus unsere Erkenntnisse bildet. Unser Erkennen ist wenigstens teilweise subjektiv, eine Leistung unseres Geistes. Oder im Jargon von uns Philosophen gesagt: Zum alten und ursprünglichen Objektivismus kam der noetische Subjektivismus hinzu. Daher stammen die Widersprüche in den noetischen Theorien; entweder sind diese mehr oder weniger objektivistisch, realistisch: unsere Erkenntnis ist bedingt und hervorgerufen durch die Dinge außerhalb unser selbst, durch die Objekte, die objektive Wirklichkeit –, oder sie sind subjektivitisch, wie man auch sagt, idealistisch: alles Erkennen ist die Leistung unseres Geistes.

Sie wissen, daß die entschiedene Wendung zu diesem Subjektivismus und Idealismus Kant und die Philosophen nach Kant hervorgerufen haben. Was Kopernikus in der Astronomie, hat Kant in der Noetik bewirkt: die Erkenntnis richtet sich nicht nach den Objekten, sondern die Objekte richten sich nach unserer Erkenntnis: das, was wir als Außenwelt ansehen, als Wirklichkeit; ist die Schöpfung unserer Subjektivität. Vom Subjektivismus zum Solipsismus ist nur ein Schritt: ich selbst, solus ipse, ich allein, bin der Schöpfer der Welt, die Welt ist meine Vorstellung. Kant und die deutschen Idealisten übertrafen den Übermenschen und schufen den Überschöpfer. Seltsam, wie Menschengeist so eingebildet sein kann. Der extreme Subjektivismus ist, möchte ich sagen, ein Verrat der Philosophen, ein Verrat der Gebildeten überhaupt.

»Daraus sehe ich, daß Sie sich zum noetischen Realismus, zum Objektivismus bekennen.«

Ja. Wie denn anders? Der Mensch, der handeln will, praktisch und verantwortlich handeln, kann nicht Subjektivist sein. Ich erkenne die objektive Welt an. Die Dinge außer uns, die Dinge, die wir zu erkennen trachten, sind annähernd so, wie sie unserer Erfahrung erscheinen.

»Das ist allerdings eine metaphysische Behauptung.«

Selbstverständlich, aber jede andere Behauptung ist auch metaphysisch. Ich sage »annähernd« – wir nähern uns den Dingen durch unser Erkennen; wir kennen sie näher und genauer als vor einem Jahrtausend und werden uns ihnen immer mehr nähern.

Das andere, was den Gegenstand der noetischen Forschung bildet, ist das erkennende Subjekt. Was ist eigentlich dieses Subjekt, wodurch erkennt es? Gewiß durch die Sinne und die Erfahrung. Aber auch durch Vergleich und Gedächtnis, auch durch Verstand. In Wirklichkeit erkennt der ganze Mensch, nicht nur seine einzelnen Fähigkeiten. Und weiter – welche dieser Fähigkeiten bietet das zuverlässigste und am wenigsten täuschende Erkennen? Diesem Gesichtspunkt entsprechend gibt es verschiedene philosophische Schulen und Gegensätze. Man betrachtet als sicher und zuverlässig nur das, was wir durch die Sinne kontrollieren können – Sensualismus. Oder durch begründete Erfahrungen überhaupt – Empirismus. Andere weisen auf die Unzuverlässigkeit der Sinne und suchen die Sicherheit nur im Verstand – Rationalismus. Wieder andere nehmen sowohl Erfahrung als auch Verstand an – Intellektualismus. Und noch andere: ihnen genügt der Verstand nicht, sondern die sichersten Quellen der Erkenntnis liegen für sie jenseits des menschlichen Verstandes – Irrationalismus. Die neue Psychologie zeigt, wie sich in allem seelischen Geschehen sowohl Gefühl als auch Wille geltend machen; auch in unserer Erkenntnis sind wir von beiden geleitet, man spricht von Gefühlserkenntnis – Emotionalismus, und von Willenserkenntnis – Voluntarismus.

»Und Ihr Standpunkt?«

Mein Standpunkt – vor allem nicht vergessen, daß, wie ich gesagt habe, im Erkennen der ganze Mensch enthalten ist. Jede radikale noetische Theorie, die nur eine Seite auf Kosten der andern anerkennt, ist verfehlt. Wir müssen vom Erkennen ausgehen, wie es sich wirklich vollzieht, und daran denken, daß alle unsere Erkenntnis durch die geistige Arbeit unzähliger Generationen vorbereitet worden ist. Wir sind alle an dieser Arbeit beteiligt, denn schon von der Mutter übernehmen wir das Wort, die Sprache; mit dem Wort empfangen wir die Begriffe, die verdichteten Erfahrungen von Millionen von Geistern.

»Also: Psychologie und psychologische Erkenntnisgenetik statt Noetik?«

Das nicht. Die Psychologie der Erkenntnis kann uns sagen, wie wir erkennen, ob aber die Erkenntnis die richtige, sichere Wahrheit ist, das kann sie nicht sagen. Eine noch so gute Analyse und Beschreibung des Erkenntnisprozesses sagt uns nicht, welche Erkenntnis richtig ist. Noetik ist nicht Psychologie, sondern ein Teil der Logik, die danach fragt, was wir sicher und zuverlässig erkennen.

Also: als Grundlage nehme ich das ganze Erkennen, den ganzen Menschen an. Ich erkenne den Verstand und die Sinne an, die Gefühle und den Willen, überhaupt die ganze Erfahrung; der vernünftige Mensch findet auch durch Gefühl, Sympathie, Neigung ein Körnchen Wahrheit, mitunter mehr als ein Körnchen. Aber den Dualismus von Verstand und Sinnen verneine ich. Verstand und Erfahrung ergänzen sich. Es ist richtig, daß die Sinneserfahrung unzuverlässig ist, aber sie wird vom Verstand kontrolliert und mitgeformt. Das Vernünfteln kann irregehen, aber es wird wieder durch die Erfahrung kontrolliert.

»Demnach doch nur Rationalismus.«

Auch Rationalismus, in beiderlei Sinn: nichts gegen den Verstand, nichts über den Verstand. Für sicher und wahr halte ich jene Erkenntnisse, die mit der Erfahrung und dem Verstand übereinstimmen. Aber diese beiden, Erfahrung und Verstand, sind nichts Fertiges; wir haben davon noch nicht soviel, um ihre Grenzen messen zu können. Unser Wissen befindet sich erst in den Anfängen ...

»... und darum kann auch unsere Erkenntnistheorie nicht für die Ewigkeit gelten.«

Betrachten Sie die Entwicklung des Erkennens: jede Stufe hat ihre eigene Noetik; unsere Erkenntnistheorie kann nur dem Entwicklungsstadium entsprechen, in dem sich unsere Erkenntnis der Welt befindet. Daß dieses Stadium nicht endgültig ist, das wissen wir bestimmt. Aber den Glauben an die Möglichkeit und den Wert des Erkennens, den unbeirrbaren und tätigen Glauben, hatten die starken Geister aller Zeiten.

Irrationalismus

Die noetische Entwicklung der Menschheit! Die älteste Theorie ist, daß die zuverlässigste und für das Leben wichtigste Erkenntnis – letzten Endes alle Erkenntnis überhaupt – dem Menschen durch Offenbarung zuteil wurde; die Sicherheit und Unwiderleglichkeit der Erkenntnis wird durch die höchste Autorität, die Gottheit selbst, verbürgt.

»Danach hat also auch der Negerzauberer seine Noetik, wenn er behauptet, aus seinem Munde rede ein Geist.«

Viel von Noetik mag er nicht haben, aber sein Erkenntnissystem hat er: er ist ein typischer Irrationalist. Die Offenbarung pflegt nur ein auserwählter Einzelner zu empfangen – Priester, Propheten –, und die anderen Menschen empfangen sie von ihnen passiv, blind, gehorsam. Der Glaube an übernatürliche Offenbarung ist bis heute lebendig und bleibt es weiter. Es wäre merkwürdig, wenn Gott sich dem Menschen nur in den biblischen Zeiten geoffenbart hätte. Auch heute finden sich Menschen, die sich als Organ der höchsten und übernatürlichen Offenbarung ansehen. Außerdem hält man manche besonderen Seelenzustände für Quasi-Offenbarung; überdurchschnittlich begabte Führerpersönlichkeiten pflegt man noch heute so aufzufassen, als wären sie Werkzeuge oder Dolmetscher einer höheren Intelligenz – nicht nur in der Religion, sondern auch in der Kunst, in der Politik und anderswo. Hierher können Sie auch den Glauben an die Inspiration zählen; hierher gehört die Mystik, die angebliche unmittelbare Verbindung mit der Gottheit; hierher gehört auch der moderne Okkultismus, der Glaube an Ahnungen und andere geheimnisvolle Erkenntnisse. Letzten Endes finden Sie den Glauben an die Offenbarung in gewissen Abwandlungen auch bei hervorragenden modernen Philosophen; was anderes sind James' außerordentliche Erfahrungen, was Bergsons Intuition, was der in unseren Tagen verkündete Irrationalismus? Und was ist der modernste Nationalismus, der »das gesunde Gefühl, den Instinkt« des Volkes als höchstes Gesetz verkündet?

Das ist es: wo den Menschen Verstand und Urteilskraft nicht genügen, müssen sie sich irgendeine Autorität suchen, die noetisch oft recht zweifelhaft ist; sie wollen, was immer es koste, Glauben und Sicherheit haben. Daher der blinde Glaube, der Aberglaube, der Kirchenglaube; daher – in der Politik – der mythische und mystische Glaube an kollektive Schlagworte. Die Masse, die Zeit will das und das, befiehlt das und das, basta. Bequem ist auch die Theorie der Diktatoren und Demagogen. Selbstverständlich muß man da zweierlei unterscheiden. Kollektive Begriffe wie Nation, Staat, Kirche, Klasse, Zeitgeist sind den meisten Menschen zu kompliziert oder besser unvorstellbar; man muß sie auf irgendwelche einfache Formeln bringen, die dann für den gültigen Ausdruck dieses Kollektivs gehalten werden. Man anthropomorphisiert im Grunde so primitiv, wie die Vorfahren den Himmel, die Natur anthropomorphisiert haben. Und die kollektive Mystik ist oft nichts anderes als maskierter Egoismus – etwa der Egoismus einer Gruppe, einer Partei, einer Klasse. Menschen, die im Namen einer Nation oder einer Zeit reden, schreiben sich selbst das einzig richtige Gefühl und Verständnis für die Nation, das Vaterland, die Zeit zu; die anderen, vor allem die kritischeren, haben, ihnen zufolge, dieses wahre Gefühl und Verständnis nicht, sind Reaktionäre, Verräter und dergleichen. Diese Art von Noetik in der Politik blüht bis heute, wie Sie wissen, und nicht nur bei uns.

Es wäre ungerecht, nicht daran zu erinnern, daß dem politischen Primitivismus in gewissem Sinne jene Philosophen und Psychologen die Waffen liefern, die das Gefühl und den Willen – auch die Triebe – gegen den Verstand und über ihn stellen, die Emotionalisten und Voluntaristen. Und doch können die Abc-Schützen in jeder Schulpsychologie nachlesen, daß es Gefühle und Willen ohne Vorstellungen und Urteile nicht gibt, daß demnach Gefühle und Wille an sich nicht bestehen und daß Gefühle je nach der Qualität verschieden sind. Auch der Verbrecher hat Gefühle, er ist von Gefühlen und vom Willen geleitet und getrieben. Gefühl und Wille sind kein Argument, wenn der Verstand fehlt. Wie und wodurch entscheiden wir, welches der widerstreitenden Gefühle, welche der sich widersprechenden Willensregungen richtiger und besser ist? Wieder kommt es auf Verstand und Kritik an.

Und nicht nur aus Gefühl und Willen pflegt man die überrationelle Autorität zu schaffen, sondern auch aus den Trieben; legt man ihnen ein Epitheton ornans bei: gesund, natürlich, unwiderstehlich, so ist die mächtigste Noetik und Ethik am Ende. Beachten Sie, was für Dummheiten manche Schriftsteller mit dem Geschlechtstrieb anstellen, manche Demagogen mit dem nationalen Instinkt, mit dem elementaren Abscheu vor irgend etwas. Eine sonderbare Psychologie und noch sonderbarere Noetik!

Richtig ist, daß der Mensch nicht nur ein Verstandeswesen, nicht nur mit Verstand begabt ist. Wie Pascal sagt, das Herz hat seine Gründe, raisons, die der Verstand nicht erkennt.

Ich brauche Ihnen nicht zu sagen, daß ich auf den Verstand auf keinem Gebiet verzichte; aber der Verstand ist nicht das ganze Seelenleben – außer ihm und mit ihm haben wir die Gefühle und den Willen. Die Gefühle, das Wollen, die Triebe drängen sich, wie man zu sagen pflegt, durch ihr elementares Wesen und ihre Unmittelbarkeit auf, während der Verstand nüchtern, indifferent und dergleichen zu sein scheint. Der Verstand ist kühl, die Gefühle sind warm, heiß, glühend, wie man bildlich sagt, und geben dem Leben seine Farbigkeit, verleihen Freude und Glück, allerdings auch Trauer und Unglück, Seligkeit, aber auch Unseligkeit.

Die Gefühle ragen mehr hervor als die Verstandestätigkeit, sind lebhafter und dringender. Darum sagt man: Ich habe gefühlsmäßig erkannt, ich habe das und das gefühlt. Psychologisch verhält es sich anders: mit dem Erkennen war das Gefühl verbunden – das Gefühl der Befriedigung, der Ablehnung, der Verwunderung oder ein anderes – und das ist im Bewußtsein und im Gedächtnis stärker haften geblieben als der verstandesmäßige Vorgang. Die sogenannte Gefühlserkenntnis pflegt einfach eine Verstandeserkenntnis zu sein, die aber von einem starken Gefühl begleitet ist. Es ist ja eine empfangende und verstandesmäßige Tätigkeit, die den Gefühlen, dem Willen und so weiter den vorstellbaren Inhalt gibt. Der Mensch will etwas, zielt mit dem Gefühl auf etwas hin. Das Etwas ist nicht durch das Gefühl oder das Wollen geschaffen, es ist durch Beobachtung, Vorstellung, Erfahrung, Verstand gegeben; das Etwas kann richtig oder unrichtig sein, möglich oder unmöglich – das zu entscheiden, ist Sache des Verstandes und nur des Verstandes.

Was aber die Offenbarung betrifft, so verbinden uns das reine Herz und der gerade Geist mit der Wirklichkeit. Die übernatürliche Offenbarung erkenne ich nicht an.

Rationalismus

Die noetische Mystik mit Rationalismus verbunden, und zwar mit radikalem Rationalismus, hat Plato und nach ihm andere. Nach Plato erkennen nicht die Sinne, nur der Verstand erkennt; nicht Erfahrung, sondern allgemeine Begriffe sind wahres Erkennen. Aber, fragt Plato, woher kommen die allgemeinen Begriffe in uns sinnliche Geschöpfe? Plato war ein schwacher Psychologe und hat daher nur die Antwort: Die abstrakten Begriffe, das abstrakte Erkennen ist nur ein Erinnern, eine Anamnese an Ideen, die die Seele in ihrem vorkörperlichen Leben im Reich der ewigen Ideen, d. i. in der metaphysischen Wirklichkeit geschaut hat. Die materiellen konkreten Dinge erinnern uns nur an die ewigen Ideen, die unsere Seele geschaut hat, bevor wir als Menschen geboren wurden. An Plato läßt sich gut feststellen, wovon wir schon gesprochen haben: zunächst die Priorität des abstrakten Denkens, ferner die Anfänge des Kritizismus – er stutzt vor der Unzuverlässigkeit der Sinne –, dann der Mystizismus – er anthropomorphisiert die Begriffe zu einem höheren Wesen, zu Ideen –, schließlich auch die Wendung zum Subjekt – er fragt, woher in uns die Begriffe kommen. Plato ist wahrhaftig der Vater der Philosophie; darum hat er die Philosophen so stark beeinflußt und beeinflußt sie noch. Nach ihm faßte der Neuplatoniker Plotin die Ideen zusammen und verkörperte sie im ewigen Nus, dem Weltverstand, dessen »Emanation« unser Geist sei; unser Geist sei erleuchtet vom Nus und erfüllt von Erkenntnis. Der heilige Augustin übernahm Plotin, aber unter Nus verstand er Gott; die Ideen Platos werden zu Gedanken Gottes, unsere Erkenntnis ist Erleuchtung durch Gott. Es ist eine interessante Verbindung von Rationalismus und noetischer Offenbarung.

Aristoteles, der Schüler Platos, war wissenschaftlich kritischer und bemühte sich auch um eine stärker empirisch gerichtete Psychologie. Er versetzte die Ideen Platos aus dem übermateriellen Bereich der Ideen auf die Erde und in konkrete Dinge; die Ideen sind das Wesen oder der Kern der Dinge. Die Erkenntnis strömt für ihn aus der Empirie, aus der Erfassung des Tatsächlichen, aber der durch die Sinne angeregte Verstand forscht nach dem Wesen der Einzelheiten. Man sieht, wie Aristoteles' und Platos Mythos miteinander ringen; ihre halbmythische Philosophie und Noetik wurde von der mittelalterlichen Kirche übernommen; Thomas von Aquino ist Aristoteles-Schüler, Augustin Platoniker.

Die neue Philosophie – Descartes, Herbert of Cherbury, Leibniz und andere – fand die Grundlage, die unsere Erkenntnis verbürgt, in den angeborenen Ideen. Unsere grundlegenden Erkenntnisse von Gott, Sittlichkeit und Ähnlichem stammen nicht aus unserer Sinneserfahrung noch aus Verstandestätigkeit, sondern sind uns angeboren, und das verleiht ihnen eine höhere und unzweifelhafte Gültigkeit. Allein, warum sollten angeborene Ideen diese absolute Gültigkeit haben, woher haben sie sie empfangen? Und wodurch, nach welchem Kriterium unterscheiden wir sie von nichtangeborenen? Locke hat gefunden, daß es solche angeborenen Ideen nicht gibt. Letzten Endes: was sind angeborene Ideen anderes als Ideen, die von Gott in uns hineingelegt sind? Das ist nur eine abgeschwächte Theorie der Offenbarung; der Rationalismus rettet sich in Überverstand, in Suprarationalismus.

Nach Descartes, Locke, Leibniz, nach dem Skeptiker Hume kommt der Rationalist Kant mit der Lehre von den apriorischen Erkenntnissen, die nicht aus der Erfahrung, sondern aus der reinen Vernunft stammen. Sie wissen, wie Kant ein ganzes System solcher Erkenntnisse der reinen Vernunft konstruiert hat: apriorische Erkenntnisformen – Zeit und Raum, die Kategorien oder die allgemeinsten Begriffe wie den Begriff der Quantität und der Kausalität, dann apriorische Ideen – Seele, Welt, Gott und für die Ethik den kategorischen Imperativ. Die apriorische Erkenntnis stelle man danach fest, daß sie notwendig und allgemein sei, während die Erfahrung, der Sinn und das gemeine, »diskursive«, nicht »intuitive« Denken nur zufällige und vereinzelte Erkenntnisse geben. Die apriorischen Begriffe seien nicht angeboren, sondern »Leistungen« des reinen Denkens; sie stammen nicht aus unserer Organisation, es seien Erkenntnisse, von der reinen Vernunft erzeugt, ohne von der Erfahrung befruchtet zu sein, also gleichsam aus der unbefleckten Empfängnis der bloßen, ausschließlichen, reinen Vernunft hervorgegangen – wieder Offenbarung, nur blinde.

Kants Apriorismus kann ich nicht annehmen. Allein schon, daß Kant Verstand von Vernunft unterscheidet und die Vernunft höher stellt als den Verstand! Dazu hat ihn die deutsche Sprache verführt. Andere, die nur einen Verstand haben, würden zu solchem noetischen Dualismus nicht gelangen.

Der große Mangel Kants ist, daß er ein sicheres Kriterium der apriorischen Erkenntnisse nicht gegeben hat; sie sollen notwendig und allgemein sein; das ist ein sehr unzuverlässiges und unsicheres Kriterium, denn auch aus der Erfahrung schöpfen wir viel allgemeine Urteile, und die Notwendigkeit ist ebenso unzuverlässig. Wenn ich grundlegende arithmetische und geometrische Erkenntnisse habe, so ersehe ich die Richtigkeit und Notwendigkeit eines jeden mathematischen Satzes aus den Begriffen selbst; daher war die Mathematik von Pythagoras und Plato bis Kant und nach ihm das Muster sicherer Erkenntnis und der Maßstab der Zuverlässigkeit anderer Wissenschaften. Auch Kant hielt sich an das mathematische Beispiel und – eigentlich – Vorurteil; nach diesem Muster wollte er durch seinen Apriorismus außer der Mathematik auch die Naturwissenschaften und die Metaphysik sichern. Das ist ein Fehler. Es ist ja klar, daß mathematische Erkenntnisse ganz verschieden sind von naturwissenschaftlichen und metaphysischen. Die Sicherheit der Naturwissenschaften ist anders, mehr auf Erfahrung gestützt als die mathematische Sicherheit.

Aber Kants Noetik hat noch einen anderen verhängnisvollen Mangel. Sie unterscheidet zwischen dem Ding an sich und der »Erscheinungswelt«. Woher dieser Unterschied? Er kann höchstens den Sinn haben, daß der Mensch den wahren Kern, das wahre und innere Wesen der Dinge nicht erkennt, daß er die Dinge nur teilweise und annähernd erkennt. Das hat einen Sinn und wird seit Beginn eines genaueren Denkens anerkannt. Aber Kant macht aus dem Gegensatz zwischen dem, was uns erscheint, und dem, was wirklich ist, einen schroffen Dualismus: die Kategorien und apriorischen Erkenntnisse überhaupt, namentlich die Kategorie der Kausalität, gelten ihm nur für die Erscheinungen, nicht für die Dinge an sich. Woher weiß Kant also, daß es irgendwelche Dinge an sich gibt, wenn das Kausalgesetz für sie nicht gilt, sondern nur für die Erscheinungen? Das Ding an sich kann doch auf das Subjekt nicht einwirken, wenn das Kausalitätsgesetz nur für die Erscheinungen gilt.

Es gäbe noch andere Einwände genug gegen Kants Apriorismus; darunter auch den, daß von Kant als apriorisch ausgegebene Erkenntnisse sich ganz gut durch die Erfahrung erklären lassen, zum Beispiel die Anschauungsformen von Raum und Zeit, ebenso die Kategorien und Ideen wie die Idee Gottes und so weiter.

Kant ist der typische Repräsentant einer Übergangszeit, des Übergangs von der mythologischen Offenbarung zum kritischen, wissenschaftlichen Empirismus. Er saß auf zwei Sesseln, dem theologischen und dem philosophischen, und gerade durch diese Halbheit erlangte er seinen Einfluß. Dem extremen und unsinnlichen Subjektivismus – Solipsismus – entging er durch seinen metaphysischen Trick des Dings an sich. Die Nachfolger Kants und die deutsche Philosophie überhaupt verfiel dem extremen Subjektivismus. Fichte überwand die »Halbheit« Kants durch den »absoluten Idealismus«, das ist Solipsismus, Schelling kehrte direkt und ausdrücklich zum Mythos zurück, Schopenhauer schuf aus der Welt ein Werk unseres Willens und unserer Vorstellung. Dem »absoluten« Idealismus stellte Hegel seinen »objektiven« Idealismus entgegen – wieder ein anderes Spiel mit Worten; das absolute Subjekt wird in »objektiven Geist« umgetauft – der Teufel in Beelzebub.

Der ganze Apriorismus Kants ist Phantasie, Mythos; der Dualismus zwischen reiner und unreiner Vernunft ist der alte Dualismus zwischen dem Verstand und den Sinnen, der auf einer unrichtigen psychologischen Analyse des Erkenntnisprozesses beruht. Dieser Gegensatz zwischen dem Verstand und den Sinnen zieht sich von den Griechen über das Mittelalter bis in die neueste Zeit. Es gibt den Verstand, und es gibt die Sinne, aber sie sind kein Gegensatz. Warum sollte die reine Vernunft bessere und sicherere Erkenntnisse liefern als der unreine Verstand, der mit den Sinnen verbunden ist und unsere Erfahrung verarbeitet.

Noetische Skepsis

Allen Theorien von den nichtempirischen, überempirischen und daher angeblich sicheren Erkenntnissen stellte Hume seine Skepsis entgegen; durch sie wies er das menschliche Denken radikal in die Schranken der unsicheren Erfahrung. Es ist eine gesunde Skepsis, aber doch nur Skepsis; und darin liegt das Verdienst Kants, daß er der Skepsis den Kritizismus entgegenstellte. Nicht Skepsis, sondern Kritik; nicht zweifeln, sondern genau, geduldig, kritisch feststellen!

Hume konzentrierte seine Skepsis auf das Problem der Ursächlichkeit; der Begriff der Ursächlichkeit ist für ihn empirisch. Überhaupt entstammen alle unsere Erkenntnisse – die mathematischen ausgenommen – der Erfahrung; sie sind daher ungenau und unverbürgt; die metaphysischen und theologischen Anschauungen von Gott und Ähnlichem sind leer, weil sie die Erfahrung überschreiten. Der Kausalitätsbegriff ist nicht verstandesmäßig, sondern nur eine festgesetzte Gewohnheit; der Mensch sieht am Morgen die Sonne aufgehen, gewöhnt sich daran und erwartet daher ihren Aufgang auch am andern Tag. Hume behauptet, daß der Begriff von Ursache und Wirkung verstandesmäßig nicht begründet sei, daß er seinen Ursprung nur in der Vorstellungsassoziation habe, also in der Gewohnheit, daß nach A B komme. So ist für Hume die ganze Naturwissenschaft auf dem blinden Begriff der Ursächlichkeit gegründet und nicht logisch gerechtfertigt, beruht nur auf der Gewohnheit, auf dem psychologischen, nicht logischen Verbinden von Ursache und Wirkungen. Sichere Erkenntnis biete einzig die Mathematik.

Der Skepsis Humes, die alles Erkennen mit Ausnahme des mathematischen als unsicher ablehnt, die nicht nur die Metaphysik – von Theologie gar nicht zu reden – sondern auch das empirische, naturwissenschaftliche Erkennen verwarf, dieser Skepsis stellte Kant sein System der apriorischen Erkenntnisse entgegen. Durch den Apriorismus trachtete er die Sicherheit des naturwissenschaftlichen, aber auch des metaphysischen, religiösen und ethischen Erkennens zu beglaubigen. Er folgte Hume in der Anschauung, daß das empirische Erkennen unzuverlässig sei; so kam er darauf, daß die Grundlagen des Erkennens, die grundlegenden Erkenntnisse überempirisch, apriorisch seien, daß Ursächlichkeit, Zeit, Raum und was sonst noch apriorisch sei – um durch die apriorischen Erkenntnisse das empirische Erkennen zu stützen! Ein vergebliches Beginnen! Der Apriorismus ist verfehlt, ist eine Phantasie, die sich an ihrem Urheber gerächt hat. Kant sagt selbst, daß er »das Wissen zerstören mußte, um dem Glauben Platz zu schaffen.« In ähnlicher Weise gelangte Comte, indem er den Positivismus Humes weiter ausführte, am Ende – zum Fetischismus. Das pflegt das Schicksal der Skepsis zu sein; daß sie zuletzt sich selbst zu entrinnen versucht durch einen Sprung in Phantastische.

»Die Skepsis ist in der Theorie möglich. Ist aber konsequente Skepsis in der Praxis möglich?«

Schwerlich, soweit wir nicht nur Zuschauer und Beobachter des Lebens sind. Der Skeptiker handelt in der Praxis einfach ebenso wie ein Nichtskeptiker. Es gibt kein skeptisches Handeln, sondern nur ein skeptisches Denken. Und was die noetische Skepsis betrifft, so ist die Tatsache, daß unsere naturwissenschaftlichen und philosophischen Kenntnisse nur mehr oder minder wahrscheinlich sind, kein Grund zur Skepsis. Selbstverständlich ist die Empirie, die sinnliche Erfahrung ungenau und unverläßlich; sie ist aber durch den Verstand, sogar durch den exakten mathematischen Verstand kontrolliert und mitgeformt, wie man in der modernen Naturwissenschaft sieht, die immer mehr zur angewandten Mathematik wird.

Wichtig ist, daß Hume bei seiner Skepsis die sittliche Verbindlichkeit anerkannte, weil ihre Grundlage, Sympathie und Humanität, durch sich selbst sanktioniert wird; den Nächsten lieben und ihm deshalb nach Möglichkeit helfen, das bedarf keines Richtigkeitsbeweises. Das ist richtig und um so wichtiger, als die Lehre von einem Skeptiker stammt. Mein erster akademischer Vortrag in Prag behandelte Humes Skepsis; ich habe gleich damals mein antiskeptisches Programm dargelegt. Aber für meine Person kann ich sagen: mir war Hume besonders wichtig, denn er korrigierte den Platoniker in mir; dasselbe möchte ich vom Materialismus des Marx sagen.

Schlußfolgerung: Konkretismus

»Dadurch kennzeichnen Sie schon Ihre eigene Anschauung.«

Ja. Der Konkretismus ist, mit einem Wort, gegen die Skepsis gerichtet; er erkennt nicht nur den Verstand, sondern auch die Sinne, die Gefühle und den Willen an, überhaupt die ganze Erfahrung unseres Bewußtseins; indem er an der Erfahrung festhält, lehnt er die nichtempirischen, antiempirischen, überempirischen Theorien ab.

»Also in gewissem Maße: James' radikaler Empirismus.«

Aber ohne seine Ausnahmeerfahrungen. Wissenschaftliches Denken behilft sich ohne sie, es sei denn, daß es sie kritisch prüft. Der Konkretismus ist vor allem kritisch; die Erfahrung kontrolliert den Verstand.

Der Konkretismus stellt Sinne und Verstand, stellt Verstand und die übrige seelische Tätigkeit nicht gegeneinander, sondern nimmt den Menschen in seiner Ganzheit; er erkennt das Wesen und den Wert aller seelischen Begabung und Tätigkeit an, und trachtet die Regeln für ein volles und harmonisches Leben zu finden.

Der Konkretismus erkennt die Natur, die Gesellschaft und in der ganzen Welt Individualitäten an und trachtet sie zu erkennen; er ist sich wohl bewußt, daß er zum Erkennen der Einzelheiten durch abstrakte Erkenntnisse gelangt.

Für die wissenschaftliche Auslegung verfügt der Konkretismus über eine Hauptregel: die Dinge erfassen und sie aus sich selbst erklären, nicht aber durch die analogisierende Methode des Mythos. Den Mythos ersetzt er nach Möglichkeit durch kritisches, wissenschaftliches Erkennen. Er strebt nach Klarheit und Genauigkeit, er weiß, was er weiß und was er nicht weiß.

Neben mathematischen Erkenntnissen erkennt er auch naturwissenschaftliche, psychologische, geschichtliche und überhaupt alle wissenschaftlichen Erkenntnisse an. Die Wissenschaften sind die Erfahrung und der Verstand vieler Einzelner und aller Zeiten. Ich beglaubige meine Erfahrungen und meine Verstandesarbeit durch den Verstand und die Erfahrungen anderer – die anderen Menschen haben auch Verstand und Erfahrung. Immer sich bewußt sein, was wir wissen und was wir nicht wissen! Kritik muß auch Selbstkritik sein. Will man dem eigenen Erkennen die Sicherheit verbürgen, so gibt es nur einen einzigen Weg: wissenschaftliche Ehrlichkeit, Geduld, Klarheit; und dann seine Erkenntnisse zur Kritik und Vervollkommnung den weiteren Generationen übergeben. In all dem findet der Konkretismus eine genügende Gewähr des Erkennens.

Klares Denken tut weh, der Verlust des Mythos schmerzt; oft ist es schmerzlich, neue Dinge zu erkennen. Es gibt auch eine noetische Xenophobie; ich leite das Wort nicht nur von Xenos, der Fremde, sondern von to Xenon, das Fremde und Unbekannte ab; auch im Denken ist der Mensch ein Gewohnheitswesen. Die wahre Weisheit, das wahre Erkennen ist ewig neu: »Herrlich wie am ersten Tag«, möchte ich mit Goethe sagen. – Sind Sie zufrieden?

»Ja. Ich setze voraus, daß Ihr noetischer Konkretismus seine Ergänzung in Ihrer ›konkreten Logik‹ hat.«

Richtig. Die Noetik untersucht das Wesen und die Regeln des Erkennens, die konkrete Logik, das Erkennen in concreto, die Wissenschaft, das System der Wissenschaften. Ich arbeite jetzt an der zweiten Ausgabe meiner »Konkreten Logik«. Wie haben sich seit der ersten Ausgabe – in den fünfzig Jahren – alle Wissenschaften maßlos ausgedehnt und spezialisiert! Ich muß mich in ihnen neu orientieren, das gibt viel Arbeit und dankbare Arbeit, nur müßte man mehr Muße haben!

»Noch eine Frage. Sie nennen Ihre Philosophie Konkretismus, aber man hat Sie einen Positivisten oder Realisten genannt.«

Positivist – nein. Aber Realist – wohl, in der Philosophie und in der Politik. Man hat mir einst sogar Mystizismus vorgeworfen, als ich unseren Liberalen darlegte, daß die Religion nichts Abgetanes sei. Ich konnte und kann die Religion nicht einfach aus unserer Kultur streichen, besonders nicht aus unserer nationalen Kultur. Ich glaube, daß mein Konkretismus national genug ist, aber ich sehe ein volles geistiges Leben und Trachten nicht nur im Verstand, sondern auch im Gefühl und im Willen. Es handelt sich darum, das ganze, volle geistige Leben des Menschen und der Nation zu harmonisieren. Unser Volk hat stark im Religiösen gelebt. Bedenken Sie: der heilige Wenzel, Hus, Chelčický, Komenský! Aber ebenso stark hat es nach Bildung gestrebt, Komenský zeigte uns den Weg, wie wir die Übereinstimmung alles geistigen Lebens suchen und finden sollen, wie wir, mit ihm gesprochen, die »Tiefe der Sicherheit« finden. Um diese Übereinstimmung auf dem Gebiete des Erkennens bemüht sich auch der Konkretismus. Das ist alles.

Metaphysik

Erkenntnis und Welt

»Und jetzt, bitte, einen kleinen Schritt von der Noetik zur Metaphysik. Entspricht unserer subjektiven Erfahrung, unserer Erkenntnis irgendeine objektive Wirklichkeit?«

Metaphysik! Ich liebe das Wort nicht, offenbar weil ich ein so unnachgiebiger Empiriker und Praktiker bin. In der Metaphysik suchen die Menschen Gott weiß was für tiefe und geheimnisvolle Kenntnisse, und indessen ist gerade die Metaphysik, wenigstens, wie sie bisher gepflegt wurde, ihrem Inhalt nach arm, sehr arm; es ist nur ein kleines Konkurrenzunternehmen, das sich die Philosophie gegen die Theologie errichtet hat.

Mit Recht sind Sie sofort mit der Tür ins Haus gefallen; wir halten immer wieder bei dem Problem: Subjekt – Objekt. Noetik und Metaphysik gehören zusammen; die Erkenntnis erfordert etwas, was erkannt wird; eines ist ohne das andere nicht möglich.

Ich kann nun, da wir die Noetik durchgenommen haben, sagen: Der Konkretismus ist objektivistisch. Ich bin gegen den Subjektivismus; der extreme Subjektivismus, der Solipsismus, der die Welt nur als unsere Vorstellung und als Ausgeburt unseres Bewußtseins ansieht, ist unsinnig. Denken Sie, wie die Welt aussehen würde, wenn sie unsere Vorstellung, wenn sie nach unserem Verstand und Willen geschaffen wäre!

Metaphysischer Dualismus? – Nein. In abstracto, aber nur in abstracto, ad usum des logischen Delphins können wir von Subjekt und Objekt sprechen; in Wirklichkeit bin ich nicht allein, bin ich ich, du, wir, gibt es unzählige Subjekte und unzählige Objekte. Auch ich bin Objekt – mir selbst und den anderen.

»Also ist Ihr Konkretismus seiner Art nach ein Pluralismus.«

Ja. Der Konkretismus ist pluralistisch. Er faßt die objektive Welt auf, das erkennende Subjekt mit eingeschlossen. Er faßt also die materielle und geistige Welt als objektive Wirklichkeit auf – und beiderlei Welt in der ganzen konkreten Vielheit aller Individualitäten. An der materiellen Welt zweifeln die Menschen tatsächlich nicht ...

»Ich sage mir soeben: Wenn drüben die Weiblein mit der Vorstellung eines Rechens den vorgeblichen Sand auf den Wegen rechen sollten, die nur in meiner Vorstellung sind – sie würden es wohl bleiben lassen.«

Ich weiß nicht, ob ein radikaler Subjektivist dieses Ihr Argument anerkennen würde. Aber wahr ist, daß selbst der eingefleischteste Subjektivist seinen Subjektivismus vergißt, sobald er sich zum Mittagessen niedersetzt. Wir nehmen die äußere, objektive Welt als die vernünftigste Hypothese an, durch die sich sowohl die Welt als auch das Subjekt selbst am leichtesten erklären läßt. Wir nehmen sie selbstverständlich kritisch an.

Es gibt einen Unterschied zwischen dem naiven Objektivismus – man nennt ihn auch Realismus – dem Realismus des gewöhnlichen, unphilosophischen Menschen, und dem kritischen Realismus. Der einfache Mensch ist felsenfest von der Existenz dessen überzeugt, was er sieht, hört und so weiter. Sobald er nachzudenken beginnt, erkennt er, daß die Welt nicht ganz so ist, wie er sie sich vorgestellt hat. Er sagt sich: Haben denn Plato und nach ihm alle bis Berkeley, Kant und nach Kant alle die philosophischen Subjektivisten nur geschwärmt? Ist nicht ein Stück Wahrheit in ihnen? Die objektivistische Felsenfestigkeit weicht der Kritik, und der Philosoph sagt sich dann, daß es außer den verschiedenen Hypothesen von mehr oder minder radikalem Subjektivismus auch eine Hypothese des kritischen Realismus gibt.

Ich sagte – Pluralismus. Der Pluralismus nimmt die materielle Welt an, wenn sie auch nicht ganz so ist, wie sie uns erscheint; er nimmt auch die geistige Welt, die innere Welt des persönlichen Bewußtseins Unzähliger an, die Welt der Seele, er nimmt Gott an. Ich bin kein Materialist, kein Monist, kein Pantheist noch ein Panentheist, kein Dualist. Ich bin Pluralist, das All ist mir ein harmonisches System. So schütte ich meine ganze Metaphysik auf einmal vor Ihnen aus.

Sub specie aeterni

»Also Theist; wie nehmen Sie den Theismus an? Durch Gefühl, Verstand, Glauben?«

Durch Verstand; welche Rolle dabei der Glaube spielt, das gehört schon zu den Problemen der Religion. Ich nehme den Theismus durch Erfahrung und Verstand an. Die Gründe und Beweise des Theismus liefert mir der Verstand.

»Welche Beweise?«

Vor allem den theologischen Beweis. Die Zweckmäßigkeit der Welt, des Lebens, des historischen Geschehens, unserer Erkenntnis und unseres sittlichen Strebens bringt mich zur Anerkennung des Schöpfers und Lenkers des Alls, eines persönlichen, geistigen und unendlich vollkommenen Wesens. Gott selbst ist Verstand, ist Nus, Logos. Das haben schon die Griechen begriffen, als sie sich vom mythischen Polytheismus und Fetischismus befreiten; der Verstand ist, sagte schon Anaxagoras, der Ordner des Kosmos, und deswegen preist ihn Aristoteles, er sei »wie ein Nüchterner unter Trunkene gekommen«.

»Und wodurch würden Sie die Zweckmäßigkeit beweisen?«

Durch Erfahrung und Verstand. Es ist richtig, daß die Mehrzahl der Menschen an die Zweckmäßigkeit nur halb und ziemlich unbewußt glaubt. Wie könnte der Mensch, der absolut und bis in alle Konsequenzen die Ordnung in der Welt und die Zweckmäßigkeit aller Dinge, auch des eigenen Lebens, bestreiten würde, solchen Gedanken leben? Selbst der Verstand stellt doch eine vernünftige Ordnung in allem fest, was er erkennt, und konstruiert sie sogar in gewissem Maße; der Verstand geht schon seiner Natur nach auf Ordnung und Zweckmäßigkeit aus, stellt selbst Zwecke auf; von Zufall und Ziellosigkeit der Welt zu sprechen, ist gegen den Verstand, der Verstand ist selbst ein Organ der Ordnung und Teleologie. Die zweckmäßige Weltordnung ist durch den Verstand gegeben, unsere Erkenntnis selbst teleologisch.

»Und wie erklären Sie sich, woher, warum und wozu all das Böse ist? Der Schmerz und das Unglück, die Kriege und die Katastrophen?«

Ich werde es nicht erklären. Ich kann es nicht erklären. Aber weder der Monismus noch der Pantheismus, weder der Dualismus noch der Materialismus noch eine andere Doktrin können es besser erklären; ich halte am Theismus fest, weil er von allen möglichen Hypothesen vom Wesen und Ursprung der Welt die einfachste ist. Sagen Sie mir, warum das Schlechte, Schmerzliche, Unsinnige, das uns das Leben bietet, mehr bedeuten soll als das Gesunde, Glückliche und Gute? Gutes gibt es in der Weltordnung mehr; aber der Mensch empfindet das Böse stärker. Ehrlich erklären, wozu die Unvollkommenheit und das Leiden dient, kann ich nicht; aber ich sehe, daß der Mensch und die Menschheit die Unvollkommenheiten bekämpfen können und sollen. Ohne Überwindung der Hindernisse, ohne dringende und mitunter selbst schmerzliche Gründe zum Handeln wäre das Leben kein volles Leben. Ich glaube, daß die Philosophie nicht den Pessimismus zu widerlegen und Gott zu rechtfertigen braucht. Gott braucht keinen Rechtsanwalt. Und den Pessimismus widerlegen? Krankheit, Elend, Verbrechen können nicht durch Worte widerlegt werden. Glauben Sie nicht, daß ich mir die Unstimmigkeiten und die physische und geistige Not nicht zugeben will. Unlängst hörte ich die Nachtigall singen, wundervoll. Man sagte mir, in diesem Jahr sängen die Nachtigallen weil es Mücken genug gibt, die sie fressen können. Mein Gehirn durchzuckte der Gedanke: Die Nachtigallen singen dem Herrn ihren Dank für die Mücken? Ist aber auch das Summen der Mücken ein Lobgesang dafür, daß sie von den Nachtigallen im Flug geschluckt werden? Die Teleologie ist eine harte Nuß; immerhin ist sie annehmbarer als die Theorie der Ziellosigkeit, des Zufalls und des Chaos.

Ein anderes Argument des Theismus ist der sogenannte kosmologische Beweis: ohne erste Ursache, ohne ersten Schöpfer und Beweger können wir Ursprung, Bewegung und Entwicklung des Alls nicht begreifen. Vom kausalen Gesichtspunkt aus müssen wir irgendeinen Anfang der Kette von Ursachen annehmen; ich glaube, es genügt uns nicht, in infinitum sekundäre Ursachen anzunehmen. Das positivistische Ignorabimus, die Lehre von der Unerkennbarkeit der ersten Ursachen, den Agnostizismus halte ich überhaupt nicht für eine Erklärung der Welt und des Lebens.

»Es ist schon psychologisch sonderbar, sich die Fragen nach den ersten Ursachen zu versagen. Das ist wie das Märchen von den neun Kemenaten. In alle Kemenaten darf man eintreten, nur in die zehnte nicht. Muß man da nicht denken, daß in den neun Kemenaten nichts los sei und nur der Eintritt in die zehnte sich lohne?«

So ungefähr; und auch die zehnte enthält nicht mehr als die anderen neun, vielleicht gar nichts. Hume und Comte haben gefehlt, als sie das Suchen nach den Ursachen a limine ablehnten. Comte hat es geradezu polizeilich verboten. Es ist dann mit ihm auch entsprechend ausgegangen. Er aß von dem verbotenen Brot das größte Stück und versank bis an die Ohren in den Mythos.

Ich glaube, daß die modernen Naturwissenschaften durch ihre Lehre von der Entropie die Forderung des Aristoteles nach der ersten Ursache bestätigen: endet die Welt – der mechanischen Wärmetheorie zufolge – mit dem gleichen Wärmegrad in allen ihren Teilen, also mit dem Wärmetod, so besteht die Welt nicht seit Ewigkeit, sondern hat in der Zeit begonnen und findet in der Zeit auch ihr Ende. Ich weiß, daß dieser Grund von manchen Physikern nicht angenommen wird.

»Beweisen Sie die Existenz Gottes nur durch diese zwei Argumente?«

Ja. Genauer gesagt, die Hypothese von der Existenz Gottes. Für die Wissenschaft ist der Theismus eine Hypothese, die nach den Forderungen der Logik einfacher und daher begründeter ist als andere Hypothesen, etwa der Materialismus und dergleichen. Ich gehe weiter: als Theist, als Pluralist nehme ich auch die Existenz der Seele und ihre Unsterblichkeit an, aber ich kann für sie keine verstandesmäßigen Beweise, die jeden zum Verstummen bringen würden, anführen. Es gibt doch Gelehrte, die den Materialismus, Pantheismus, Monismus und so weiter verteidigen – ich halte mich nicht für unfehlbar und alles besser wissend. Ich glaube, daß die Hypothese von der unsterblichen Seele nicht in Widerspruch steht zur Biologie und Psychologie, zur Wissenschaft. Einstmals, in der Jugend, hat es mich aufgeregt, keine absolut zwingenden Beweise erbringen zu können. Heute sage ich mir: müssen wir denn, können wir denn alles wissen und notariell schwarz auf weiß haben? Was wäre das für eine Welt, wenn sie ohne Geheimnis wäre! Während ich Lehrer war und Philosophie lehrte, kamen die Jungen zu mir und fragten dies und das; sie konnten es nicht begreifen, wenn ich ihnen sagte: Ich weiß nicht. Sie staunten, was das für ein Philosoph sei, der nicht auf alles antworten konnte.

»Aber wenn Sie die Unsterblichkeit der Seele auch nicht beweisen können, so müssen Sie doch wenigstens Beweggründe haben, warum Sie sie mit Sicherheit annehmen.«

Das wohl. Ich kann mir nicht vorstellen, daß etwas so Schönes und Zartes wie das Denken, das Erkennen, die Frömmigkeit, das sittliche Streben, die Empfänglichkeit für Schönheit, die ganze Kultur, daß dies verlorengehen könnte, daß dies nutzlos sein sollte. Die Physiker sagen, die Energie könne nicht verlorengehen; und was ist die Energie in uns? Die Seele bewegt den Stoff, der Verstand gibt dem Stoff die Form, bestimmt den Zweck und erkennt diese ganze Welt: kann denn der Stoff Dauer haben – und die Seele nicht? Das wäre merkwürdig.

»Und dann: das Leben selbst zeugt gegen den Tod. Es ist wahr, daß alles Lebende stirbt; aber alles Lebende hat den grenzenlosen Willen zu dauern, sich zu überdauern, die Identität dauernd zu bewahren. Die Pflanze lebt in ihrer Nachkommenschaft wieder auf, gibt alles weiter und büßt nichts von ihren Eigenschaften ein. Nur die Seele sollte sich nicht forterben, nur die Seele sollte keine Fortsetzung haben? Das wäre unnatürlich.«

Man könnte sagen, daß wir uns in unseren Taten überleben. Aber wie vielen Menschen glückt es, den Nächsten ein wirkliches Werk zu hinterlassen? Die einen sterben jung, den andern ist keine Möglichkeit gegeben, ihre Begabung zu gebrauchen. Ich kann mir nicht denken, daß das potentielle Werk in ihnen so einfach verlorengehen könnte. Es wäre ungerecht.

»Wir können die Unsterblichkeit der Seele nicht beweisen; aber andererseits können wir uns das Nichtsein und das Nichtleben tatsächlich nicht vorstellen. Wir können uns das Aufhören des Lebens nur negativ vorstellen: daß wir nicht sehen, nicht hören, nicht wissen. Unser Begriff vom Tode ist so leer wie der Begriff vom Nichtbaum oder Nichtgras. Vielleicht fürchten wir den Tod wegen dieser Leere wie ein schwarzes Loch.«

Es kommt darauf an: ich fürchte ihn nicht, viele Menschen fürchten ihn nicht. Die Primitiven kennen die Todesfurcht nicht, das Mittelalter fürchtete den Tod nicht – erst der moderne Mensch fürchtet ihn. Vor allem fürchtet er mehr als die Menschen früher den Schmerz ...

»... wie der sterbende Wolker Jiří Wolker, jung gestorbener tschechischer Dichter. (Anm. d. Übers.) schrieb: ›Ich fürchte nicht den Tod, der Tod ist nicht böse, er ist nur ein Stück schweren Lebens. Ich fürchte das Sterben.‹«

Mancher moderne Mensch fürchtet den Tod, weil er zu genußsüchtig ist. Das Leben ist ihm nicht ein großes Drama, er will nur essen und genießen, ist ungläubig, hat nicht Vertrauen und Ergebenheit genug. Die moderne Selbstmordsucht und die Todesangst hängen beide zusammen, wie Angst und Flucht zusammenhängen. Aber das wäre ein Problem für sich. Wenn ich an die Unsterblichkeit denke, so denke ich nicht so sehr an den Tod und was nach ihm sein wird, als vielmehr an das Leben und seinen Inhalt. Für mich entspringt die Unsterblichkeit aus dem Reichtum und dem Wert des Menschenlebens, der Menschenseele. Der Mensch ist sich selbst, der Mensch dem Menschen wertvoller als geistiges Wesen. Und die Unsterblichkeit der Seele entspringt auch aus der Anerkennung Gottes, aus dem Glauben an die Weltordnung und die Gerechtigkeit. Es gäbe keine Gerechtigkeit, es gäbe keine vollkommene Gleichheit ohne die Ewigkeit der Seele. Und schließlich – die Unsterblichkeit erleben wir schon jetzt, in diesem Leben. Wir haben keine Erfahrung vom Leben nach dem Tode, aber wir haben schon jetzt, können schon jetzt die Erfahrung haben, daß wir nur sub specie aeterni ein wahres und volles menschliches Leben leben. Diese Erfahrung hängt letzten Endes von uns ab, davon, wie wir leben, wovon wir erfüllt sind und was wir aus unserem Leben hier zu schaffen bestrebt sind. Nur als Seele unter ewigen Seelen leben wir das Leben voll und in Wahrheit. Die Existenz der Seele ist die wahre Grundlage der Demokratie: das Ewige kann dem Ewigen nicht gleichgültig sein, der Unsterbliche ist dem Unsterblichen gleich. Davon empfängt die Liebe zum Nächsten ihren besonderen – man pflegt zu sagen, metaphysischen – Sinn.

Seele und Welt

Es ist wahr, ich kann nicht sagen, was und wie die Seele ist. Die seelische Tätigkeit schreibe ich der Seele und teilweise auch dem Körper, dem Gehirn, den Sinnen zu; wie aber Seele und Körper aufeinander einwirken, das weiß ich nicht. Übrigens vermag es weder der Materialismus noch der psychophysische Parallelismus annehmbar zu erklären. Und wie das Leben nach dem Tode sein wird, wie es sein kann, weiß ich um so weniger. Daß wir nach dem Tode mit irgendeinem Urwesen verschmelzen sollten, wie der Monismus, Pantheismus, Panentheismus lehren, kann ich nicht glauben: ich will auch nach dem Tode ich sein, will nicht in einem metaphysischen Brei zerfließen. Ich bin ein metaphysischer Individualist, wenn Sie es irgendwie bezeichnen wollen. Vielleicht empfangen wir nach dem Tode eine vollkommenere, ja vollkommene Erkenntnis, auch die Erkenntnis Gottes. Vielleicht ist das Leben nach dem Tode ein asymptotisches Näherkommen an Gott; immer und immer näher, ohne Ende näher. Auch das wäre eine Fortsetzung des Lebens hier, weil Gott der Hauptgegenstand unseres Nachdenkens, unseres Erkennens und Strebens ist, Gott und die Seele. Eines hängt mit dem andern zusammen. Die Seele und Gott ist das Doppelproblem unseres Denkens und Wollens – ich möchte sagen, die wahre Lebensaufgabe.

»Sie sprechen wie der reinste Spiritualist; und doch haben Sie Ihr Leben lang andere, aktuelle, praktische, reale Aufgaben auf sich genommen. Nicht mit Unrecht hat man Sie einen Realisten genannt.«

Das versteht sich. Aber auch im Aktuellen und Stofflichen spielt sich ja das geistige und ewige Geschehen ab. Gerade heute habe ich in meinen Papieren das orientalische Sprichwort gefunden: »Der Mensch soll so handeln, als wäre ihm an allem gelegen. Aber in seinem Innern sitzt ein kleiner Buddha, dem an nichts gelegen ist.« An nichts – das ist orientalisch gesagt und empfunden; wir würden sagen: dem an allem Zeitlichen und Stofflichen nur insofern gelegen ist, als es Ewiges und Geistiges birgt. Der Glaube an die Geistigkeit, die Betonung der Geistigkeit bedeutet nicht, daß wir den Stoff und den Körper übersehen sollen und dürfen. Philosophisch genommen, wissen wir ja nicht, was der Stoff seinem Wesen nach ist. Er ist uns eben – so gegeben wie die Seele, ist uns nur mittelst der Seele, durch unsere Empfänglichkeit und unser Denken gegeben: welches Recht haben wir demnach, ihn zu unterschätzen? Alle Erkenntnis des Stoffes ist nur die Entfaltung unserer seelischen Tätigkeit; Seele und Stoff stehen nicht gegeneinander. Seele, Körper und Stoff, die ganze Wirklichkeit ist uns zur Erkenntnis und Pflege gegeben; die Seele und unsere stoffliche Umwelt sollen wir zu größerer Vollendung bringen. Die Vorstellung, der Stoff sei etwas Niedrigeres und Unreineres als der Geist, ist verfehlt. Darin fehlt Plato und nach ihm die Theologen und Philosophen, die sich mit Verachtung vom Stoff, von der Natur und Welt abwenden.

»Und doch nennen Sie sich Platoniker.«

Ja. Aber das bedeutet nicht, daß ich sämtliche Anschauungen Platos übernehme. Ich bin Platoniker insofern, als ich im Kosmos Ideen suche, in dem, was vergeht, das, was Bestand hat und ewig ist. Ich kann mich nicht nur für die Bewegung interessieren, sondern auch für das, was sich bewegt, was sich wandelt. In der natürlichen Entwicklung suche ich Zweck und Ordnung, im historischen Geschehen den Sinn; ich stelle mir die Frage, wozu das alles geschehen ist und worauf es abzielt. Gegenüber dem Darwinismus, dem einseitigen Evolutionismus und Historismus betone ich die statische Seite: das, was dauert und in alle Zeiten fortbesteht. Ich erkenne nicht nur Heraklits »Panta rhei«, nicht nur die ständige Veränderung an, sondern auch das Wesen der sich verändernden Dinge; nicht nur die Dynamik und in ihr die Statik, sondern auch die Architektur alles Seins. Darum suche ich auch im Menschen das, was dauert: seine unsterbliche Seele.

Die Vorsehung

»Zweck und Sinn des Geschehens und der Geschichte suchen, heißt fast an die Vorsehung glauben.«

Freilich. Ich muß an die Vorsehung glauben, die die Entwicklung der Welt und der Menschheit und jedes Einzelnen von uns lenkt. Sobald ich Gott den Schöpfer und Lenker anerkenne, muß ich in allem, was ist, eine Ordnung, einen Plan und eine vernünftige Bestimmung erblicken.

»Das heißt: Determinismus.«

Ja, selbstverständlich. Determinismus bedeutet eine feste Ordnung in der Natur, im Menschen und in der Gesellschaft und ihrer Entwicklung: überall eine genaue Gesetzlichkeit. Wir finden sie im Stoff, entdecken die schöne Ordnung der Atome; je weiter desto mehr werden wir diese Gesetzlichkeit auch im Menschenleben, in der Geschichte der Staaten, der Nationen und der Menschheit verfolgen können. Ja, wir werden mit ihr bewußt zusammen arbeiten können! Je mehr wir erkennen werden, desto klarer werden uns Plan und Zweck aller Dinge enthüllt sein; das Erkennen selbst ist Feststellung von Gesetzen und Einfügung der Tatsachen in eine gesetzliche Ordnung; wir sind darin noch am Anfang.

»Wenn Sie Determinismus sagen, so stellen Sie ein altes Problem auf: was ist es mit der Freiheit des Willens? Ist unser Tun von der Vorsehung oder der natürlichen Kausalität gelenkt, so ist unser angeblicher Wille und unsere moralische Freiheit nur Illusion?«

Nein. Wir können wählen – das verbürgt uns doch die Erfahrung selbst. Nur in der ursächlichen Welt können wir voraussehen, überlegt handeln, die Zukunft vorbereiten, also tatsächlich wollen. Der Determinismus schließt die Freiheit nicht aus, wohl aber die Willkür, die Laune und die Unbeständigkeit. Er führt zu Ausdauer und Konsequenz. Ohne Determinismus, ohne genaue Verkettung der Ursachen und Folgen gäbe es keine Verantwortung. Es gäbe lauter Zufälligkeit; wir wären für unsere Handlungen nicht verantwortlich. Die Triebfedern unseres Tuns wirkten in uns grundlos und aufs Geratewohl.

»Ich glaube, daß die Freiheit des Willens keine Aufhebung der Ursächlichkeit ist. Sie ist nur eine Möglichkeit, in das kausale Geschehen neue Ursachen hineinzulegen.«

Ich möchte das so sagen: Die Freiheit und die Vorbestimmung des Menschen ist durch sein Verhältnis zum Allmächtigen und Allwissenden Gott gegeben, der die Vergangenheit und die Zukunft kennt und diese Zukunft bestimmt. Der Mensch ist nach dem Ebenbilde Gottes geschaffen, Gott konnte den Menschen nicht anders denn als sein Ebenbild und sich selbst ähnlich schaffen; daraus entspringt für den Menschen der bewußte Synergismus, die Zusammenarbeit mit dem Willen Gottes. In der Erkenntnis der Natur und des Menschen, im Eindringen in die natürlichen, seelischen und geschichtlichen Gesetze, in der Empfängnis und Erfüllung dieser Gesetze sind wir an Gottes Schaffen und Lenken der Welt beteiligt. Gott läßt uns an seinem Werke arbeiten, will von uns die Arbeit, also die Zusammenarbeit. Jedes Zusammenwirken, auch unter den Menschen, umfaßt Freiheit und Unterordnung, Initiative und Gebundenheit. Die Synergie mit dem Willen Gottes gibt dem Menschen das Maß seiner Freiheit und seiner Determination; je stärker und bewußter er ist, desto mehr hat er von beidem.

Die Menschen glauben zwar, daß der Determinismus von Verantwortlichkeit befreit. Aber Gott schreibt mir nicht vor, jetzt den rechten oder den linken Arm zu heben: minima non curat praetor. Wir sind neben Gott und unter Gott autonome Wesen; wir haben das Recht der Initiative und tragen auch die Last der Verantwortlichkeit. Daher die Pflicht zum Aktivismus und Streben, zur Entschlossenheit und Tapferkeit. Die Freiheit ist ebenso schwer wie die Verpflichtung. Wir fühlen, daß der Wille weh tut. Wollen ist Arbeit; Entscheiden ermüdet, es ist das Schaffen von etwas Neuem. Ich habe während des Krieges die Soldaten beneidet, die Befehle bekommen; sie brauchen nur zu gehorchen und nicht zu entscheiden. Ich mußte entscheiden, ja auch immer befehlen, nicht nur denken, sondern auch stark wollen – ich weiß, was das ist.

Der Determinismus bedeutet nicht Unfreiheit, im Gegenteil. Der unreife Mensch, der die Weltordnung und ihre Grandiosität nicht begreift, der in seiner anfänglichen Schwäche und

Urteilslosigkeit in der Welt und seinem eigenen Leben ein Kaleidoskop einzelner unzusammen-
hängender Erscheinungen sieht, sieht überall die unvernünftige Willkür von Geistern, Göttern,
Zufall und blindem Fatum.

»Das sieht man auch heute: abergläubisch pflegen zumeist Leute zu sein, die auf den Zufall
angewiesen sind: Spieler, Jäger, Theatermenschen usw.«

Natürlich, wer an den Zufall glaubt, glaubt auch an Götzen und Wunder. Der Aberglaube ist
undeterministisch. Der Primitive ist ein metaphysischer Nichtdeterminist; er unterliegt blind
Impulsen, folgt seiner Laune, ist ein metaphysischer Anarchist.

»Das möchte ich nicht sagen. Gerade bei den Wilden, bei Naturvölkern ist das Leben des
Einzelnen am meisten durch Traditionen, rituelle Vorschriften und soziale Bräuche gebunden.«

Also sehen Sie, der Nichtdeterminist ist Sklave: er ist durch Bräuche und Aberglauben gebunden, unterliegt seinen Trieben, hat keinen freien Willen. Derlei Primitive haben Sie auch
unter uns. Der Mensch hat nur soviel vernünftige Freiheit, als er an Determinismus in sich
und in der Weltordnung begreifen kann.

Der Streit um Determinismus und Nichtdeterminismus ist eine sonderbare Geschichte, so
alt wie das philosophische Denken. Schon bei den Griechen fällt das Wort: theos anaithios, der
Gott ohne Schuld. Das Mittelalter zerbrach sich den Kopf über die Vorbestimmung: wenn Gott
alles weiß und bestimmt, voraus weiß und vorbestimmt, wer wird gut, wer schlecht sein, wer
erlöst und wer verdammt? Paulus, Augustin, Thomas von Aquino, Luther, Zwingli und Calvin
hatten seltsame Ansichten über die Vorbestimmung; teils trachteten sie die Härte der Vorbestimmung durch die Lehre von der Gnade Gottes zu mildern. Auch die heutigen Theologen
erfinden häufig nur Worte und nicht Begriffe, wie sie die Freiheit des menschlichen Willens mit
Gottes Allmacht versöhnen sollen – ich glaube, daß das nirgends hinführt. Ich wundere mich
nicht, daß ein Papst den Streit über die Freiheit des Willens und die Vorbestimmung einfach
verboten hat. Für mich ergibt sich der Determinismus folgerichtig aus dem Theismus, aus der
Anerkennung der teleologischen Weltordnung. Auch wir erfüllen die allweltliche Gesetzlichkeit
und handeln ursächlich.

»Auch in unseren Fehlern?«

Allerdings. Aber wir haben die Möglichkeit, zwischen der Vielheit der Ursachen zu wählen,
haben die Möglichkeit, zu werten. Alle Erziehung und Umerziehung, sittliche Verantwortlichkeit und Strafe beruht auf Determinismus. Wir hoffen, durch Erziehung in die Kinder Triebfedern guten Handelns zu legen. Und wozu wäre die Strafe, wenn sie nicht abschrecken würde,
wenn sie nicht Ursache und Beweggrund zur Besserung wäre?

»Und die Todesstrafe?«

Das ist ein besonderes Kapitel. Das Recht, mit dem Tode zu strafen, ist ein furchtbares Recht,
und nach seiner Geschichte und Entwicklung zu schließen, wird es in Zukunft aufgehoben
werden. Fragen Sie nicht, wie mir zu Mute war, als ich Vorschläge auf Vollzug der Todesstrafe
unterschrieben habe. Die Todesstrafe ist mir vor allem weder Vergeltung noch Abschreckung;
sie ist kein Schutz gegen gefährliche Verbrecher. Wenn sie Sinn und Berechtigung hat, so nur
als Sühne. Nichts wiegt etwas so Entsetzliches, wie es ein roher und eigennütziger Menschen-
mord ist, auf als der Tod; ein Mörder macht sich an der ganzen Menschheit schuldig. Aber auch
das gilt nur für den heutigen Kulturzustand. Die künftigen Zeiten werden mehr Möglichkeiten
der Vorbeugung, Wiedergutmachung und Neuerziehung und auch eine klarere Erkenntnis der
kriminellen Verantwortlichkeit haben. In diesen und anderen Fragen wird man empirisch vorgehen müssen: zu konstatieren trachten, wie der Mensch unter gegebenen Umständen handelt;
bis zu welchem Grade er sich und sein Tun kontrollieren und sich selbst erziehen kann; wie
weit er frei und für sein Handeln verantwortlich ist. Ich gestehe, daß mir eine gewissenhafte
Statistik – meinetwegen der Unfälle – lieber ist als einige Kapitel der Theodicee von Leibniz;
aus der Statistik erfahre ich, was die Unfälle herbeizuführen pflegt und wie ihnen demnach
zu begegnen ist. Wenn ein Chauffeur nicht trinkt, passiert ihm nicht so leicht ein Unfall, wie

wenn er trinkt. Also kommt es darauf an, nicht zu trinken, und nicht, den Herrgott beschuldigen und rechtfertigen zu wollen. Um zu lernen, wie man die Krankheiten bekämpft, dazu sind die Doktoren und die Wissenschaft da.

Um das Elend zu beseitigen, dazu sind wir alle da. Und so weiter.

Das also ist der Determinismus: die Ursachen des Bösen erkennen, um gegen sie die Ursachen der Besserung aufzubringen. Nicht Fatalist sein noch Sklave, weder Sklave seiner selbst noch der Umgebung. Wo immer unser Standort ist, nicht blind handeln und arbeiten, sondern bewußt und frei, voraussehend, planvoll wie ein Arbeiter und Mitarbeiter Gottes. Dadurch unterscheide ich mich auch vom Stoizismus. Der Stoizismus macht aus Schwäche eine Tugend, ist sozusagen ein metaphysisches Achselzucken, enthält ein Stück titanischer Heuchelei. Die theistische Resignation ist hoffnungsvolle Bescheidenheit.

Religion

Über Religion

»Sie haben Argumente für den Theismus angeführt. Aber selbst die besten Argumente genügen nicht, um auf ihnen die Religion aufzubauen.«

Selbstverständlich. Theismus und Religion sind nicht dasselbe. Für die Philosophie und Wissenschaft ist der Theismus eine Hypothese zur Auslegung des Ursprungs und der Entwicklung der Welt; und es gibt auch andere Hypothesen. Religiös wird der Theismus auch dem wissenschaftlich denkenden Menschen, wenn er zum bewußten und empfundenen persönlichen Verhältnis des Menschen zur Gottheit und durch die Gottheit zum Nächsten und zur Welt wird. Einem religiösen Menschen ist Gott die zentrale Idee des Denkens und Handelns.

In der Religionsphilosophie bin ich als Konkretist ein Realist. Ich beobachte die verschiedenen Religionen in aller Welt, studiere sie und vergleiche sie nach Möglichkeit mit der Religion der christlichen Kirchen, die ich am besten kenne. Ich habe mich durch alle möglichen Religionstheorien, Bücher von Theologen und Gelehrten gearbeitet. Seit meiner Kindheit zerbrach ich mir darüber den Kopf, wieso es verschiedene christliche Konfessionen gibt. Ich erinnere mich, wie mich in der Schulzeit ein Kalender beunruhigte, in dem ich von der russischen Kirche las, daß sie viele Heilige und Wunder aufweise; von klein auf hatte ich gehört, daß alle Glaubensbekenntnisse, ausgenommen das katholische, falsch wären. Das verwirrte und erregte mich maßlos.

»Hätten Sie dieses Interesse für die Religion, wenn Sie nicht selbst gläubig wären?«

Gewiß hätte ich es, aber kein so starkes. Es ist doch etwas Großes, daß es bei allen Nationen der Erde und zu allen Zeiten Religionen und ihre Einrichtungen gab. Wenn ich in jedem Dorf eine Kirche sehe, die über die Wohnstätten der Menschen durch Schönheit und Größe hervorragt, wie soll ich das übersehen und nicht darüber nachdenken? Wie die Dorftürme, und mögen es nur Türmchen sein, empor zum Himmel weisen! Ist unser Prag nicht hunderttürmig? Das hunderttürmige Prag bedeutet doch ein religiöses Prag!

Mit dem Wort Religion bezeichnen wir alle Äußerungen der Frömmigkeit. Ohne Frömmigkeit gibt es keine Religion, es wäre denn die sogenannte Matrikelreligion. Frömmigkeit ist das bewußte und empfundene Verhältnis zu Gott, zur Gottheit; dieses Verhältnis äußert sich auch in den vielfältigen Ansichten über Religion, im Gottesdienst und so weiter.

»Aber die Frömmigkeit ist ein subjektiver, rein persönlicher Faktor, während die Religion fast immer den Bereich der persönlichen Beziehung zu Gott überschreitet.«

Ich weiß. Die Religion, wie wir sie konkret sehen, ist in der Regel kollektiv, volkstümlich, national; sie ist in unpersönlichen Dogmen niedergelegt und organisiert sich in der Kirche; sie wandelt sich, bewahrt aus der Vergangenheit Überlebtes in sich, oft selbst aus primitiven Zeiten, entwickelt und vervollkommt sich mit der Entfaltung des Denkens und der Kultur. Die Religion ist ein unendlich kompliziertes, nach vielen Richtungen verzweigtes Gebilde; deswegen erfordert sie eine aufmerksame Analyse ihrer Elemente, Bestandteile, Äußerungen oder wie ich es sagen soll. – Warten Sie, ich bringe es Ihnen morgen aufgeschrieben auf einem Stück Papier, um nichts Wesentliches zu vergessen.

Wie sollte die Religion nicht kompliziert sein! Sie bemächtigt sich des ganzen Menschen, seines Denkens, Fühlens und seiner Handlungen, seines ganzen Lebens; sie bemächtigt sich der Völker und der ganzen Gesellschaft; die gesamte Kultur kann religiös sein, wie wir es bei den Griechen und Römern sehen, und am vollkommensten im Mittelalter. Nichts ist so schöpferisch, nichts so umfassend wie die Religion.

Analyse der Religion

Da habe ich mir also einige Punkte über die Religion aufgeschrieben, was sie ist, wie sie sich äußert:

1. Dem Wesen nach ist die Religion Theismus, die Anerkennung der Existenz Gottes, die Sicherheit, daß es Gott gibt, einen allmächtigen Gott, Schöpfer und Lenker des Alls.

2. Die Religion ist Glaube, Nichtzweifeln; psychologisch ist der Glaube Urteilen, Überzeugung; der religiöse Glaube ist Annahme der Gottheit, demnach eines den Sinnen Unerreichbaren, an das wir aber fest »glauben«.

3. Religionen haben ihr Credo, ihre Lehre, ihre Dogmen, ihre Gebote.

4. Mit dem Theismus ist in der Regel der Glaube an die persönliche Unsterblichkeit, an die unsterbliche und geistige Seele verbunden.

5. Mit dem Theismus und dem Glauben an die Unsterblichkeit pflegt der Glaube an das Transzendente in weiterem Umfang gegeben zu sein – der Glaube an Engel, Heilige, Geister, Teufel usw., an »jene« Welt überhaupt. Der Theismus, d. h. der Monotheismus, entwickelte sich allmählich aus dem Polytheismus und niedrigeren religiösen Formen.

6. Die sogenannte positive Religion beruft sich auf die Offenbarung als Quelle aller religiösen Erkenntnisse und Einrichtungen: die Gottheit habe sich selbst dem Menschen geoffenbart und ihm ihren Willen durch unmittelbare Mitteilung, Eingebung oder Gebot geäußert. Es gibt verschiedene Formen der Offenbarung: die Gottheit redet, gibt Zeichen, erscheint in Träumen und dgl. Offenbarung par excellence ist der christliche Glaube, daß Gott im Menschen Leib geworden sei, um der Menschheit zu erscheinen; Jesus hat nicht so sehr gelehrt, als vorbildlich gelebt und viele Jahre auf dieser Erde unter Menschen und für die Menschen gewirkt.

   Der Mensch empfängt die Offenbarung durch die Sinne und den Verstand, sie ist aber über und gegen den Verstand. Daher: Credo quia absurdum est.

7. Die Offenbarung erfährt in der christlichen Religion eine weitere Auffassung; es erscheinen nämlich allerlei transzendente Wesen, wie Engel, Heilige und die Geister Verstorbener, auch der Teufel. Dem Polytheisten erscheinen allerlei Götter und Götzen.

8. Die Mystik ist eine besondere Art von Offenbarung: der Mystiker glaubt sich mit der Gottheit unmittelbar verbunden; Gott erscheint ihm nicht nur objektiv, sondern subjektiv, er empfängt ihn gleichsam in sich, in Ekstasen verschiedenen Grades. Die Mystik ist als geistige, seelische Schau aufzufassen, nicht als Schauen durch Augen.

9. Die religiöse Erkenntnis wird häufig – neben dem Glauben an das, was geoffenbart ist – als Intuition bezeichnet, als Erkenntnis durch Gefühl, nicht durch Sinne und Verstand.

10. Der religiöse Transzendentismus führt zum Mystizismus, zum Geheimnisvollen, zum Geheimnis.

11. Die Besonderheit der religiösen Erkenntnis und Empfindung und ihres Mystizismus führt zur Verwendung von Symbolen in der Theologie und im Gottesdienst.

12. Der religiöse Glaube ist autoritär: die höchste Autorität – die Gottheit – bestimmt die religiöse Wahrheit; man erkennt daher die Autorität der Tradition und des allgemeinen consensus an: quod semper, quod ubique, quod ab omnibus creditum est. Gott und seine Offenbarung scheinen für alle Zeiten gleich zu sein, wenn auch zugegeben wird, daß die Offenbarung in Teilen und zu verschiedenen Zeiten geschehen ist. Jeder Mensch muß die geoffenbarte Wahrheit so annehmen, wie sie geoffenbart und überliefert wurde.

Die Religion ist infolge ihres autoritären Wesens objektivistisch. Der Theismus lehnt übermäßigen religiösen Subjektivismus ab.

13. Die Religion ist nicht nur Glauben und Erkennen, sondern auch Gottesdienst. Der Gottesdienst besteht aus verschiedenen Zeremonien, namentlich aus Gebet und Opfer. Er wird als besonders feierliche und wichtigste Übung an besonders auserwählten Orten der Natur und in besonderen Gebäuden, Kirchen, Weihestätten vollzogen.

Das Gebet ist auch Gottesdienst, aber privater. Das wahre Gebet ist die Erhebung des Sinnes zu Gott. Jesus wies darauf hin, daß Gott die Bedürfnisse der Menschen kenne und ihrer Mitteilung nicht bedürfe. Die Menschen beten größtenteils, Gott möge für sie etwas Unmögliches tun, sie bitten um Wunder.

14. Der Wunderglaube ist in allen Religionen ein hochwichtiges Element. Die Gottheit ist über den Menschen ungeheuer erhoben, ist der schöpferische Lenker des Alls, vermag was immer zu vollführen; Hoffnung und Dankbarkeit sind ein wesentliches subjektives Element jeder Religion.

Dieser natürliche Wunderglaube sieht im Wunder die praktische materielle Offenbarung. Auf niedrigerem Kulturniveau pflegen außer Geistern und Götzen heilige Dinge, geweihte Gegenstände dazusein, deren Benützung dem Menschen in seinen Nöten hilft; Heiligtümer, Amulette und Zaubermittel. Wunderbare Hilfe wird auch bei Heiligen und Geistern gesucht; vom Glauben an Heilige und ihre wunderbare Hilfe ist nur ein Schritt zur Beschwörung böser Geister, des Teufels.

Der Aberglaube schließt sich leicht dem Glauben an; wie das Wort zeigt, ist er auch ein Glaube, so wie ein Nachschlüssel auch ein Schlüssel ist. Der Aberglaube ist die Umkehrung des Glaubens: der abergläubische Dieb und Mörder opfert und betet, um sein Verbrechen erfolgreich auszuführen.

15. Die Religion ist nicht nur eine theoretische, sondern vor allem eine praktische Angelegenheit des Menschen; da sie über göttliche Autorität verfügt, bestimmt sie die Sittlichkeit. Auf höherem Niveau wird die Sittlichkeit zum wesentlichen Teil der Frömmigkeit; für Jesus war das Wesen der Frömmigkeit in der Liebe zu Gott und zum Nächsten erschöpft. Im Laufe der Kulturentwicklung wird der Kult durch die Sittlichkeit überschattet, aber vielen steht der Kult bisher noch über der Sittlichkeit.

16. In intimer Beziehung zur Religion steht alle Kunst: die Architektur, Bildhauerei, Malerei, Musik, Poesie, Rhetorik, Rhythmik. Schon bei den Griechen und lange vor ihnen drückte die Kunst außer der Mythologie und Philosophie die religiösen Vorstellungen und Empfindungen aus und formulierte sie; in den religiösen Zeremonien ist ein starkes künstlerisches Element enthalten. Die katholische Messe z. B. ist ein Werk, in dem sich nahezu alle Künste vereinen.

Die innere Beziehung der Kunst zur Religion ist dadurch gegeben, daß die Kunst Schaffen ist – die Griechen nannten den Dichter einen Schöpfer; in der Kunst wird gleichfalls eine Offenbarung erblickt, und die ästhetische Erregung des Künstlers ähnelt der religiösen.

17. Die Religion ist praktisch, ist lebensvoll im tiefsten Sinne des Wortes. Sie wird nicht so sehr durch ihre Dogmen, noch durch ihre Zeremonien, noch durch ihre Geschichte umschrieben, als vielmehr durch die Erfassung ihres Wesens, und dieses besteht im Bewußtsein der Abhängigkeit des Menschen von der Gottheit; das bedeutet das Bewußtwerden der physischen, geistigen und sittlichen Schwäche des Menschen, ihr Bewußtwerden und zugleich ihre Überwindung. Denn die Religion ist Vertrauen und Hoffnung, das Hoffen gehört zum Wesen der Religion. Der fromme Mensch wünscht sich in seiner Schwäche Wunder und Erlöser. Es dauert lang, bis er religiös furchtlos wird. In älteren Religionen, noch im Alten Testament, ist Religion Furcht, Angst vor der Gottheit; Gott, Jehova, ist furchtbar; in der Lehre Jesu gibt es keine Furcht mehr.

Die Religion ist die Stellung des Menschen zum All, zu Gott, zur Welt und zu sich selbst: sie ist nicht nur Erkennen, sondern auch Wertung der Welt und des Lebens. Sie ist nicht nur Erfassen des Sinns des ganzen Lebens, sondern zugleich auch die Stimmung, die aus diesem Verstehen des Lebens und der Welt entspringt.

Das Leben wird gelebt; in der Frömmigkeit erfaßt der Mensch den Sinn seines Lebens am tiefsten.

Die Religion, die Frömmigkeit ist etwas ausschließlich Menschliches: Gott ist nicht fromm. Mensch und Gott sind zwei Pole des menschlichen Lebens und der dem Menschen gegebenen Welt.

18. Die Religion vereinigt die Menschen; jeder Glaube, jede Überzeugung eint gesellschaftlich die Gläubigen; die Kirchen sind religiöse gesellschaftliche Organisationen.

Die Kirchen sind in der Regel von einem besonderen geistlichen Stand organisiert, von Priestern, Predigern, die neben den Laien und über ihnen stehen; die Priester sind Hüter des Geheimnisses, Vollstrecker der Zeremonien, Organe und Vertreter der Gottheit.

Die Kirchen haben außer gewöhnlichen Theologen ihre besonders hervorragenden Lehrer, gleichsam Autoritäten im religiösen Fach.

Eine Erscheinung für sich sind die Propheten – religiöse Genien, eher Eiferer als Seher. Ganz besondere Autorität genießen die Gründer von Religionen wie Moses, Jesus, Mohammed, die Reformatoren.

Die Autorität der Religion geht natürlich auf die Kirchen und ihre Organe über.

19. Da die Religion und die Kirche das Verhältnis des Menschen zum Nächsten und zur Gesellschaft bestimmen, so bestimmen sie auch sein Verhältnis zu allen gesellschaftlichen Organisationen, namentlich zum Staat.

Die Kirchen stehen notwendigerweise in engem Verhältnis zum Staat; und zwar einerseits religiös, andererseits moralisch, soweit auch der Staat seine Verwaltung – die Gesetze und so weiter – und seine Politik auf Sittlichkeit aufbaut. Es gibt verschiedene Formen der Theokratie; mit der Zeit setzt sich, vor allem in Demokratien und Republiken, die Trennung von Staat und Kirche in verschiedenem Maße durch. Die Gesellschaft ist nicht nur staatlich, sondern auch national organisiert; daher ist das Verhältnis der Religion und der Kirche zur Nationalität ein weiteres ernstes Problem. Namentlich in neuerer Zeit, in der die Nationalität – außer dem Staat – eine Bedeutung erlangte, wie sie sie im Mittelalter und im Altertum nicht besaß, entstehen Nationalkirchen.

20. Von der Religion gibt es ebenso wie von allen anderen Erscheinungen des menschlichen Geistes und seines lebendigen Strebens eine besondere Wissenschaft – die Theologie.

Sie entwickelte sich wie die Religion und die ganze Kultur. Es ist kein Zufall, daß eine systematische Theologie zum erstenmal von Aristoteles als Hauptteil seiner Metaphysik bearbeitet wurde; vor Aristoteles wurden die Denker, die sich mit den Gottheiten und dem Transzendenten überhaupt beschäftigten, Theologen genannt.

Im Mittelalter war die Theologie eine allumfassende Hauptwissenschaft, allerdings die kirchliche, christliche, katholische Theologie. Neben ihr wurde die Philosophie gepflegt, aber als ancilla theologiae.

Die Neuzeit ist im Vergleich zum Mittelalter einerseits durch Reformationen und neue protestantische Kirchen in religiöser Hinsicht gekennzeichnet, andererseits durch das Erstarken und die Erneuerung der antiken Philosophie und Kunst, zugleich durch die Konstituierung der Wissenschaften und die dadurch eingetretene Verwissenschaftlichung der Philosophie. So eignete sich neben der mittelalterlichen Kirchentheologie und gegen sie die neue Philosophie und Wissenschaft ex thesi das entscheidende Votum über alle Wahrheit an. Es entsteht ein Konflikt zwischen Philosophie und Wissenschaft auf der einen und der Theologie und Kirchenreligion auf der anderen Seite. Dieser Konflikt ist alt und entstammt dem natürlichen Kritizismus des denkenden Menschen; er zeigte sich bereits bei den Griechen und Römern, in der Neuzeit wird er allgemein und vor allem tiefer.

21. Die Religion, die sich auf den Willen und die Einrichtungen der höchsten Autorität, der Gottheit selbst, beruft, betrachtet sich als absolut, als absolut richtig und wahr, als unfehlbar. Das tut nicht allein der Katholizismus; nur, daß der Katholizismus die Unfehlbarkeit dem Papst zuschreibt, die Protestanten aber der Bibel oder der Kirche – ja sogar dem Staat.

Mit der religiösen, praktisch genommen, der priesterlichen oder kirchlichen Unfehlbarkeit pflegt bisher die Intoleranz und Expansität der Kirchen gegeben zu sein. Daraus entspringt der Widerstand gegen die kirchliche, die autoritäre Religion.

22. So erhob sich schon längst – siehe Paulus! –, vielleicht seit dem Beginn des menschlichen Denkens gegen die positive, geoffenbarte, kirchliche, autoritäre Religion, die natürliche Religion, die Forderung, daß Religion und Theologie nicht im Gegensatz zu Verstand, Wissenschaft, Philosophie geraten. Die Theologie darf der wissenschaftlichen Philosophie nicht widersprechen; tatsächlich sehen wir, wie die Philosophie stets in die Theologie eingedrungen ist; das sieht man am klarsten an der Entwicklung der Theologie seit dem Mittelalter bis in unsere Zeit.

Ich habe den noetischen Unterschied zwischen Mythos und Wissenschaft und den Konflikt zwischen Mythologismus und Wissenschaftlichkeit dargelegt: der mythische Mensch faßt die Religion mythisch auf, seine Theologie ist mythisch; der denkende, kritisch und wissenschaftlich denkende Mensch, hat eine wissenschaftliche, philosophische Theologie. Bisher ist die Theologie ein Organ des Mythos, während die Philosophie ein Organ der Wissenschaft wird. Das bedeutet einen sich hinschleppenden Konflikt zwischen Theologie und Philosophie; man formuliert es auch – ungenau – als Konflikt zwischen Religion und Wissenschaft.

23. Mit der Religion ist das Problem der Religionslosigkeit und Gottlosigkeit, des Ketzertums und der Andersgläubigkeit gegeben. Daher die kirchliche Apologetik und Polemik, daher auch die Kirchenphilosophie als ancilla theologiae, die sich bestrebt, die religiösen Lehren durch Verstandesgründe zu stützen.

24. Die Religion ist heute auch Gegenstand der wissenschaftlichen Forschung: es hat sich eine besondere Religionsphilosophie gebildet, die wissenschaftlich das ganze Wesen der Religion zu erfassen versucht; die Religionspsychologie analysiert das religiöse Leben und die religiöse Erfahrung; ferner wird die Religion soziologisch und historisch studiert. Wir haben eine Geschichte der religiösen Entwicklung der einzelnen Nationen; zahlreich sind die Versuche, die Religion der Primitiven zu erfassen. Man studiert auch das religiöse Leben der einzelnen Klassen und Stände, von Stadt und Land und so weiter.

Selbstverständlich ist es etwas anderes, über die Religion, über die verschiedenen Religionen, wie wir sie überall in der Welt vorfinden, über die verschiedenen religiösen Vorstellungen, Lehren und Einrichtungen objektive Erwägungen anzustellen, sie zu analysieren, zu vergleichen, ihre Entwicklung zu verfolgen, als Religion zu haben, ein eigenes religiöses Credo, seinen persönlichen Glauben, und sich seines Unterschiedes zum Nichtglauben oder zu anderen Glauben bewußt zu werden.

Die Religion Jesu

Das ist ungefähr die Essenz meiner Religionsphilosophie. Natürlich sind die 24 kleinen Paragraphen nur der kurze Inhalt von allerhand Monographien über die Religion. Viele Gläubige wissen nicht, was Religion ist, viele Ungläubige haben keine Ahnung, was sie eigentlich verleugnen; aber am wenigsten und oberflächlichsten wird die Religion von den indifferenten, gleichgültigen Menschen begriffen. Sie dahin zu bringen, daß sie über die Religion wenigstens nachdenken, wäre eine große Mission, notwendiger als zu den Negern predigen zu gehen; diese glauben auf ihre Art, sie sind gläubig. Heute täten Missionare für die Intelligenz not, allerdings intelligente und wirklich fromme Missionare.

»Ich habe eines bemerkt: so oft Sie Ihren eigenen Glauben andeuten, zitieren Sie Christus und die Apostel.«

Ja. Jesus – ich pflege nicht Christus zu sagen – ist mir Vorbild und Lehrmeister der Frömmigkeit; er lehrt, daß die Liebe zum liebevollen Gott, die Liebe zum Nächsten und sogar zum Feind, also die reine, die reinste Menschlichkeit, die Humanität das Wesen der Religion ist. Frömmigkeit und Sittlichkeit sind für Jesus die Hauptelemente der Religion. Beachten Sie, daß in den Evangelien – im Vergleich zum Alten Testament oder zur griechischen Theologie – wenig Theologie, wenig Kosmologie und Eschatologie, fast keine Geschichte enthalten ist; man findet dort keine einzelnen kultischen und rituellen, nicht einmal kirchlich organisatorische Vorschriften. Jesus bietet geradezu ausschließlich sittliche Lehren, er wendet sich stets praktischen Fragen zu, wie das Leben rings um ihn sie erzwingt: er äußert seine Liebe zum Nächsten durch tatkräftige Hilfe in geistiger und körperlicher Not. Sehen Sie nur wieder in den Evangelien nach: wie diskret sind Jesu theologische Vorschriften und seine Hinweise auf das Transzendente! Gott ist ihm Vater, er hat eine intime persönliche Beziehung zu ihm, lebt sie, spricht aber nicht viel davon und gibt kein Theologiesystem. Jesus war das lebende Beispiel; die Liebe predigte er nicht nur in Worten, sondern übte sie stets aus, er verkehrte mit den Armen und Erniedrigten, suchte die Sünder und die sittlich Deklassierten auf, heilte die Kranken, sättigte die Hungrigen, warnte die Reichen. Eine so lebendige Religion verbreitet sich mehr durch das Beispiel als durch Worte, wie Feuer, wie Ansteckung. Jesus erbrachte für seine Lehre keine Beweise, indem er stets sprach, als besäße er die Macht; er polemisierte nicht theologisch, bekämpfte aber die Pharisäer und die Gesetzbücher dadurch, daß er auf ihre unechte Frömmigkeit und Moral hindeutete. Er zeigte, daß echte Religion, echte Frömmigkeit das ganze und damit auch das tägliche, gewöhnliche Leben stets, in jedem Augenblick durchdringt; die meisten Menschen begnügen sich mit einer feiertäglichen, ostentativen und wenig aufrichtigen Religion, sie erinnern sich des Herrgotts nur in Ausnahmefällen, besonders wenn es ihnen schlecht geht; dann rufen sie um Hilfe und erwarten Zeichen und Wunder. Aber das ewige Leben wird nicht erst nach dem Tode und in jener Welt beginnen. Wir leben schon jetzt und immer in der Ewigkeit. Selbstverständlich werden sich die Menschen dessen ungern bewußt und schieben die Ewigkeit weit hinaus; sie behalten sie sich für die Zeit nach dem Tode vor. Man kann die Religion nicht nur in der Kirche, sondern auch in der Fabrik und auf dem Felde, im Stall und im Salon, in Trauer und in Freude erleben. Das ist das Beispiel Jesu.

»Und glauben Sie an die historische Person Jesu?«

In den Evangelien, in der altchristlichen Literatur überhaupt und in der Tradition zeichnet sich die reiche und einheitliche Persönlichkeit Jesu ab; das läßt sich schwer ausdenken und nur aus einer Reihe von Legenden zusammensetzen. Mir genügen die Evangelien und die altchristliche Literatur; ihr Inhalt gibt ein plastisch lebendiges, gutes Bild der Anfänge und der Entwicklung des Christentums, seiner Lehre, Personen und Kirche. Es handelt sich vor allem um den Wert dieser Lehre und den Charakter der Persönlichkeit, der die Lehre zugeschrieben wird. Lehre und Persönlichkeit sind hier einzig, ungeheuer.

»Diese Persönlichkeit ist so lebensvoll, daß man verführt wird, sie weiter auszudenken.«

Ich habe die bedeutendsten Lebensbeschreibungen Jesu gelesen; in keiner finde ich soviel religiöses Leben wie in den Evangelien. Diese strahlen förmlich Realität aus. Eine wirkliche

Biographie Jesu läßt sich aber nicht schreiben, denn dazu sind zu wenig Berichte da: von Jesus selbst haben wir keine einzige ganz authentische Äußerung, er hat selbst nichts niedergeschrieben und hinterlassen. Die ersten Nachrichten stammen von Paulus, der, glaube ich, etwa im Jahre 64 starb; die Evangelien wurden ungefähr seit dem Jahre 70 aufgeschrieben. Auch der aufbewahrte Text des Neuen Testaments ist in vielen wichtigen Teilen strittig, es gibt Interpolationen, Fehler beim Abschreiben, beim Übersetzen und wer weiß was noch für welche; aber die Hauptlehre und der religiöse Charakter Jesu sind in der Schrift gut und anschaulich genug festgehalten.

»Und was sagen Sie zu den anderen religiösen Genien, etwa Buddha, Lao Tse ...«

Ich maße mir kein Urteil über sie an, denn ich habe mich wenig mit ihnen befaßt, aber soviel traue ich mich zu sagen: Jesus wird durch sie nicht in den Schatten gestellt. Wenn manche modernen Europäer bei ihnen eine höhere Religion suchen, als die Jesu ist, so geschieht es meiner Meinung nach aus Kulturmüdigkeit; sie brauchen etwas Exotisches, das die müde religiöse Phantasie aufreizt. Auch daran ist die moderne religiöse Krise erkennbar. Ich habe ein besonderes Verständnis für die orientalische Weisheit der Resignation, aber die Weisheit der tätigen Liebe steht viel höher.

Die Religion der Liebe

»Anscheinend beruht Ihre Religion mehr auf der Nächstenliebe als auf der Hypothese Gottes.«

Das nicht. Die Liebe zum Nächsten, das Sittengesetz der Liebe, ist mir nur die wichtigste praktische Äußerung der Religion. Die Religion, die Frömmigkeit ist, wie ich gesagt habe, der Standpunkt, die Attitüde – ich habe kein eigenes Wort dafür – gegenüber allem, was uns gegeben ist, also gegenüber Gott, Welt, Menschen und uns selbst.

Praktisch ist im Leben am wichtigsten das Verhältnis des Menschen zum Menschen. Der Mensch hat zum Menschen eine angeborene Liebe, Sympathie, ein Gefühl der Gemeinsamkeit und Menschlichkeit; dieses Gefühl ist in sich selbst begründet, es bedarf keiner Erklärung, es ist. Aber es kann verstärkt, vertieft, veredelt werden: Die Religion, vor allem die Religion Jesu ist die Kultur der Liebe. Die Religion verbindet den Menschen mit dem Menschen nicht allein durch die natürliche Sympathie, sondern auch durch die gemeinsame Attitüde zu Gott, zum Leben, zur Welt oder, wie man zu sagen pflegt, zum Schicksal.

»Ich möchte sagen, daß die angeborene, selbstverständliche Liebe zum Nächsten auch ohne Religion, ohne Glauben bestehen würde.«

Ganz recht, aber nicht in dieser Fülle. Die Frömmigkeit krönt und heiligt die Liebe. Religion ohne Menschlichkeit kann nicht richtig sein, Menschlichkeit ohne Frömmigkeit nicht vollkommen. Johannes sagt: »So jemand spricht, er liebet Gott und hasset seinen Bruder, der ist ein Lügner. Denn wer seinen Bruder nicht liebet, den er sieht, wie kann er Gott lieben, den er nicht siehet.«

Jesu Gebot der Nächstenliebe genügt für alles Tun des Menschen gegenüber Menschen. Schon Paulus leitete mit Recht alle Verbote der Zehn Gebote aus dem humanitären Gebot ab. Das Gebot Jesu umfaßt und schreibt auch die Liebe zu sich selbst vor: nicht Egoismus, sondern die bewußte Sorge um sich, um die Erlösung der Seele. Mit sich ist man stets vereint, auf sich kann man stets einwirken, wenn es auch oft schwerer ist, als auf andere einzuwirken; deshalb soll man sich um sich kümmern, damit sich die andern nicht zu kümmern brauchen. Jesus sagte das gut und praktisch: Liebe deinen Nächsten wie dich selbst; also sorge dich um dich, erkenne dich, achte dich, sei zu dir aufrichtig und wahrhaftig und falle den andern nicht zur Last. Sei stets auf der Hut, gib acht, sei tätig, entschlossen, habe Mut und fliehe nicht die Verantwortung.

Die Liebe, die wahre Liebe, ist Tätigkeit, Arbeit, Zusammenarbeit, Schaffen für andere und für sich. Sie ist nicht sentimental. Sentimentalität ist Eigenliebe und gefällt sich in ihren eigenen Gefühlen. Die Liebe zum Nächsten ist nicht nur Mitleid im Bösen, nicht nur Teilnahme, sie ist auch Mitfreude.

Die Liebe zum Nächsten gehört zum Plan der Welt, die menschliche Gesellschaft beruht auf Liebe; aber es genügt nicht zum Mitmenschen nur ein sogenanntes liebes Gefühl zu haben. Die Liebe, die Humanität muß sich in Arbeit, im Zusammenwirken, Schaffen und dadurch im Vervollkommnen der uns gegebenen Welt verkörpern. Wir sind Arbeiter im Weinberg Gottes.

Die tätige Liebe setzt die Kenntnis der Nächsten und unser selbst voraus, damit man bemerkt, was wem fehlt. Man muß sich selbst erkennen, streng gegen sich sein, bescheiden sein; daher spricht man von christlicher Demut. Die Liebe macht uns praktisch, die Frömmigkeit braucht nicht mit Ungeschicklichkeit verbunden zu sein. Schon im Evangelium wird das Bedauern darüber ausgedrückt, daß die Söhne des Lichtes den Söhnen der Welt oft nicht überlegen sind. Jesus sagt: »Seid ohne Falsch wie die Tauben und klug wie die Schlangen.« Weises Maß ist von Nöten, aber auch Scharfsinn, Geübtheit und Gewandtheit.

»Diese Liebe hat es allerdings auch vor Christus gegeben.«

Ja, aber Jesus hat sie erfüllt; er kam, um »das Gesetz zu erfüllen«, auch das allmenschliche und uralte Gesetz der Liebe. Die historische Tat Jesu besteht darin, daß er die Frömmigkeit als erster klar und vorbildlich nicht nur als Verhältnis zu Gott, sondern auch zum Nächsten aufgefaßt hat. Vor Jesus war die Religion und ist recht oft nach ihm unfreundlich, unmenschlich, hart. Bedenken Sie, was für Grausamkeiten sich die alttestamentarischen Juden im Namen des angeblich wahren Gottes zuschulden kommen ließen! Ebenso die Mohammedaner. Aber auch die Christen verbreiteten, obzwar sie das Evangelium der Liebe hatten, ihren Glauben durch Feuer und Schwert, erfanden die Inquisition und lehrten, diejenigen zu hassen, die anderen Glaubens waren. Unmenschlichkeit, Grausamkeit ist eine Frucht sklavischen Geistes, von Sklaven und Sklavenhaltern zugleich. Sklaventum und Sklavenhalter bedingen sich gegenseitig. Es kann keine Humanität geben ohne gegenseitiges Vertrauen, der fromme Mensch fürchtet den Menschen nicht. Das wußte schon Johannes: »Furcht ist in der Liebe nicht, sondern die vollkommene Liebe treibet die Furcht aus; denn die Furcht hat die Qual, wer aber sich fürchtet, ist nicht vollkommen in der Liebe.« Der Fromme ist stark.

Fremdenhaß, Unverträglichkeit, Fanatismus sind mit wahrer Frömmigkeit unvereinbar; es gibt nicht nur nationalen und politischen Chauvinismus, sondern auch religiösen, sozialen und den der Bildung. Auf allen Gebieten der Tätigkeit machen Unverträglichkeit und Anmaßung den Menschen das friedliche Zusammenleben und Zusammenwirken unmöglich. Der wahrhaft fromme Mensch ist tolerant, denn er liebt. Jesus verkehrte mit Gläubigen und Heiden, seine Jünger sprachen fremde Sprachen und gingen in die ganze Welt hinaus.

Mein Glaube ist: Jesutum, Liebe zum Nächsten, tätige Liebe, Reverenz vor Gott. Religion ist Hoffen, sie überwindet die Furcht, vor allem auch die Todesfurcht; sie drängt unaufhörlich zur Höhe, höher und höher, nährt die Sehnsucht nach Erkenntnis und Weisheit, ist furchtlos.

Christentum

Christentum und Kirche

»Sie sagen: Jesutum. Sie deuten dadurch an, daß die Lehre Jesu sich in den christlichen Kirchen nicht voll verwirklicht hat?«

Ja. Das Christentum enthält ja von Anbeginn nicht nur die Lehre Jesu; es nahm auch das Alte Testament und vieles vom orientalischen, griechisch-römischen und hellenistischen, religiösen Synkretismus auf. Es entstand unter den Juden, wuchs aber und verbreitete sich unter den Griechen und Römern; es gewann an Boden in der gebildeten Gesellschaft des römischen Imperiums, unter gelehrten Theologen wie Paulus, unter Philosophen wie Augustin und anderen, aber gleichzeitig unter ungebildeten Völkern und Volksschichten, unter Barbaren, Enterbten und Sklaven. Das Christentum ist je nach den Individuen, den Klassen, den Völkern und ihrer Bildung verschieden; jeder versteht es auf seine Weise. Die Religion entspricht überall und immer dem gesamten Kulturstand der Völker, Rassen und Einzelmenschen.

Man soll vom Christentum überhaupt vorsichtig sprechen; es gab von allem Anfang an und schon zur Lebenszeit Jesu Verschiedenheiten in der Auffassung und Auslegung der Lehre Jesu, wie wir aus dem Neuen Testament sehen, und sie vermehrten sich mit der Ausbreitung des Christentums. Man vergesse nicht, daß wir von Jesus eben kein einziges authentisches Wort besitzen. Nach ihm blieb nur die geschriebene und mündliche Überlieferung; erhalten ist auch noch die außerkanonische altchristliche Literatur, Bruchstücke der Evangelien, Apokryphen und ähnliches. Entsprechend den verschiedenen Auslegungen entstanden auch verschiedene Kirchenorganisationen, verschiedene Lehren, Kulte und so weiter. Die Kirchen standen, schon seit Anbeginn, eine gegen die andere; die Geschichte der christlichen Kirchen ist in hohem Maße eine Geschichte des Ketzertums und der Sekten, wie die größeren Kirchen ihre abtrünnigen Schwestern nannten. Aber das war schon bei den Juden so, bei den Griechen und Römern, überall. Vergleichen Sie, wie verschiedenartig Kant ausgelegt wird, wie viele Kantschulen und Kantrichtungen es gibt! Die Religion spaltet sich darum so leicht, weil sie die Lehre vom Transzendenten darbietet, das der Erfahrung unzugänglich ist, die Lehre von der Sittlichkeit, die je nach der gesellschaftlichen Entwicklung verschieden ist, und die Lehre von der subjektiven religiösen Einstellung.

»Außerdem wird jede Idee getrübt und entstellt, wenn sie Besitz der Masse wird.«

Ja, aber die Massen werden und wurden bisher, auch in religiöser Beziehung, von geistlichen Führern geleitet, in der Regel von gelehrten Theologen. Der erste davon war Paulus, ihm folgten die anderen Autoren des Neuen Testaments; dann kamen die griechischen Kirchenlehrer, die mit Hilfe der griechischen und römischen Philosophie, Wissenschaft und der ganzen Kultur das erste theologische christliche System auf Grund des Neuen und des Alten Testaments ausarbeiteten. Es waren namentlich die alexandrinischen Lehrer vom Ende des zweiten und Anfang des dritten Jahrhunderts. Die genaue Formulierung der Lehre erzwang der literarische Streit mit den Heiden und Ketzern. Die Theologie war gleich in ihrem Anfang Apologie und Polemik. Das ist eine bedeutungsvolle Tatsache zum Verständnis des Christentums und der Kirche; es gab niemals nur eine einzige christliche Kirche, und der Jesus des Neuen Testaments rief und ruft noch immer religiöse Gärung hervor.

Zu Lebzeiten Jesu und längere Zeit darauf vereinigten sich die Gläubigen und Anhänger nur in freien Verbänden – es war die apostolische Zeit. Erst später organisierte sich die Kirche regelrecht. Durch Konstantin wurde sie staatlich; es entwickelt sich die römische und die byzantinische Theokratie; sie wird von der mittelalterlichen fortgesetzt. Die Kirche ist nicht mehr nur eine religiöse, sondern auch eine politische und weltliche Organisation. Der Frankenkönig Karl der Große erneuert mit Hilfe des Papstes das politische römische Imperium; aber schon im 11. Jahrhundert entstehen Gegensätze und Kämpfe zwischen Kaisern und Päpsten, zwischen weltlicher und weltlich-geistlicher Macht. Die päpstliche Macht sinkt seit dem 14. Jahrhundert merklich ab; in der ganzen christlichen Abendwelt wird durch den moralischen Verfall der Kirche ein Streben nach Besserung wachgerufen. Die Kirche beruft selbst Reformkonzile ein, aber ergebnislos; die revolutionäre Reformation in Böhmen entsteht, dann in Deutschland und anderswo.

Es ist eine ungemein wichtige historische Tatsache, daß und wie die Kirche im Mittelalter sich der gesamten geistigen Führung direkt und der politischen indirekt und direkt annahm. Das Mittelalter war die Zeit der Verkirchlichung, die Neuzeit wird zur Zeit der Entkirchlichung.

Auf allen Gebieten, vor allem in der Philosophie und den Wissenschaften, entsteht eine von der Kirche unabhängige neue Wissenschaft und ihre Schulen. Alle Kulturfächer befreien sich von der Führung und Aufsicht der Kirche, auch die Religion wird individueller und von der Kirche unabhängig. Der Staat wird entkirchlicht und übernimmt die kulturelle Führung, allerdings mehr verwaltungsmäßig als sachlich.

Das ist im Extrakt die Entwicklung des Christentums als Kirche. Man ersieht daraus, einen wie reichen und mannigfaltigen Inhalt das hat, was wir Christentum nennen.

Die christlichen Kirchen waren und sind, wie ich schon gesagt habe, von ihrer Umgebung abhängig; sie waren es von ihrer antiken Umgebung – viel mehr und tiefer, als man allgemein weiß; das Christentum ist in hohem Maße die Fortsetzung der Antike. Beachten Sie, daß das Neue Testament griechisch geschrieben ist, und das Alte Testament mußte schon im dritten Jahrhundert vor Christo für die hellenisierten Juden ins Griechische übersetzt werden. Es ist schwer zu sagen, ob Jesus selbst mit den hellenistischen Ideen vertraut war. Palästina – besonders Jerusalem – und ganz Kleinasien waren zu jener Zeit schon stark hellenisiert. Bei Johannes lesen wir, daß Griechen zu den Aposteln kamen und Jesus zu sehen verlangten; sie wollten ihn schwerlich nur sehen, gewiß wollten sie mit ihm sprechen, vielleicht demnach griechisch. Paulus konnte gewiß griechisch und kannte die griechische Philosophie seiner Zeit, namentlich den Stoizismus; in Johannes ist ein Stück Neuplatonismus im Logos enthalten usw. Die ersten christlichen Theologen waren griechische und römische Philosophen, die das Christentum annahmen; die Philosophie – vor allem Plato, Aristoteles und die Stoiker – hatte Einfluß auf die Entwicklung der christlichen Theologie und Kirchenlehre. Die Kirche übernahm schließlich den ganzen Aristoteles; die mittelalterliche Kirche bewahrte uns überhaupt die antike Literatur mitsamt der lateinischen und griechischen Sprache. Der von der Kirche beherrschte Staat nahm das römische Recht und die politische Idee des römischen Imperiums auf – siehe Karl den Großen.

Die junge mittelalterliche Kirche übernahm nicht nur die antike Philosophie, sondern auch manches von der antiken Religion. Viele kultische Einrichtungen stammen aus der religiösen Praxis der Griechen, Römer und Orientalen, hauptsächlich der Juden; allerdings hat das Christentum den Sinn der übernommenen Praxis und der Anschauungen verändert.

»Wie also: hat das Christentum die Antike revolutioniert oder sich aus ihr entwickelt?«

Beides. Jede Revolution, wenn sie nicht bloße Verneinung und Vernichtung dessen ist, was besteht, ist Entwicklung und Reform. Das Christentum entwuchs dem Judentum und nahm antike Elemente auf; in vielem wuchs es über sie hinaus, in vielem bewahrte es sie. Jesus hat selbst gesagt, daß er nicht gekommen sei, das Alte Testament zu zerstören, sondern zu erfüllen; de facto aber hat er es geradezu zerstört.

Die christliche Kirche baute ihre Theologie und scholastische Philosophie mit Hilfe der griechisch-römischen Philosophie auf; sie ist von Anfang an apologetisch und polemisch – dadurch erweist sie ihre Abhängigkeit von der Antike, gegen die sie lange gekämpft hat; denn jeder Kampf ist gegenseitige Berührung und Beeinflussung. Durch ihre Theologie und Scholastik bereitete sie die Reformation, die Reform und religiöse und kirchliche Revolution vor; durch die Aufnahme der antiken Kultur bereitete sie die Renaissance und den Humanismus, das weitere kulturelle Erbe der Antike, vor.

»Danach wäre die Entwicklung des Christentums und der Kirche in nuce schon in den Anfängen des Christianismus enthalten?«

Gewiß. Nehmen Sie die einzelnen Kirchen, wie sie historisch und entwicklungsmäßig bedingt sind. Das ist vor allem die katholische Kirche in ihren zwei Formen. Die Idee des Katholizismus wurde schon im fünften Jahrhundert von Vinzenz von Lerinum formuliert, als Glaube an das quod semper, quod ubique, quod ab omnibus creditum est. Die römische Kirche stellt einen geistigen Zentralismus dar, die Vervollkommnung und Fortsetzung der politischen und kulturellen Zentralisation des römischen Imperiums; die Ostkirche ist auf die föderative Gleichberechtigung der autokephalen Kirchen und ihrer Hierarchen begründet. Im Osten, am Rande des Orients, hatte der römische Zentralismus keine Kraft mehr. Der Unterschied zwischen der römischen und der griechisch-orientalischen antiken Kultur ist im Dualismus Rom-Byzanz, Katholizismus-Rechtgläubigkeit zu Ende geführt. Man kann darauf hinweisen, daß die katholische Kirche in ihrer Organisation in hohem Maße den römischen Staat nachgeahmt hat; als gesellschaftliche Organisation entlieh sie natürlich der staatlichen Organisation die Vorbilder. Deswegen ist sie als Organisation der damaligen Gesellschaft nicht minder großartig. Ihre Universalität und Internationalität sind ein historisches Unikum.

Dann die protestantischen Kirchen. Sie entstanden aus aktuellen Beweggründen der Kirchen- und Sittenreform, waren aber auch entwicklungsmäßig durch die allmähliche Befreiung des kritischen Verstandes von der offiziellen Theologie vorbereitet. Hier geschieht mutatis mutandis dasselbe, was einst in Rom geschehen ist, als die Philosophen mit der priesterlichen Mythologie in Konflikt geraten waren. Ewig die gleiche Geschichte!

Der Zentralismus Roms entwickelte sich bis zum geistigen und religiösen Absolutismus des römischen Bischofs. Nicht unlogisch. Wenn die Kirche durch Gott Jesus gegründet und der römische Bischof in der apostolischen Nachfolge sein Vertreter auf Erden und Hüter der göttlichen Offenbarung ist, so kann davon die Unfehlbarkeit des Papstes abgeleitet werden. Die Ostkirche behält die Unfehlbarkeit der ganzen Kirche praktisch den Konzilen vor. Das Konzil aber ist ein Parlament und hat alle Mängel der Parlamente. In ähnlicher Weise beanspruchen auch die protestantischen Kirchen die Unfehlbarkeit, haben aber nicht die geistige Autorität dazu; sie kommen dem religiösen und theologischen Subjektivismus und Individualismus entgegen, diesen zwei geistigen Grundforderungen der Neuzeit. Praktisch schreiben die Protestanten die Unfehlbarkeit dem Testament zu, nur daß dieses individuell ausgelegt wird. Die katholische Kirche wacht deshalb über der dogmatischen Auslegung der Schrift durch ihre Theologen und kontrolliert die Übersetzungen und das Lesen der Schrift bei den Laien.

Die Entstehung und Entwicklung der Reformation, die Entstehung der neuen Kirchen und der Theologie ist ein bewunderungswürdiges Ereignis der Kulturentwicklung der christlichen Welt; bewunderungswürdig, daß die Reformation in der ganzen Kirche entstand und sich ausbreitete. Die ganze Entwicklung des Christentums ist ein großartiges und tiefes Geschehen.

Die religiöse Entwicklung in Böhmen

»Und unsere religiöse Entwicklung?«

Darüber habe ich schon mehr als einmal gesprochen und geschrieben. Zu Beginn unserer Christianisierung schwankten wir zwischen dem Westen und dem Osten; geographisch stehen wir an der Scheide zwischen Ost und West, und das Christentum kam zu uns aus dem Osten, der damals dogmatisch noch nicht von Rom getrennt war. Bald wurden wir religiöse, politische und kulturelle Westler. Die Hinneigung zum Westen ist ein bedeutungsvolles, entscheidendes Ereignis unserer Geschichte. Später haben wir als erste in Europa – abermals unter dem Einfluß des Westens – die kirchliche Wiedergeburt und Revolution durchgeführt. Einzelne sogenannte Ketzer und allerlei Sekten gab es verschiedentlich auch vor unserer Reformation, aber bei uns wurde die Reformation zum erstenmal Sache eines ganzen Volkes. Durch die böhmische Reformation wurde den Reformationen in andern Ländern der Boden bereitet; Luther sagte mit Recht, daß wir alle Hussiten seien. Hus, Chelčický, Komenský sind neben dem westlichen Katholizismus unsere religiösen Führer. Hus erfaßte in der Religion und in der Kirche den Primat der Sittlichkeit; Chelčický begriff den Zusammenhang zwischen Kirche und Staat und forderte die Gottesherrschaft; Komenský erreichte den Höhepunkt des reformatorischen Strebens in der Erkenntnis, daß außer der Frömmigkeit die Bildung und die Menschlichkeit der Inhalt des geistigen Lebens sei und machte es zur Aufgabe aller Erziehung, die officina humanitatis, die Werkstatt der Menschlichkeit zu sein.

Durch die politische Führung der Habsburger und ihre im Wesen gewaltsame Gegenreformation wurde der Katholizismus wieder zur Kirche der Mehrheit der Nation, wie er es vor der Reformationsrevolution gewesen war. Aber die gegenreformatorische Gewalt hat der Religion nicht genützt; im 18. Jahrhundert, im Zeitalter des nationalen Erwachens, kam die Aufklärung zur Herrschaft, nach ihr und aus ihr der Liberalismus. Unsere Auflehnung gegen den Thron war auch von der Abneigung gegen die Kirche begleitet, die der Dynastie diente.

»Was ist die Schlußfolgerung daraus für unsere Gegenwart?«

Welche Schlußfolgerung? Vor allem müssen wir unsere Vergangenheit kennen – und nicht in religiöse Gleichgültigkeit verfallen. Der wesentliche Inhalt der Geschichte unseres Volkes ist das religiöse Bewußtwerden. Der Vater unserer Nation, Palacký, war sich dieser besonderen nationalen Sendung bewußt. Ich habe über unser religiöses Problem viel nachgedacht. Ich bin der Begabung und Anlage nach ein politischer, kein religiöser oder gar theologischer Mensch, aber die Religion ist mir der Hauptbestandteil des geistigen Lebens und der Kultur überhaupt. In der »Weltrevolution« habe ich gesagt: Jesus, nicht Cäsar; ich habe es als Politiker gesagt.

Ich bin und war deshalb ein Gegner des Liberalismus in seiner Form nach dem Jahre 1848. Er ist mir zu einseitig rationalistisch und in der religiösen Frage zu indifferent, religiös steril.

»Können sich Kirchen noch entwickeln? Ist eine religiöse Erneuerung möglich?«

Alles entwickelt sich; es gibt auch eine religiöse Entwicklung und wird es geben. Ich habe mich bestrebt, die christlichen Hauptkirchen zu begreifen; ich durchlebte persönlich den Katholizismus tief, lernte später den Protestantismus kennen und drang nach Möglichkeit auch in den Orthodoxismus, besonders den russischen, ein; ich kenne den geistigen Zustand aller dieser Hauptkirchen und weiß nicht, warum er endgültig sein sollte. Wir sehen jetzt überall, daß die Menschheit, die Nationen auf allen Gebieten ihrer Tätigkeit zu einer Einheit hinstreben. Es soll uns nicht beirren, daß es so schwer geht. Große Dinge werden nicht »eins-zwei-drei« geboren. Auch in den christlichen Kirchen ist Sehnsucht nach einem Dach und einem Hirten. So werden Versuche unternommen, die Kirchen zu vereinigen. Sie wiederholen sich seit Jahrhunderten unter den katholischen, auch unter den protestantischen Kirchen. Der Katholizismus lehnt die Union mit den Protestanten ab, aber hervorragende Theologen auf beiden Seiten lassen nie dagewesene Anzeichen von Versöhnlichkeit erkennen. Auch langsame Geschichte ist Geschichte. Allerdings die Kirchen zu vereinigen, ohne daß die Frömmigkeit und Sittlichkeit belebt würde, wäre keine Lösung des heutigen innerlichen religiösen Problems. Die Religion ist ein Ganzes, sie läßt sich nicht durch Flicken verbessern.

Wenn ich an Jesu Lehre glaube, so glaube ich, so muß ich an die Zukunft der Religion glauben. Jedenfalls müssen wir – und ich berufe mich da eben auf Palacký – in unseren Beziehungen Toleranz fordern. Nicht Toleranz aus religiösem Indifferentismus, sondern positive Toleranz: jeder halte am Seinen fest, habe seine Überzeugung, achte aber die echte Überzeugung der anderen. Gönnt jedem die Wahrheit – so wurde uns gesagt, und das gilt für immer.

Kirche und Staat

»Sie haben gesagt, daß Sie eher ein politischer als ein religiöser Mensch sind. Gewiß sehen Sie also auch die Kirche sub specie der Politik.«

Selbstverständlich. Jede Organisation, namentlich eine so riesige wie die Kirche, ist ipso facto eine politische Tatsache. Die Kirche entwickelte sich im heidnischen Staat, gegen ihn und teilweise mit ihm; als organisierte Gesellschaft mußte sie notwendigerweise ihr Verhältnis zum Staat, der damals die einzige allumfassende gesellschaftliche Organisation war, regeln. Schon Jesus gab dem Kaiser, was des Kaisers ist, und Paulus ging in dieser Richtung noch weiter. Die Kirche versuchte nicht, den heidnischen Staat zu beseitigen oder politisch umzugestalten, sondern ihn zum Christentum zu bekehren. Als er christianisiert wurde und die Kirche verstaatlichte, bildete sich die christliche Theokratie. Der Staat fand in der Kirche seine sittliche und religiöse Grundlage; die Monarchen – notabene Absolutisten – waren »von Gottes Gnaden«. Im Osten nahm die Theokratie den Charakter des Cäsaropapismus an, im Westen überragte das Papsttum den Kaiser und das Kaisertum, war also Papocäsarismus. Es war natürlich und für seine Zeit richtig, daß die Kirche sich als Trägerin der Bildung den Primat über den Staat aneignete; aber der Primat dauerte nicht lange und es entbrannte der Kampf zwischen geistlicher und weltlicher Macht.

Das Verhältnis zwischen Kirche und Staat konsolidierte sich allmählich. Erinnern Sie sich, daß die römischen Kaiser, als die Christen sich vermehrten und die Kirche sich zentralisierte, längere Zeit die Christen verfolgten. Gewiß zeigen heute die Historiker, daß diese Verfolgungen nicht so zahlreich waren, wie man früher behauptet hat, aber das ändert nichts an der Sache. Wenn die Heiden die Christen verfolgten, so taten diese es mit den Heiden, wann und wo immer sie zur Macht gelangten. Jesus war, wie ich gesagt habe, der Gährstoff, und sein Gebot der Liebe wurde nicht sofort und überall durchgeführt. Aus der ältesten Christenzeit würden sich viele schöne humane Worte finden lassen; ich erwähne nur aus Tertulian: »Das Panier Gottes und das menschliche Panier, die Fahne Christi und die Fahne des Teufels passen nicht zueinander. Der Christ kann nur ohne Schwert kämpfen, der Herr hat das Schwert beseitigt.«

Die Abhängigkeit der Kirche vom Staat sieht man am besten darin, daß die Teilung des römischen Reiches in ein östliches und ein westliches Kaiserreich die Entstehung und Entwicklung eines römischen und eines griechischen, rechtgläubigen Katholizismus vorbereitete. Die Spaltung des Staates führte die der Kirche herbei. Allerdings gab es da auch kulturelle Unterschiede, aber der Einfluß des Staates auf die Kirche wird offenbar.

Die Kirche ist ihrem Wesen nach eine gesellschaftliche Institution; außer daß sie Lehre und Kult ist, ist sie die Hüterin und Führerin der Sittlichkeit und der ganzen Lebenshaltung. Daher der Ursprung der Theokraten verschiedener Form: Religion und Politik, Kirche und Staat lenken die Gesellschaft mit gemeinsamer Hand – gewöhnlich so, daß die Kirche die Könige und Fürsten lenkt. Die Reformation veränderte das Verhältnis der Kirche zum Staat; der Staat gewann größere Macht dadurch, daß er auf katholischer Seite die Kirche gegen die Reformation schützte und auch selbst die Gegenreformation vollzog, auf protestantischer Seite aber Patron und geradezu Herr der neuen Kirchen war, die inzwischen mit dem Ausbau ihrer Theologie und kirchlichen Organisation zu schaffen hatten. Der Protestantismus war demokratischer, der Katholizismus aristokratischer.

Es ist wahr, daß orthodoxe Staatswissenschaft und Jurisprudenz in der Theokratie nicht die Grundlage des Staates und des Rechtes erblicken; die im römischen Recht erzogenen Juristen erklären das Wesen, die Entstehung und die Entwicklung des Rechtes und des Staates als unabhängig von Religion, Ethik und Sittlichkeit. Das Recht ist ihnen neben Ethik und Sittlichkeit eine selbständige und ursprüngliche soziologische Kategorie. Nun, ich kann mir nicht helfen, ich stelle mir Recht und Staat auf sittlichen und dadurch auch religiösen Grundlagen gegründet vor. Man kann zugeben – die Entwicklung geht dahin –, daß die geistliche und die weltliche Macht politisch und administrativ getrennt werden sollen; der Staat ist aus dem Bedürfnis einer gesellschaftlichen Organisation geboren, sein Ursprung ist in hohem Maße militärisch und wirtschaftlich; aber er übt auch die Gerechtigkeit aus, schützt die Geschädigten, straft die Schuldigen. So weit der Staat sich Rechts- und Kulturstaat nennt, ruht er auf Grundlagen der Sittlichkeit. Allerdings erlangen durch die Entwicklung und die zunehmende Kompliziertheit der gesellschaftlichen Verhältnisse seine wirtschaftlichen, verwaltungsmäßigen und militärischen Funktionen das Übergewicht. Aber auch in den alten Theokratien war der Knüppel, wenn ich so sagen darf, stärker als das Argument. Die geistige Macht war und ist dauerhafter, die weltliche Macht stärker. Man muß jedoch verstehen, daß die menschliche Gesellschaft von zwei Hauptorganisationen geleitet wird, von Staat und Kirche, und daß beide ihr gegenseitiges Verhältnis natürlich und notwendigerweise beständig regeln: die Throne unterstützen den Altar, der Altar die Throne.

Erst in der Neuzeit kam zu Staat und Religion eine dritte Komponente hinzu – die nationale Idee. Aber das ist schon ein anderes Kapitel.

Der »Kulturkampf«

Glaube und Wissenschaft

Die heutige religiöse und kulturelle Situation spiegelt sich anschaulich in unseren Universitäten: neben drei, vier weltlichen, wissenschaftlichen und philosophischen Fakultäten haben wir die theologische Fakultät. Offiziell werden zwei Weltanschauungen dargeboten, die sich durch ihre Methode, ihre Lehre und ihren Zweck unterscheiden. Auf der einen Seite steht die Wissenschaft mit der wissenschaftlichen Philosophie, für welche Erfahrung und Verstand die Quelle aller Erkenntnis sind, auf der andern Seite die kirchliche Theologie, die als ihre Erkenntnisquelle Offenbarung und Kirchenautorität bezeichnet. Derselbe Staat erhält und bezahlt ihre Verkünder und ihre Einrichtungen; beide kritisieren einander nicht nur gegenseitig, sondern lehnen einander ab und schließen sich aus. Das ist, kurz gesagt, der »Kulturkampf«, wenn die Konflikte sich auch nicht immer direkt und offen abspielen.

»Heute ist dieser Kampf vielleicht schon ausgetragen, nicht? Es scheint wenigstens, daß die Menschen andere Sorgen haben.«

Ausgetragen, also beendet, ist er nicht. Gewiß wird er zeitweise radikaler und ausgeprägter geführt, ein andermal ruhiger und indirekter, aber es ist ein chronischer Konflikt. Offenbar ist er der Gährstoff der Kulturentwicklung. Die Menschen werden sich nicht genügend bewußt, daß der geistige Antagonismus in Europa schon viel länger als zwei Jahrtausende dauert. Seine Anfänge liegen bei den Griechen. Als Wissenschaft und Philosophie sich von der traditionellen Mythologie und dem Polytheismus befreiten, entstand der Antagonismus: Sokrates ist das typische, schöne Beispiel des Denkers und eines der ersten Opfer dieses Kulturkonfliktes. Nach Sokrates steht die Philosophie ethisch und religiös stets gegen die Volksreligion. Das Christentum setzt den Kampf gegen Polytheismus und Mythologie fort und festigt seine Theologie mit Hilfe der griechischen Philosophie, obgleich es zugleich apologetisch mit dieser Philosophie im Streite liegt; aber dabei übernimmt es von der griechischen und orientalischen Welt auch viele mythologische, religiöse und kultische Elemente. Das heißt, es übernimmt den ganzen klassischen Konflikt. Seit jener Zeit dauert er unaufhörlich fort.

»Ich möchte sagen, mit Ausnahme des Mittelalters.«

Nicht ganz. Das Mittelalter strebt zwar nach Einheit, verwirklichte sie aber nicht ganz. Da ist immerfort Apologetik und Polemik, wenn auch schwächer als in der anfänglichen Kirche. Polemiken mit dem Islam gab es weniger als mit der antiken Philosophie schon deswegen, weil sie militärisch ausgetragen wurden. Die Kirche organisierte sich ihre Philosophie – die Scholastik – als »Dienerin der Theologie«; aber gerade die Unterwerfung weist auf den innern Antagonismus hin – wie jede Unterjochung. Die Scholastik untergrub durch ihre eher klügelnde als sachliche Vernünftelei, durch ihre Verteidigung der Theologie de facto die Kirchenautorität; es ist ja eigentlich eine contradictio in adjecto, wenn das Wort Gottes, das durch Gott geoffenbarte Wort, durch Menschenverstand verteidigt werden muß und dieser Verstand, die Kritik, die Spekulation den Wert der verschiedenen Offenbarungen und der religiösen Lehren entscheiden muß. Verstand muß den Wert der Lehren Mosis, Jesu, Mohammeds entscheiden! Die Scholastiker halfen sich schon im elften Jahrhundert mit der Lehre von den zwei Wahrheiten aus – das ist doch der aufgelegte Antagonismus. Und nehmen Sie das fortwährende Entstehen von Ketzertum und Sekten und die Polemik gegen sie, die durch Feuer und Schwert bekräftigte Polemik: das ist ein unaufhörlicher »Kulturkampf«. Die Definition des Vinzenz von Lerinum gilt und galt stets nur für die begriffliche und ideale Katholizität.

Die mittelalterliche Kirche verschaffte ihrer Autorität Geltung, diktierte die einheitliche Weltanschauung durch ihren geistigen und politischen Absolutismus. Aber dieser Absolutismus blieb nicht lange erhalten, er konnte sich nicht erhalten, denn er trug das Erbe der verstandesmäßigen und weltlichen Antike in sich. Die Scholastik bereitete durch ihre immerwährende

Apologetik, ihren Logizismus und die Anrufung des Verstandes, durch ihre Aufnahme der antiken Philosophie, vor allem des Aristoteles, in dem der griechische Rationalismus gipfelt, die Reformation, den Humanismus und die Renaissance vor. So entsteht die neue Zeit, die bewußt die ältere Zeit überwindet – Neuzeit gegen Mittelalter. Es entsteht die moderne Wissenschaft und die moderne, auf der Wissenschaft beruhende Philosophie. Auch die Kunst hört auf, ausschließlich der Kirche zu dienen. Die Renaissance kennzeichnet schon durch ihren Namen den Gegensatz zwischen Mittelalter und Neuzeit.

Auch der Staat und die ganze gesellschaftliche Einrichtung befreien sich von der Kirche. Die katholische Theologie gerät einerseits mit der Wissenschaft und der neuen Philosophie in Konflikt. Last not least auch mit den neuen Staatsauffassungen. Die neuen protestantischen Theologiesysteme standen der neuen Philosophie und Politik näher als der Katholizismus; der Protestantismus nahm den Grundsatz des religiösen Individualismus an, hob das Priestertum auf und schwächte dadurch prinzipiell das Kirchentum, die theokratische Hierarchie. Allerdings machte dann auch der Protestantismus den kirchlichen und theologischen Absolutismus geltend – Calvin ließ Servet verbrennen.

Überhaupt ist das Mittelalter in seinem Wesen sehr uneinheitlich. Die kirchliche und politische Einheit, die einheitliche Weltanschauung waren künstlich, waren durch die Autorität, durch physische und geistige Gewalt herbeigeführt. Und darum brach die neue Zeit an, die bewußte kirchliche und dann auch politische Revolution gegen die mittelalterliche gesellschaftliche Organisation.

Die neue Zeit ist durch ihre Entwicklung charakteristisch; gegenüber der Kirche gewinnt der Staat eine immer größere, weitere Macht, die Verstaatlichung aller gesellschaftlichen Funktionen und Kräfte beginnt; an Stelle des kirchlichen tritt der staatliche Absolutismus. Der Protestantismus, besonders der lutherische, unterstützt in gewissem Maße auch ihn; durch den Kampf gegen Katholizismus und Papsttum wurde der Staat gestärkt. Es ist kein Zufall, daß ein hervorragender protestantischer Theologe der Neuzeit zu der Anschauung gelangte, die Kirche könnte verschwinden und die gesamte Führung der Gesellschaft dem Staat überlassen. Auch der Katholizismus hilft in dieser Zeit dem Staat, indem er die Gegenreformation mittels der Staatsmacht vollzieht – hier und da half der Staat den Kirchen zu seinem Vorteil.

So ist der Konflikt der verstandesmäßigen Philosophie und Wissenschaft mit der Theologie, der Streit und Kampf der kritischen Vernunft mit der kirchlichen und religiösen Autorität chronisch, durch die Natur und die Entwicklung des menschlichen Denkens selbst gegeben. Wissenschaft und Philosophie entwickeln sich schon bei den Griechen und noch heute aus dem anfänglichen Mythos: der Menschengeist wird reifer, indem er sich von der Mythologie befreit. Allerdings geschah und geschieht dieses Entmythologisieren, dieses wissenschaftliche Umträumen allmählich; erst drang in den Mythos ein wenig Wissenschaft ein, dann faßte ein wenig Mythos Fuß in der Wissenschaft. Die Menschheit konnte selbstverständlich nicht warten, bis ihr Wissenschaft und Philosophie eine fertige, vollständige, logisch einheitlich ausgebaute, wissenschaftlich genaue Welt- und Lebensanschauung darboten; die Menschen wollten Welt und Leben sofort erklärt haben, um jeden Preis; und die ursprüngliche Erklärung war und ist stets mythisch. Es versteht sich, daß die Kritik, wenn der Konflikt in akuter Weise aufflammt, auf dieser und jener Seite oft durch die gegnerische Verneinung ersetzt wird: die Kirche will die Wissenschaft unterdrücken, die Wissenschaft die Religion widerlegen. Aber die Verneinung ist und kann nicht das Ziel sein, es handelt sich um die positive Entwicklung, um den Fortschritt, um die Vervollkommnung auf dieser und jener Seite.

»Läßt sich aber der Glaube durch die Erkenntnis vervollkommnen?«

Achtung auf das Wort Glaube! Psychologisch ist der Glaube ein Urteil und die Überzeugung, daß das Urteil richtig sei; in diesem Sinne ist der Glaube eine wesentliche Tätigkeit des Verstandes, und es gibt keine Erkenntnis ohne Glauben. Es geht noetisch darum, ob unser Glaube wissenschaftlich, kritisch ist oder ob wir an Stelle der richtigen Beobachtung und Begründung das glauben, was wir uns wünschen; es geht darum, ob wir der Autorität glauben oder dem kritischen Verstand. Auch die Wissenschaft glaubt, aber mit Gründen.

Der positive Fortschritt: Die griechische Philosophie stellte sich zum Beispiel gegen die volkstümliche Mythologie und den religiösen Polytheismus; sie arbeitete sich aus dem Mythos zu den Anfängen der Wissenschaft und in religiöser Beziehung zum Monotheismus durch. Deswegen kam diese Philosophie dem jüdischen und christlichen Monotheismus gelegen und half die christliche Theologie aufzustellen. Die griechischen Philosophen waren auch so weit, die Humanität, die Allmenschlichkeit, die Gleichheit aller Menschen zu verkünden; das setzte das Christentum durch seine Verkündigung der Liebe und Menschlichkeit fort. Darin liegt solch ein Stück positiver Entwicklung: die christliche Theologie als Fortsetzung der antiken Philosophie, obgleich sie ex thesi gegen sie gerichtet war. Und in ähnlicher Weise weiter: die Theologie baute ihre christliche Philosophie aus, diese aber öffnete nolens volens der modernen, wissenschaftlichen Philosophie den Weg. Und was die heutige Wissenschaft betrifft, so stehen wir nur an der Schwelle der Erkenntnis, aber um wieviel tiefer kann unser Verstehen der Welt- und Lebensordnung durch jede neue wissenschaftliche Erkenntnis werden! Je mehr wir unser Bild von Welt und Leben erweitern und vertiefen, desto besser erkennen wir oder können wir Gott, den Schöpfer und Lenker, erkennen.

Die Philosophie ist ein Organ der Wissenschaft, der Wissenschaftlichkeit, des Kritizismus, die Theologie ein Organ des Mythos und des Mythizismus. Der Mythizismus ist nicht tot, vielleicht kann er nicht einmal tot sein. Die Gelehrten und Philosophen übersehen im Eifer des Gefechtes gegen die Theologie, daß diese nicht die Religion ist. Was sagt es, daß Religion und Kirche trotz dem uralten Kampf der Theologie mit der Wissenschaft und Philosophie fortbestehen? Die Religion ist eben nicht nur eine theoretische Frage, es handelt sich bei ihr nicht nur um die Lebens- und Weltanschauung, nicht nur um die Theologie, sondern sie ist eine Frage des Lebens selbst, eine praktische Angelegenheit. So lange die Kirchen die religiösen Bedürfnisse der Menschen befriedigen, leben sie selbst. Den Philosophen würde es mitunter nicht schaden, sich bewußt zu werden, daß viele, viele metaphysische Systeme, die sie mit ernster Miene dozieren, in sachlicher, wissenschaftlicher Hinsicht um nichts besser sind, um nichts weniger mythologisch als die Theologie. Und gibt es zwischen den philosophischen Systemen nicht auch fortwährende Konflikte und Kämpfe?

»Da ist allerdings ein Unterschied: die Philosophie versucht den Menschen zu überzeugen, will aber nicht die Herrschaft über die Seelen ausüben.«

Das will sie nicht? Sie tut es, nur mit anderen Mitteln; ist denn der wissenschaftliche Unterricht nicht auch eine Lenkung der Seelen? Haben wir nicht auch wissenschaftliche Kirchen, Sekten und Ketzer? Der Gelehrte und Philosoph teilt seine Gedanken und Forschungen dem Menschen ebenso mit, wie Priester und Prediger ihre Lehre den Menschen predigen. Alles Denken und Handeln ist nicht nur individuell, sondern auch gesellschaftlich; wir denken nicht nur für uns, sondern auch für die andern und mit ihnen. Ja, wenn die Philosophie könnte, würde sie manchmal auch befehlen wollen. Auch Gelehrte und Philosophen pflegen allein seligmachend und unfehlbar zu sein. Gelehrte und Philosophen sind doch auch nur Menschen, und Menschen geht es nicht immer nur um Wahrheit, sondern auch um Ruhm, Ansehen, das tägliche Brot und wer weiß was!

»Das bedeutet, daß man sich vorsehen muß, im ›Kulturkampf‹ nicht den Teufel durch Beelzebub zu verjagen.«

Und nicht das Kind mit dem Bade auszuschütten. Immerfort wird im Kampf mit Religion und Theologie vergessen, daß die Religion nicht nur Lehre, nur Theologie, sondern Lebenspraxis ist, daß sie das ganze Leben der Gläubigen durchdringt und erhebt.

Sagen wir: Durch ihren Kult und ihre Zeremonien hat die Kirche ihre Poesie. Ich erinnere mich, wie Björnson den Einfluß der Kirche auf ein Dorf schildert. Man stelle sich das nur richtig vor: wie schon das ungewöhnliche, architektonische und symbolisch eindrucksvolle Gebäude auf den einfachen Menschen und besonders auf das Kind, das nur seine arme, enge Stube kennt, wirkt; die Dorfleute sehen sich alle in der Kirche versammelt, alle festlich gekleidet und gewaschen, vom Bürgermeister angefangen – ehemals vom Feudalherrn – bis zum letzten Untergebenen, und alle gehören zu einem einzigen Ganzen; da kommen die jungen

Leute zusammen, die Liebespaare in ihrem herrlichsten Schmuck – auch das gehört zur Sache; in der Kirche hören die Leute Musik, oft schöne Musik, und singen eines Sinnes mit; Statuen, Gemälde, Weihrauchfässer, das alles wirkt geradezu sinnlich auf sie ein. Der Kult und die einzelnen Zeremonien sind auch ein Theater, Drama und großes Symbol zugleich, Schauspiel und Aufforderung zum Nachdenken; die Predigt ist ein Musterstück von Rhetorik, Diskussion und Polemik, ein Beispiel, wie ein gegebenes Thema zu entwickeln ist. Was gibt es da für starke Eindrücke, was für einen Schmaus für Sinne und Seele des Menschen, was ist das für die Kinder! Was war das einst für mich! Es genügt eben nicht, Kirche und Theologie theoretisch zu verneinen; Religion und Sittlichkeit werden praktisch erlebt; man kann den Menschen eine andere Lehre geben, aber was soll man ihnen statt der religiösen Hoffnung und Fülle bieten? Allein lebendige Religion kann unlebendige, nur vegetierende Religion und Kirchentum ersetzen. Darin irren Philosophen und Theologen; die Theologie ist, wie gesagt, nicht Religion, sondern die Theorie von der Religion; Philosophie kann die Theologie ersetzen, nicht aber die Religion. Allerdings legen oft auch die Kirchen größeres Gewicht auf ihre Theologie, auf die Rechtgläubigkeit als auf den sittlichen Lebensinhalt der Religion. Aber ist das nicht ebenso – zum Beispiel in den politischen Parteien? Eine menschliche Schwäche: wir legen mehr Wert auf Worte als auf Tatsachen ...

Toleranz

Im geschichtlichen Konflikt zwischen Wissenschaft und Kirche sehe ich nur einen Weg: in dem beständigen Bestreben nach Erkenntnis die Frömmigkeit nicht zu verlieren. Der anständige, ehrenhafte Mensch wird tolerant sein, wird auch gegen sich selbst und seine Ansichten kritisch sein. Ich denke an Augustinus: in necessariis unitas, in dubiis libertas, in omnibus caritas. Freilich hat auch dieser Augustinus die Todesstrafe für Ketzer gebilligt.

»Und doch blicken, wie Sie wissen, Gläubige und Ungläubige auf die Toleranz mit Mißtrauen: »Ach, daß du kalt oder warm wärest! Weil du aber lau bist und weder kalt noch warm, werde ich dich ausspeien aus meinem Munde.«

Ja, aber die Toleranz ist weder lau noch bequem, sie ist nicht schwankend und unbestimmt; auch in der Toleranz muß Tapferkeit und Konsequenz sein. Die Toleranz ist nicht Gleichgültigkeit, ist keine sittliche und religiöse Weichheit und kein Mangel an Überzeugung. Ich habe dem heutigen Liberalismus immer seine Indifferenz in religiösen und sittlichen Dingen vorgeworfen. Wo lebendiges Interesse und Teilnahme ist, kann es keinen Raum für Indifferenz geben. Ich erkenne das laisser faire nicht an. Das ist keine Mitarbeit. Unter Liberalismus versteht man jetzt gewöhnlich nur ein politisches und wirtschaftliches Programm; das umfaßt ihn nicht ganz. Der Liberalismus ist als »freies Denken« in erster Reihe gegen die Theologien und Kirchen, in zweiter gegen die politische Unfreiheit entstanden. Aber die Freiheit ist kein leerer Rahmen, in den jeder einfügen kann, was er will; die wahre Freiheit schafft Raum für besseres Erkennen, bessere Organisation und vernünftiges Tun. Die Toleranz ist eine moderne Tugend, ist echte Humanität; wir sind uns bewußt, von der Natur verschieden und mannigfaltig begabt zu sein; darum gelangen wir zu geistiger und gesellschaftlicher Einheitlichkeit nicht durch Diktat und Gewalt, sondern durch Anerkennung der verschiedenartigen Gaben der menschlichen Natur und ihre Harmonisierung. Zur Einheit können wir heute und in Zukunft nur durch Harmonie, durch Mittätigkeit und daher durch Toleranz gelangen. Ich habe ein gutes Zitat aus Goethe zur Hand: »Die verschiedenen Denkweisen sind in der Verschiedenheit der Menschen gegründet, und eben deshalb ist eine durchgehende gleichförmige Überzeugung unmöglich. Wenn man nur weiß, auf welcher Seite man steht, so hat man schon genug getan; man ist alsdann ruhig gegen sich und billig gegen andere.« (Goethe an Reinhard.)

Die Theologen klagen oft – angeblich im Interesse der Religion – den Verstand und die moderne Skepsis an. Mit Unrecht. Denn die Theologie selbst ist nur dazu da, die religiöse Lehre für den Verstand zu begründen. Was entscheidet letzten Endes über den Wert der verschiedenen Kirchen und Dogmen in ihrem unaufhörlichen Streit? Wieder nur der Verstand. Und was die Skepsis betrifft, so ist sie nicht Gottlosigkeit; der wirkliche Feind der Religion, die wahre Gottlosigkeit und der Abfall von Gott ist die Indifferenz, die Gleichgültigkeit und der Zynismus. Indifferentismus und Zynismus sind das Grab der Religion und des geistigen Lebens überhaupt, sie sind der geistige Tod. Mancher Skeptiker, ja Atheist hat mehr Religion als solch ein religiös gleichgültiger Kirchengänger. Jesus stand sein Leben lang gegen die Matrikelgläubigen; den Herren des Tempels von Jerusalem kam er gottlos vor.

Es ist wahr, daß die Menschen mitunter dieses Streites müde sind, das Herz zieht sie sowohl zur Wissenschaft als auch zum Glauben, sie möchten weder das eine noch das andere verlieren, und da suchen sie ein Kompromiß, machen Zugeständnisse …ich verfolge diese Versuche, sehe aber keinen rechten Weg in ihnen. In der neuesten Philosophie wird ein gewisser Irrationalismus verbreitet, man läßt den Willen, das Gefühl oder den Instinkt entscheiden. Der Ruf nach dem Mythos erschallt wieder, als wäre der Mythos Religion. Das ist ein großer Irrtum: weder Mythos, noch Theologie, noch Wissenschaft, noch Philosophie sind Religion. Religion kann man mythisch und theologisch auffassen; aber das eine wie das andere ist nur Theorie von der Religion, während die Religion – eben Religion ist, das Leben in Gott und mit Gott.

Und der Ruf nach dem Mythos! Als gäbe es nicht moderner Mythen und Mythologen genug! Kant gerät durch seinen Apriorismus in den Mythos und gibt am Ende einen »subtileren« Anthropomorphismus zu, Schelling, Fichte, Hegel sind Schöpfer von Mythen, Nietzsche schafft den Mythos vom Übermenschen, Comte wird zum philosophischen Fetischisten, Darwin, Häckel und die Monisten stecken bis zum Kopf im Mythos – wir haben keinen Grund, zum Mythos zurückzukehren. Die Aufgabe besteht immer darin, kritisch zu denken – und fromm zu leben.

Staat und Kirche

»Ich glaube, wenn die Kirchen nur mit der Philosophie und Wissenschaft im Streite lägen, so wäre der Konflikt mehr oder weniger ein Kathederstreit …Ich will sagen, kein so geschichtlicher und massenhafter, wie er wirklich ist. Es handelt sich hier doch um einen Konflikt zwischen der kirchlichen und der weltlichen gesellschaftlichen Ordnung.«

Sie haben recht. Also historisch: die Kirche entstand im römischen Staat; der Staat war im Altertum die einzige allumfassende Organisation der Gesellschaft, und daher war er so mächtig. Erinnern Sie sich daran, daß die römischen Kaiser – so wie die orientalischen Despoten, vielleicht auch unter dem Einfluß des Orients – vergottet wurden; das römische Prinzipat und der Cäsarismus waren schon unmittelbare Theokratie. Augustus führte eine religiöse Reform durch, und die Verfolgung der Christen entsprang theokratischen Anschauungen. Die mittelalterliche Kirche siegte philosophisch und organisatorisch über das Imperium, es entstand eine vollkommenere, nämlich religiösere Theokratie. Die Entwicklung der Neuzeit seit der Reformation und Renaissance, die kulturelle und gesellschaftliche Entwicklung habe ich schon als allmähliche Entkirchlichung charakterisiert; mit ihr ging die kulturelle Differenzierung Hand in Hand. Die mittelalterliche Kirche bemächtigte sich der Religion, der Anschauungen, des Wissens und Denkens und leitete sie; sie machte sich die Kunst untertänig; sie monopolisierte für sich die Caritas, die soziale Fürsorge, die Spitäler und die gesamte Erziehung; sie schloß die Ehen; sie griff in die internationalen Beziehungen ein und lenkte die Zivilisierung der Kolonien. In ihr lebte der Geist des Universalismus und der Weltlichkeit des römischen Imperiums. Und nun beachten Sie, wie sich eins nach dem andern von diesem kirchlichen Großorganismus abspaltet: die neuen Kirchen teilen sich ab und richten sich für sich selbst ein; die Wissenschaften, die Philosophie, die Kunst erobern sich die Unabhängigkeit von der Kirche; die Staaten, in der mittelalterlichen Theokratie der Kirche noch untergeordnet, eignen sich die Führung der Gesellschaft auf allen Gebieten an: der Staat übernimmt das Schulwesen, die Erziehung, die humanitäre Fürsorge, die soziale Gesetzgebung. Das alles ist die wirkliche, wenn auch stille Trennung des Staates von der Kirche, die auf die formale Trennung gar nicht gewartet hat. Der mittelalterliche Katholizismus mit seiner Universalität und Internationalität war gut und notwendig; er rettete die griechische und römische Zivilisation vor dem Ansturm der Barbaren – nicht umsonst bewahrte die Kirche die Sprachen des römischen Imperiums – und gab der ganzen europäischen Bildung eine von Grund aus internationale, übernationale, weltliche Basis. Die Kirche gab den europäischen Stämmen und Völkern die Weltlichkeit, die Sendung, in die ganze Welt hinauszugehen und alle Nationen zu lehren. Der Jahrhunderte alte Prozeß der Entkirchlichung, der Verweltlichung, der kulturellen Differenzierung ist und wird auch weiter geschichtlich notwendig sein, er läßt sich weder umkehren noch aufhalten. Kirche und Religion müssen da ihre gebührende Stelle finden und sich ihrer neuen Aufgabe bewußt werden.

Ich habe schon gesagt, daß die Macht des Staates nicht allein durch die Entkirchlichung, sondern auch durch die Allianz mit den Kirchen gewachsen ist; die Entkirchlichung ist ein langer, bisher unabgeschlossener Prozeß. Die katholischen Dynastien führten die Gegenreformation durch, die protestantischen die Reformation – das wurde die Grundlage des staatlichen Absolutismus. Aber gegen ihn entstanden und entstehen die politischen Revolutionen, so wie gegen den Kirchenabsolutismus die Reformationsrevolutionen entstanden sind; aus der kirchlichen Krise ging die staatliche und politische Krise hervor, und auch die schreitet fort. Diesen kulturellen Prozeß begreifen die Kirchen nicht genügend und können sich mit ihm nicht abfinden, sie ringen um ihre verlorene Macht. Wenn sie sich in die veränderten Verhältnisse einleben würden, so fänden sie eine andere und höhere Funktion für sich: eine rein geistliche, wahrhaft religiöse Funktion. Je mehr sich die Weltordnung verweltlicht, desto mehr könnten und sollten sich die Kirchen der reinen, fleckenlosen Religion widmen – der Religion Jesu: die Welt wahrhaft christianisieren, nicht durch Macht, sondern durch Liebe.

Der kulturelle Prozeß …Ein so massenhaftes, epochales Geschehen spielt sich letzten Endes in der Seele der Einzelmenschen ab. Ich beobachte, so lange ich lebe, wie der Konflikt zwischen Theologie und Philosophie, zwischen geistlicher und weltlicher Ordnung sich in der Zerrissenheit, Spaltung und Halbheit unserer Zeit und der heutigen Charaktere verhängnisvoll äußert. Dieses Problem behandelte ich schon im »Selbstmord«, aber ich kehre immer wieder dazu zurück, zuletzt in der »Weltrevolution« ... Ich habe nie gedacht und geschrieben, um mein philosophisches System aufzubauen, sondern weil mich die Krise der Zeit dazu trieb und drängte. Selbstverständlich erlebte ich sie selbst an mir ... für mich und für andere.

»Sie sprechen von der Krise der Kirche. Ist heute nicht auch die Religion in einer Krise?«

Nicht in dem selben Maße, abgesehen davon, daß eine Krise nicht Ende und Untergang ist, sondern eben nur eine Krise. Gewiß sind wir nicht am Ende der Religion. Das, was viele als endgültige Abkehr von der Religion ansehen, ist manchmal die Sehnsucht nach einer anderen, lebendigeren, reineren und vollendeteren Religion. Aber es ist richtig, daß auch eine wissenschaftliche Ochlokratie der Intelligenzmandarine, ich möchte sagen, der Hochnäsigen aus Wissenschaft und Halbwissenschaft entsteht; und jede Ochlokratie dauert nur eine Zeitlang.

Sie sehen ja, daß sich für die Religion jetzt Philosophen und Gelehrte vielleicht wirkungsvoller einsetzen als Theologen. Das ist nichts Merkwürdiges: Wissenschaft und Philosophie müssen sich bewußt sein, daß sie die Religion nicht ersetzen können ... Die religiöse Krise ist praktisch die Krise der christlichen Kirchen. Das strittige Hauptproblem zwischen Theologie und Wissenschaft bleibt die Offenbarung, ob nämlich die Religion auf Offenbarung beruhe oder eine natürliche Religion möglich sei. Ganz schroff formuliert, geht es um die Göttlichkeit Jesu. Die Orthodoxie behauptet, das Christentum sei von Gott Jesus gegründet, seine Lehre sei die Offenbarung Gottes, die Kirche eine Einrichtung Gottes; daraus ergeben sich die weiteren Folgerungen von Lehre und Praxis. Dem gegenüber behauptet die natürliche Religion, Jesus sei ein Mensch gewesen wie jeder andere, und sieht eben darin, daß der Mensch allein, ohne Wunder, sich so hoch erhoben habe, eine höhere Bestätigung des Christentums. Die Religion wird dadurch eine natürliche Begabung des Menschen, wie Wissenschaft, Kunst und Ähnliches, und kann durch unser eigenes Streben vervollkommnet werden wie die anderen Gaben der menschlichen Natur. Unser Leben empfängt besondere Werte, wenn der Mensch aus sich heraus so vollendet sein kann, wie Jesus es gefordert und als Mensch gekannt hat. Ich wiederhole, daß ich kein Theologe bin, kein Religionslehrer, sondern nur ein religiös gläubiger Mensch; Jesu nachzufolgen, das ist mir alles.

»Sind Sie für die religiöse Erziehung der Kinder?«

Allerdings bin ich dafür; das ergibt sich ja aus dem Wert der Religion. Aber für die religiöse Erziehung genügt nicht der Katechismusunterricht in der Schule. Die Schule ist heute eine wissenschaftliche Anstalt, das heißt, auf den Erkenntnissen der Wissenschaften gegründet; wenn in ihr der orthodoxe Katechismus gelehrt wird, so stellt sich notwendigerweise die theologische und religiöse Krise schon in der Kindheit und Jugend ein. Darüber braucht gar nicht gesprochen zu werden, daß Religionsunterricht nicht religiöse Erziehung ist. Der Kampf um die Schule ist ein schweres Problem unserer Übergangszeit.

»Eine indiskrete Frage: Plädieren Sie für die Religion nur als Philosoph – oder auch als Politiker?«

Ich werde mit einer Erfahrung antworten. Als die Geistlichen in den Kirchen für die Republik und den Präsidenten zu beten anfingen, machte mich Švehla Tschechoslovakischer Staatsmann (1873-1933). Ministerpräsident 1922-1929. darauf aufmerksam, was das in politischer Beziehung für eine große Sache sei. Er hatte recht. Wir müssen es zu schätzen wissen, wenn eine so große, alte Organisation sich mit unserer weltlichen, demokratischen Ordnung aussöhnt. Mein Verhältnis zur Religion hat sich dadurch nicht geändert. Ich habe die Religion mein Leben lang verteidigt, ich besaß sie seit der Kindheit, sie verließ mich auch damals nicht, als ich für gottlos verschrien wurde ... Meine Religionsphilosophie habe ich Ihnen schon dargelegt. Und ich habe Ihnen auch gesagt, daß ich von Natur aus ein politischer Mensch bin; die religiösen Probleme müssen praktisch die durch ihre Begabung religiösen Menschen, die religiösen Genien und Führer lösen. Wir erleben eine Übergangszeit, uns fehlen Lehrer des Glaubens, der Liebe und der Hoffnung. Als Theist glaube ich aber an die Zukunft der Religion.

Nochmals über Religion

Religiöses Leben

»Ich komme auf die Religion zurück. Zum religiösen Leben genügt doch nicht allein das Gefühl der Frömmigkeit; jede Religion muß in einer positiven Glaubenslehre ihre Grundlage haben.«

Sehen Sie, auch Ihnen gibt die Religion keine Ruhe! – Ich verstehe, daß Ihnen meine Religionsphilosophie beim ersten Anhören nicht genügt und Ihrer Kritik nicht genügt. Ich werde versuchen, die Hauptfragen nochmals zu formulieren. Seien Sie nicht ungeduldig, wenn ich das eine oder andere wiederhole.

Ja, jede Religion muß formuliert sein, hat also ihre Lehre, ihre Glaubenslehre, Dogmen und Theologie; aber jede Religion muß auch praktiziert und erlebt sein. Ich fürchte mich nicht zu sagen: Lebendig erlebt. Für mich ist Jesus der religiöse Führer und Lehrmeister. Jesus war kein Theolog, sondern ein Prophet, der größte der Propheten. Was für die Kunst, Wissenschaft; Politik und auf andern Gebieten das Genie ist, das ist für die Religion der Prophet. Prophetentum bedeutet nicht nur weissagen und voraussehen, sondern auch das Wort Gottes verkünden, strafen und führen, zu geistigerem und neuem Leben erheben; Vorbild sein, die Stimme des Gewissens sein, Erwecker des Lebens – es ist schwer in Worte zu fassen.

Nach Jesu Lehre ist die Religion der Glaube an einen einzigen Gott, den Schöpfer, den Lenker der Welt, den Vater; aber Jesus überspannt den Transzendentismus nicht, seine Religion ist eben nicht nur für den Himmel, sondern auch für die Erde und für das tägliche, gewöhnliche Leben. Er sprach nicht viel von den Anfängen noch vom Ende der Welt, befaßte sich nicht mit der Geschichte, wie das Alte Testament, das in dieser Hinsicht nur eine nationale Religion und Lehre bot. Die Religion Jesu äußert sich in Sittlichkeit und Menschlichkeit, ist Humanismus sub specie aeternitatis. Den Unterschied zwischen Frömmigkeit und Sittlichkeit erfassen wir in den Worten: heilig und gut. Heiligkeit ist sittliches Leben in Gott.

»Kann denn Sittlichkeit nicht ohne Religion sein?«

Das kann sie; manchmal ist sie dann besser als die Sittlichkeit frommer Kirchenmenschen – es geht eben darum, was für eine Frömmigkeit und was für eine Sittlichkeit es ist. In die Kirche gehen, beten, gewohnheitsmäßig die Zeremonien ausüben und ähnliches ist nicht schwer; aber voll und stets der Beziehung zu Gott bewußt sein, jeden Menschen achten und ihm helfen, den Egoismus in sich unterdrücken, vernünftig und sittlich leben – das ist schwer, und das ist wahre Frömmigkeit. Sittlichkeit und geistiges Leben können ohne Religion und außerhalb der Religion sein, aber ich frage mich: Sind sie vollkommen? Nach meinem Verstand: nein. Ich verlange eine Religion als notwendige Erfüllung des geistigen und kulturellen Lebens. Dadurch, daß ich in der Sittlichkeit den Hauptbestandteil der Religion sehe, mache ich aus der Sittlichkeit sozusagen einen religiösen Kult. Sittlich leben ist eben Verehrung Gottes.

»Genügen Glaube an Gott und Sittlichkeit zum vollen religiösen Leben?«

Sie genügen nicht. Schon im Neuen Testament lesen wir, daß auch die Teufel an Gott glauben, aber zittern. Wollen wir das Wort Glaube gebrauchen, so muß der religiöse Glaube das persönliche Verhältnis, das intime Verhältnis zu Gott sein. Glaube kann eine bloße Hypothese sein; aber zu Gott gelangen wir nicht nur durch Spekulation. Wenn in der Religion der Transzendentismus überspannt wird, so wird leicht der Nächste und das sittliche Leben vergessen; untergeordnete religiöse Bestandteile, Kirchentum und Zeremoniell werden betont und gewertet; man verfällt auch in ein unlebendiges, lebensfeindliches Feuer, das das Leben selbst verleugnet wie Askese, Einsiedeltum, Verstümmelung an Körper und Geist. Als Heilige wurden ja Menschen anerkannt, die auf Säulen lebten und meinten, dadurch Gott zu dienen, andere ließen sich bei lebendigem Leib von Ungeziefer zerfressen und wer weiß was noch. Darin liegt eben die Überschätzung des Transzendenten; die Menschen wollen Gott durch etwas Besonderes und Widernatürliches dienen – das ist religiöse Akrobatik! Ja, ich lehne auch die religiöse Mystik ab; mit Gott sich dadurch vereinigen, daß Verstand und leibliches Leben unterdrückt werden, sich so konzentrieren, daß man in Ekstase und Rausch verfällt und in einem solchen Zustand mit der Gottheit verkehren – das alles ist ein mehr oder weniger pathologischer Zustand. Religion ist keine Sache der Nerven und Anfälle, sondern das Bewußtwerden des Lebenssinnes, das Bewußtwerden des normalen, an Körper und Geist gesunden Menschen. Aber es gibt eine religiöse Pathologie, religiöse Abweichungen und geradezu seelische Krankheiten, es gibt auch einen religiösen Analphabetismus. Die »Gottesmenschen« des russischen Muschiks sind eine sonderbare Rasse, ich habe sie gesehen und beobachtet! Die Menschen haben ja Epilepsie und Wahnsinn als Äußerung Gottes verehrt. Auch darin liegt eine Überschätzung des Transzendenten oder konkreter gesagt: das Bedürfnis nach dem Geheimnis und dem Geheimnisvollen.

»Kann Religion überhaupt ohne Geheimnis sein?«

Das kann sie nicht; aber es kommt darauf an, was für Geheimnisse wir anerkennen. In Wirklichkeit ist uns die Welt und das Leben ein Geheimnis. Wieviel davon erkennen und wissen wir tatsächlich? Der Mensch hat eine natürliche Neigung zum Mysteriösen: die Welt ist dem Menschen und der Mensch sich selbst ein Mysterium. Ist das unscheinbare Feldblümchen nicht ein Geheimnis? Man sehe es nur an – woher seine Schönheit, seine Zweckmäßigkeit, woher kommt es überhaupt?

In seiner Schwäche, Not und Elend dürstet der Mensch nach Wundern und Offenbarungen, immer und überall, im Spiel und in der Krankheit, in der Politik und in sozialer Sehnsucht, in den metaphysischen Fragen der Seele und des Lebens. Daher die Vorliebe für den Okkultismus und die sogenannten geheimnisvollen Erscheinungen.

Mein Gott, geheimnisvolle Erscheinungen! Daß ich die ganze Welt sehe, daß ich diesen Baum in mich aufnehme, daß ich ihn anstaune, daß ich mir des Geheimnisses seines Lebens und Wuchses bewußt werde – als ob das alles nicht ebenso geheimnisvoll, ebenso bewunderungswürdig wäre! Ist denn die Seele nach dem Tode etwas Geheimnisvolleres und Mysteriöseres als die Seele im Leben ... und die Seele der sogenannten großen Männer etwas Bewunderungswürdigeres als die Seele der Frau dort, die das Heu recht?

Die Menschen, die in ihre allernächste Umgebung versenkt sind, vermögen nicht die Größe aller Dinge zu sehen; jedes unscheinbare Ding, das alltäglichste Ereignis ist etwas Geheimnisvolles und Ungeheures! Lassen wir uns durch die Gewohnheit nicht täuschen. Wir haben uns vor allem an uns selbst gewöhnt, haben uns gewöhnt, nur unsere nächste Umgebung zu sehen, aber sinnen wir nach, sehen wir uns die bekannten Personen und Dinge nur ordentlich an, und unsere Anschauung vom Geheimnisvollen und Wunderbaren wird sich erweitern!

Über Frömmigkeit

Was ist Frömmigkeit in psychologischer Beziehung? Das Verhältnis zu Gott, das persönliche Verhältnis kann verschiedenartig empfunden werden; jeder Mensch erlebt es gewissermaßen irgendwie anders; auch darin sind wir jeder eine besondere Persönlichkeit mit verschiedener Begabung und eigenen Erfahrungen. Im Alten Testament bildete die Furcht vor dem Herrn den Anfang der Weisheit und die wahre Frömmigkeit; bis heute deckt sich für uns das Wort »gottesfürchtig« mit dem Begriff »fromm«; auch den Griechen und Römern war das Verhältnis des Menschen zu den Göttern und der Gottheit Deisidaimonia, Theosebeia. Bei Aristoteles finde ich wörtlich den Ausspruch, der Mensch könne Gott nicht lieben. Jesus umschrieb das Verhältnis des Menschen zu Gott als die Liebe und das Verhältnis des Sohnes; Gott ist des Menschen Vater, wir sind seine Söhne. Das ist eine neue Definition der Frömmigkeit und der Religion, und das Christentum ragt dadurch über das Altertum hinaus. Gewiß gibt es auch im Alten Testament, soweit Jahwe der Gott des Geschlechtes, des Stammes oder des Volkes war, etwas von familiärer Beziehung zu Gott.

Jesus vereinigte die Liebe zu Gott mit der Liebe zum Nächsten und er machte das göttliche Sohnestum und die gegenseitige Liebe der Gottessöhne universal; die Liebe zum Nächsten gilt gegenüber allen Menschen und Völkern. Dadurch wird der Glaube an einen einzigen Gott erfüllt: es gibt nur einen Gott, den Gott aller Völker und Menschen.

Jesus übernahm das Alte Testament, er ist nicht gekommen, wie er sagte, um es zu zerstören, sondern um es zu erfüllen. Jesus schuf nicht erst die Religion, sie bestand schon immer und längst vor ihm; er war Reformator. Auch die christlichen Kirchen übernahmen das Alte Testament und bewahrten neben der Liebe Jesu auch den alttestamentarischen timor Domini – mehr als nötig ist.

Außer diesem Verhältnis zu Gott und zum Nächsten können Sie aus der Religion noch andere Elemente herausanalysieren; der Kult, die Zeremonie, die religiösen Einrichtungen erwecken in den Gläubigen starke Gefühle, oft stärkere, als das Gefühl zum unsichtbaren Gott ist. Das Verhältnis zur Hierarchie, zu den Priestern und Predigern, die Abhängigkeit von der Kirche und ihren Führern ist – ähnlich wie in der Politik und anderswo – ein wichtiger Bestandteil der Religion. Darum, weil diese Elemente soviel enthalten und jedermann sich für ein anderes entscheiden kann, mitunter für ein ganz äußerliches, untergeordnetes, etwa eine Zeremonie oder einen Glaubensartikel, gibt es nicht nur eine Frömmigkeit; Gott ist nur einer, aber das persönliche Verhältnis zu ihm ist verschieden je nach den Zeiten und Menschen.

Das religiöse Leben – ebenso wie alle anderen Tätigkeiten – mechanisiert sich leicht; so kann zum Beispiel der Besuch der Kirche jeden Sonntag oder jeden Tag, das Sichbekreuzigen, Beten und so weiter eine ganz mechanische Übung werden; bei vielen Menschen ist die Religion nur eine Gewohnheit – Sie kennen doch die sogenannten Bet-Schwestern mit ihren Lippengebeten.

Das Gebet – ja.

Ich sehe im Geiste vor mir das Standbild eines amerikanischen Bildhauers, einen Indianer zu Pferde; das Pferd steht da, als verstünde es seinen Reiter, der seinen Sinn zum Großen Geist erhebt, die Arme ausgebreitet, die Augen zum Firmament gewendet – ein echtes, schönes Gebet. Selbstverständlich können wir unser religiöses Verhältnis zu Gott nicht anders ausdrücken als durch Begriffe unserer empirischen Psychologie. Die Theologen sagen selbst, daß Gott ein uns unerreichbares Wesen sei.

Gerade wegen der Unerreichbarkeit Gottes ist die Verehrung des Gründers der Religion und der Kirche ein starkes Element der Frömmigkeit in allen Religionen: Die Verehrung Buddhas, Mosis, Mohammeds und freilich auch Jesu. Die christlichen Mystiker, aber auch die normal frommen Gläubigen wenden ihre Liebe mehr Jesu als Gott zu; die christliche Theologie identifiziert überhaupt Jesus mit Gott. Die Apotheose, die Deifikation in allen Religionen ist nichts anderes als das Streben, sich die unzulängliche, durch Sinne und Verstand unfaßbare Gottheit näherzubringen, irgendwie zu vermenschlichen. Daher drücken Kunst, Architektur, Bildhauerei, Malerei, Poesie, Musik, Gesang und Tanz religiöse Vorstellungen oft wirkungsvoller aus als theologische Definitionen. Moses trachtete, so sehr er die materielle Nachbildung Gottes aus Furcht vor dem Götzendienst verbot, dennoch Gott durch Worte, Definitionen und die ganze Geschichte der göttlichen Offenbarungen anschaulich zu machen – der reine Anthropomorphismus. Das ist menschlich und natürlich; wir bilden die unzugängliche Gottheit zwar notwendigerweise auf menschliche Art ab, weil wir nicht anders können, aber wir müssen wenigstens bestrebt sein, sie geistig zu erfassen. Jesu Jünger Jakob wußte, als er die reine und unbefleckte Religion definierte, nicht mehr zu sagen, als daß wir die Waisen und Witwen in ihren Nöten aufsuchen sollen und uns selbst unbefleckt von der Welt bewahren sollen; und Johannes schreibt in seiner Epistel das schon erwähnte Wort, daß man den unsichtbaren Gott nicht ohne Liebe zum sichtbaren Nächsten lieben könne.

Der wissenschaftlich denkende Mensch überwindet den mythischen Anthropomorphismus verstandes- und auch gefühlsmäßig; von Jesu belehrt, überwindet er die Religion der Furcht und Angst und ersetzt sie durch die Verehrung Gottes und die Liebe zum Nächsten.

Ich möchte mein Verhältnis zu Gott lateinisch als reverentia bezeichnen – Verehrung, volles Vertrauen, Dankbarkeit und Hoffen. Und was die Liebe zum Nächsten betrifft, so nehme ich das Gebot, wie Jesus es empfahl, in vollem Umfang an: daß wir selbst den Feind lieben sollen. Es ist möglich, wenn auch nicht leicht. Es befreit nicht von dem Recht und der Pflicht, mich dem Unrecht und der Bedrückung zu widersetzen; aber ich bemühe mich, zum Feind ehrenhaft und gerecht zu sein. In der alten Ritterlichkeit, die die Achtung vor dem Gegner forderte, im Kampf und nach dem Kampfe, ist ein schönes Element. Jesus verbarg, als er die Händler aus dem Tempel vertrieb, seinen Zorn nicht; Zorn ist nicht Haß.

Die Religion ist nicht nur das Verhältnis zu Gott, sondern auch das Verhältnis des Menschen zum Menschen. Ich sage mir: Kann es wahre, volle Liebe zum Nächsten ohne höchste Schätzung der menschlichen Persönlichkeit, ohne Glauben an die Unsterblichkeit der Menschenseele geben? Ich kenne alle Einwände der Materialisten, Pantheisten, Aufklärer und so weiter; aber die Liebe zum Nächsten, die natürliche und keiner Beweise bedürftige Liebe – ist sie uns allein nicht schon ein Beweis dafür, was der Mensch uns sein soll und sein muß? Ich berufe mich auf Jesu Liebe zum Nächsten, ich berufe mich auf Platons Anerkennung der Unsterblichkeit. In dieser Richtung bin ich Platoniker; Plato mühte sich als erster um Beweise der Unsterblichkeit. Ich gehe mit Plato auch gegen die modernen Theologen, die sich mit dem Glauben an die Unsterblichkeit keinen rechten Rat wissen; sie schieben sie in die Apologie und andere Lehren ab und lassen sie in der Dogmatik aus. Um so mehr lobe ich mir Plato, weil er auf die Wichtigkeit dieser Lehre auch methodisch hingewiesen hat.

Die Frömmigkeit ist ein besonderer Zustand von Wahrhaftigkeit; dem frommen Menschen ist Welt und Leben gleichsam ein klassisches Drama, aber ohne satyrisches Nachspiel; das klassische Drama ist eben dem Ursprung und Wesen nach eine religiöse Kundgebung. Das Leben ist keine Posse, keine Komödie, keine Tragödie, es ist ein Drama; es ist niemals ohne Größe, ohne Schicksalslogik. Etwas Humor schadet dabei nicht: das hat Shakespeare begriffen. Gewiß hat auch Jesus gelächelt, denn in der Liebe ist Freude. Durch die Religion erfassen wir die Bedeutung des Lebens, seinen Ernst und Wert – und seine Schönheit. Die Erhabenheit und Größe Gottes erfüllt uns mit Verehrung und Ergebenheit. Die Religion gibt auch uns einen Teil dieser Größe, einen nur kleinen Teil, der uns die natürliche Demut nicht erläßt; gerade die Religion überwindet den Titanismus. Erinnern Sie sich, daß das Alte Testament mit Titanismus beginnt; die Schlange verspricht dem ersten Elternpaar, daß es wie die Götter sein werde. Der Titanismus von Goethes Faust beginnt tatsächlich bei Adam. Wie sollte dieser Titan auch nicht! Er sagt doch selbst: »Mir fehlt der Glaube.«

Die Frömmigkeit ist individuell, läßt aber keinen Solipsismus zu; in der Frömmigkeit selbst ist die Anerkennung der Welt außerhalb unser selbst, der Welt Gottes und der Welt des Nächsten enthalten.

Die Religion überwindet in uns die Vereinsamung; man stelle sich nur lebhaft vor, was es bedeutet, allein zu sein! Ich habe mich oft in absoluter Einsamkeit beobachtet. Bei uns ist die Natur zu reich, als daß wir das völlige Gefühl von Einsamkeit haben könnten; in der Wüste ist dieses Gefühl vollständiger. Jesus ging denn auch in die Wüste – die Meditation erfordert Einsamkeit. Sammlung tut dem Menschen not. Sie kann aber kein Beruf sein; darum haben die Einsiedler kein normales Leben gelebt. Das Leben erfordert Arbeit für sich und für den Nächsten; wir dürfen vor den Schwierigkeiten des Lebens und der Welt nicht fliehen, wir müssen die Welt überwinden. Mönchtum und Einsiedlertum ist als Stand und Beschäftigung eigentlich eine Mechanisierung der Einsamkeit: nicht Sammlung, sondern Gewohnheit – oder Handwerk.

Ich weiß, daß der metaphysische Vorwitz noch nach vielen Dingen fragen kann und fragt; Sie wollten aber mein Credo hören; sein letztes Wort ist reverentia: die bewußte Achtung vor Gott und dem Menschen; in der Achtung des Nächsten ist die Liebe inbegriffen, ich will sagen, auch die bewußte Liebe.

Glaube und Verstand

»Sie betonen die Bewußtheit, also den Verstand auch in der Religion.«

Ja, wie in allem; überall müssen wir den kritischen, vergleichenden Verstand betonen. Die Frömmigkeit ist ein natürlicher Zustand des Menschen. Schon Paulus erkannte die natürliche Religion neben der geoffenbarten oder übernatürlichen an; auch heute pflegt man zu sagen: anima naturaliter christiana. Die natürliche Religion besteht eben darin, daß wir uns durch unsern eigenen Verstand und unsere Begabung der Welt und unseres Verhältnisses zu ihr bewußt werden. Der Glaube an die Gottheit, unsere Beziehung zu Gott, kurzum die Religion ist das Ergebnis tiefen Nachdenkens und der Erfahrungen der Zeiten; jeder von uns knüpft bewußt oder unbewußt an die historische Entwicklung und tausendjährige Tradition an. Der denkende Mensch will und muß sich einfach klar werden: was ist die Welt, wer hat sie geschaffen, was ist Gott, was sind wir selbst, wohin gehen wir, was ist der Tod? Letzten Endes laufen alle diese Fragen in der einen zusammen: was, wer bin eigentlich ich? Diese Fragen und die Antworten auf sie erregen freilich stark unsere Gefühle, beflügeln unsere Hoffnungen und bewegen unseren Willen; deshalb übersehen wir in ihnen den verstandesmäßigen Anteil – doch darüber haben wir schon gesprochen. Die sogenannten Gefühlserkenntnisse, Intuitionen, Erleuchtungen, Inspirationen, die Schau und Ähnliches, alles das sind rasche sinnliche und verstandesmäßige Beobachtungen oder Urteile, die wir der begleitenden oder nachfolgenden gefühlsmäßigen und freien Erregung zuschreiben. Das gilt auch für die Frömmigkeit und die Religion; wir haben religiöse Gefühle, Stimmungen und Sehnsüchte, aber wir hätten sie nicht ohne Glauben, und Glaube ist Urteil, Überzeugung – also verstandesmäßige Tätigkeit. Jeder Glaube kommt letzten Endes aus dem Verstand, wenn auch aus unvollkommenem, irrendem Verstand. Der wahre Glaube ist kein Nagel, an den man sich in der Verzweiflung über die Schwäche des Verstandes halten kann ...

»... noch Opium zur Beschwichtigung der beunruhigten Seele.«

Ja. Der echte, richtige Glaube schläfert nicht ein, sondern erweckt und spornt an.

»Sie haben von Toleranz gesprochen; das Bedürfnis nach Toleranz bedeutet schon an sich, daß es niemals nur einen Hirten und einen Stall geben wird.«

Einen Hirten – vielleicht, einen Stall nicht so bald. Eben infolge der natürlichen Unterschiedlichkeit der Menschen; wieviele christliche Kirchen und Sekten gab und gibt es doch, wieviele Auslegungen der Schrift und der Lehre Jesu seit den ersten Anfängen des Christentums bis heute, und wieviele Gegensätze auch in den wissenschaftlichen Anschauungen! Ich habe meine Auslegung und meine Überzeugung; aber ich erkenne die Gleichberechtigung des Nächsten an, belästige deshalb nicht sein Gewissen und gewöhne mich daran, tolerant zu sein. Toleranz ist, wie ich wiederholen möchte, eine positive Tugend, eine neue, eben durch das echte Christentum verkündete Tugend. Durch die wahre Toleranz wird der universale Stall, der einigende Stall errichtet; der Katholizismus bemüht sich um ihn, heute strebt die Wissenschaft, der Internationalismus und der Pazifismus nach ihm. Es ist die Fortsetzung des Weges, den uns die Religion gewiesen hat.

Man sagt: »Die moderne Krise.« Es ist wahr, daß alle Kirchenreligionen ihren Einfluß verloren haben und verlieren. Die Wissenschaft gerät immer mehr in Widerspruch zur theologischen Lehre – das besagt aber nicht, daß in der Bibel und in den Theologien nicht genug richtiger Erkenntnisse gerade über Religion und Frömmigkeit enthalten wären. Doch wie kommt es dann, daß die Menschen trotz den Erschütterungen des Glaubens in den Kirchen bleiben? Ich sehe auch darin die Anerkennung des Wertes der Religion und des Bedürfnisses nach ihr.

Die Religion muß heute eine andere Funktion haben als früher. Ehemals war die große Masse der Menschen ungebildet, unwissend, Analphabeten; deshalb wurde sie zum Gehorsam angeleitet, geistig und politisch herrschte die Autorität. Die Kirche als geistige Aristokratie war das Vorbild der politischen Aristokratie. Sie war somit auch hierarchisch organisiert, der Aristokratismus ist eben die Anerkennung des Unterschiedes zwischen den Menschen. Heute verfügt fast jeder Mensch über eine gewisse Bildung; dadurch ist er auch autonomer. Die Religion muß einerseits mit der Entfaltung des wissenschaftlichen Denkens einen Ausgleich finden, andererseits mit der Entwicklung der gesellschaftlichen Verhältnisse – und nicht in ihrer Lehre allein. Auch die christliche Liebe zum Nächsten hat eine große Aufgabe vor sich: die gerechten Ansprüche des Sozialismus.

mit der Entwicklung der gesellschaftlichen Verhältnisse – und nicht in ihrer Lehre allein. Auch die christliche Liebe zum Nächsten hat eine große Aufgabe vor sich: die gerechten Ansprüche des Sozialismus.

Politik

Politische Theorie und Praxis

»Sie sagen, daß das Gesetz der Liebe ebenso für die Politik wie für das persönliche Leben gelte.«

Allerdings; es gilt doch für das ganze Leben, für alles Handeln und Tun. Alle vernünftige und ehrliche Politik ist Durchführung und Festigung der Humanität nach innen und außen; die Politik muß, wie alles, was wir tun, konsequent ethischen Gesetzen untergeordnet werden. Ich weiß, daß es Politiker gibt – vor allem diejenigen, die sich für ungeheuer praktisch und klug halten –, denen diese Forderung nicht gefällt; aber die Erfahrung, nicht nur meine, lehrt, wie ich glaube, daß eine vernünftige und ehrliche Politik am wirksamsten und praktischsten ist. Am Ende haben die sogenannten Idealisten immer Recht und tun für den Staat, das Volk und die Menschheit mehr als die Politiker, die man Realpolitiker und klug nennt. Die Klugen sind am Ende dumm.

»Nur daß die Idealisten zu ihrer Zeit Unrecht zu haben pflegen.«

Manchmal, manchmal auch nicht: auch in der Politik mahlen Gottes Mühlen langsam, aber sicher. Wenn ich von Sittlichkeit in der Politik spreche, so denke ich vor allem an politische Taktik und die ganze Administrative; gerade die politische Praxis muß sittlich sein. Allerdings unterliegt auch das politische Programm der Ethik. Politik kann ich ebenso wie das ganze Leben des Einzelnen und der Gesellschaft nur sub specie aeternitatis auffassen.

Natürlich, ein anständiges und sogar erhebendes politisches Programm schreibt manch einer. Etwas anderes ist es, die Administrative zu kennen und sie anständig auszuüben; und wieder etwas anderes ist es, zu begreifen, worauf es zu gegebener Zeit für den Staat und die Nation ankommt, in schweren und verhängnisvollen Augenblicken den Weg zu zeigen, das geeignete Vorgehen zu bestimmen – und zu führen. In diesem Sinne spricht man von höherer Politik und unterscheidet zwischen Staatsmann und Politiker oder gar Politikaster; Palacký und Rieger nannte man als höchste politische Autoritäten Führer und Väter der Nation. So aufgefaßte Politik ist der Versuch, den gegebenen Augenblick im Strom der Geschichte zu verstehen, solch ein Politiker wird die Vergangenheit seines Staates und seines Volkes kennen, wird ihre Gegenwart begreifen, wird ihre Zukunft im Sinn haben.

Ich habe das alles erlebt. Wie ich schon gesagt habe, bin ich ein politischer Mensch, die politischen Probleme interessieren und fesseln mich seit meiner Jugend; Sie wissen, daß ich seit dem Jahre 1891 Abgeordneter war, daß und warum ich mein Mandat niedergelegt habe. Die damaligen Kämpfe gaben mir nur den Anlaß dazu, das eigentliche Motiv war meine politische Unfertigkeit. Als ich das politische Wien und seine Beziehungen zu Europa kennenlernte, erkannte ich auch, daß ich trotz aller Vorbereitung für diese Politik noch nicht genug gerüstet war. Ich begann mein politisches Studium von neuem und gründlicher. Ich trachtete mir hauptsächlich darüber klar zu werden, um was es in unserer Geschichte eigentlich geht; und die Geschichte unserer Nation war mir ein Teil der Weltgeschichte. Daneben die soziale Frage, die slavische Frage und anderes; ich trieb keine praktische Politik, schrieb aber Bücher; auch das ist politische Arbeit.

»Damals haben Sie betont, daß auch die Politik wissenschaftlich zu sein habe. Bestehen Sie noch heute, nach so vielen Erfahrungen, auf dieser Auffassung der Politik?«

Ja, die Politik ist und wird je weiter desto mehr auch Wissenschaft sein. Unsere Hochschulen haben wohl noch keine Professoren der Politik; die Politik als Wissenschaft ist auf die juristischen Fächer verteilt, Staatswissenschaften, Staats- und internationales Recht, Statistik, politische Ökonomie und so weiter und auf die philosophischen Fächer, Geschichte, Soziologie und anderes. In andern Ländern hat man schon besondere Lehrstühle und Hochschulen für wissenschaftliche Politik errichtet, besitzt man auch eine reiche Fachliteratur. Allerdings sind das nur Anfänge; zur wissenschaftlichen Politik ist es noch weit.

»Scheint es Ihnen nicht, daß zwischen wissenschaftlicher und praktischer, sagen wir, parlamentarischer Politik ein Abgrund gähnt?«

Wie sollte er nicht? Aber ein gleicher Abgrund ist zwischen den religiösen Anschauungen der unzähligen Kirchengläubigen und denen der gebildeten Theologen; kein geringerer Unterschied ist zwischen den Laien und den Juristen und so weiter. Theologie ist noch keine Religion und Frömmigkeit, alle Jurisprudenz noch kein Recht, kein Rechtsbewußtsein und Rechttun; wenn ich theoretische, wissenschaftliche Politik fordere, so vergesse ich nicht den Unterschied zwischen Theorie und Praxis. Beachten Sie unsere politische Entwicklung seit dem Umsturz; gewiß ist es etwas Auffälliges, daß an der Spitze der Regierung, des Parlaments und der Parteien mit geringen Ausnahmen Männer ohne akademische Schulung standen und stehen, Männer, die die Parteien schufen, organisierten und führten und die eine lange und harte Erfahrung hatten. Die Führer und Schöpfer der Parteien mußten sich durch die Praxis und in der Praxis die Theorie schaffen, ohne Theorie gibt es keine Praxis. Sie wissen selbst, wie gerne Švehla theoretisiert hat – und was für ein Praktiker war er! Unsere Parteien haben ihre Theorien vom Sozialismus oder Agrarismus, ihre Geschichtsphilosophie, ihre Lebensauffassung und so weiter. Nein, ohne politische Bildung, ohne theoretische Vorbereitung ist keine anständige und, ich möchte sagen, keine große Politik möglich. Es ist richtig, daß ein Berg von Zeugnissen noch keine Bildung verbürgt und schon gar nicht die natürliche Begabung ersetzt. Und man darf die sittliche Forderung nicht vergessen; Gelehrsamkeit, Doktorprüfungen und Titel garantieren nicht für Anständigkeit, Ehrenhaftigkeit und Tapferkeit.

»Und jetzt eine Frage – sie soll nicht persönlich sein: Wenn Sie von Politik als Wissenschaft, von gebildeter Politik sprechen, wie ist das Verhältnis der Philosophie zur Politik?«

Sie wollen nicht persönlich sein, sind es aber; Sie meinen, wie ich als Professor Präsident geworden bin? Also unpersönlich:

Erinnern Sie sich an Plato, Aristoteles, Augustin, Thomas von Aquino und so weiter; die Philosophen haben sich stets den Kopf über politische Probleme zerbrochen, die politische Theorie in dieser oder jener Form war seit jeher ein Bestandteil der Philosophie. Das ergibt sich aus dem Verhältnis der Politik zur Ethik; die Ethik war stets ein Bestandteil der Philosophie. In der Neuzeit kristallisierte sich aus der Philosophie die Soziologie und Geschichtsphilosophie heraus, also politische Wissenschaften im engeren Sinne; dadurch wurde die Politik eine praktische Wissenschaft. Heute bemühen sich um die wissenschaftliche Politik außer den Philosophen die Juristen, die Volkswirtschaftler, die Historiker und die Soziologen; jede der Wissenschaften neigt auf der einen Seite zur Philosophie, auf der andern Seite zum praktischen Leben.

Die Philosophie hat zur Politik eine direkte Beziehung vor allem dadurch, daß sie um die gesamte Lebens- und Weltanschauung, somit auch die Anschauung des Gesellschaftslebens bemüht ist. Heute umfaßt die Politik und der moderne Staat alle Gebiete der gesellschaftlichen Philosophie theoretisch. In diesem Sinne ist die Forderung Platos zu verstehen, daß Philosophen Herrscher sein sollen. Die Philosophie erstrebt nicht nur eine gesamte Lebens- und Weltanschauung, sondern will die Haupt- und Grundwahrheiten alles Handelns und Erkennens erfassen, will Sicherheit haben. Der über so vielen Konflikten stehende Staatsmann muß sich stets entscheiden, wo die Wahrheit ist. Der moderne Staatsmann muß kritisch, muß gebildet und weise sein.

Und nicht nur weise. Die Politik erfordert ein bedeutendes Maß an Phantasie: sich in das Denken der Menschen seiner Zeit und in die Geschichte versenken, die Richtung der gesellschaftlichen Entwicklung erahnen und das Ideal erkennen, auf das die Entwicklung hinweist – kurzum, etwas Dichterisches schadet dem Staatsmann nicht. Aber das ist Imagination, nicht Phantastik oder Utopismus.

Der Politiker braucht, wenn er führen soll, Menschenkenntnis. Was wäre das für ein Führer, wenn er nicht in die Menschen hineinsähe? Vergessen wir nicht, daß auch der Gelehrte und Philosoph Fehler begehen kann, selbst große Fehler. Es gibt eben Politiker und Politiker, so wie es Gelehrte und Gelehrte gibt. Und ich wiederhole: Bücher und Zeugnisse genügen nicht, der Politiker bedarf der Lebenserfahrung; es genügt nicht einmal Klugheit. So wie in allem kommt es in der Politik auf den Wert des ganzen Menschen an.

Geschichte und Welt

»Sie heben die Bedeutung der Geschichte für die Politik hervor; offenbar haben Sie das alte vitae magistra im Sinn.«

Ja, aber Sie wissen, daß ich oft Diskussionen und Polemiken über das Wesen der Geschichte geführt habe; immer ging es mir um die Lehre, die sich aus der Geschichte – sowohl aus unserer als auch aus der Weltgeschichte – für unsere Politik ergibt. Ich maße mir nicht an, Historiker zu sein; aber als Theologe trachte ich den Sinn des Geschehens in unserem Land und in der Welt zu begreifen. Wieviel habe ich mir schon den Kopf darüber zerbrochen! Ich suche Belehrung bei den Historikern, beobachte aber auch, was sich daheim und draußen ereignet; in mehr als einem halben Jahrhundert sieht man viel und hat genug, darüber nachzudenken. Ich glaube, im Krieg gezeigt zu haben, daß ich ein wenig historischen Sinn habe. Immer wieder habe ich verkündet, daß unsere Politik Weltpolitik, weltpolitisch orientiert sein müsse. Das ergibt sich aus unserer Geschichte und aus unserer Tradition: schon Palacký wies auf die »weltpolitische Zentralisation« hin.

»Gewiß, aber dieses Axiom läßt sich auch geographisch dadurch beweisen, daß wir eine kleine Nation und ein in die Mitte des Kontinents, an der Grenzscheide von Naturgebieten, Rassen, Kulturen und Kirchen eingekeilter Staat sind, daß also bei uns sich notwendigerweise die Wege Europas kreuzen.«

Ja, auch das fällt ins Gewicht; aber Ihr Problem der weltpolitischen Orientierung haben auch andere, anders gelegene Staaten, eigentlich alle. Wo die Grenzen sind, dort sind auch die Nachbarn, dort beginnt die übrige Welt. Aus allen Gründen ist Weltpolitik eine vernünftige, dauerhafte Politik.

»Führt das nicht zur Anschauung, daß die Außenpolitik den Primat vor der Innenpolitik hat?«

Nicht notwendigerweise; manchmal hat die Außenpolitik für die Staaten größere Wichtigkeit, manchmal die Innenpolitik; letzten Endes wird die Außenpolitik stets der inneren Beschaffenheit der Staaten entsprechen. Soweit es um unsere Politik geht, so legte uns der ungeheure Umsturz, den der Weltkrieg verursacht hat – und aus dem Umsturz entsprang unsere Freiheit – politisch die Pflicht auf, uns bewußt zu werden, worum es sich historisch handelt und wohin die weitere Entwicklung abzielt.

Ich fasse die Weltpolitik realistisch auf, das heißt, sie muß auf dem Studium der Welt und ihrer Geschichte beruhen; wir müssen uns bewußt werden, was sich auf der Welt ereignet und was uns mit ihr verbindet. Haben Sie keine Angst, daß ich beim prähistorischen Adam anfange; wir wollen uns auch nicht über die Geschichte der ganzen Welt unterhalten; uns genügen Europa und die benachbarten Teile Asiens und Afrikas, die sich im engen Verkehr mit Europa entwickelt haben.

Europa ist doch eine Halbinsel Asiens; und geschichtlich steht jener Teil, der Europa näher ist und etwa bis zu den Grenzen Indiens und Chinas reicht, Europa näher; Indien, China und Japan, die vom westlichen Teil Asiens durch hohe Berge und Wüsten getrennt sind, hatten ihr besonderes Kulturleben.

»Übrigens sind die Grenzen, die Sie angeben, im Groben die Grenzen der weißen Rasse.«

Ja, im Groben. Lassen wir das wirklich asiatische Asien beiseite; uns genügt das europäische Asien und das asiatische Europa. Die Erde von den Grenzen Indiens bis zum heutigen Portugal, der ganze Orbis terrarum um das Mittelmeer und mit Nordafrika pflegen seit alters her und noch immer nähere kulturelle Beziehungen untereinander; in diesem Teil der Erde entstand ein kultureller, sprach- und bevölkerungsmäßiger Synkretismus. In diesen Gegenden gab es eine ziemlich intime, eben kulturelle Wechselseitigkeit und mit ihr eine Mischung der Rassen und Nationen.

Es ist eine besondere Erscheinung, daß hier seit den ältesten Zeiten große, man kann sagen, Weltreiche entstanden. So kamen nacheinander das babylonische, das assyrische, das persische Reich, nach ihnen das ägyptische; die Griechen waren in verschiedene Stämme gespalten, aber die Athener versuchten Hellas staatlich zu einigen, als es ihnen gelungen war, die expansiven Perser zurückzuschlagen. Alexander errichtete ein großes Weltreich, das Griechenland, Ägypten und den ganzen damals bekannten asiatischen Osten bis nach Indien umfaßte; nach Alexander zerfiel sein Reich politisch, aber nicht kulturell. Die griechische Kultur, der Hellenismus, dringt nach Rom und weiter nach dem Westen. Nach Alexander organisiert sich das römische Welt-reich. Das im Wesen italische Rom verleibte sich die Griechen, Ägypten und Nordafrika, im Osten die Völker und Staaten des Alexanderreiches, im Westen die Iberer, Kelten und Germanen ein. Das römische Reich bestand aus einem westlichen und einem östlichen Teil; der östliche – Byzantium – überdauerte den Zerfall des westlichen Teils. Es entstehen weitere Weltreiche im Westen: das fränkische, das deutsch-römische, das spanische, das österreichische ...

»Und das islamische Reich. Und der schwedische Versuch, den Norden zu beherrschen.«

Ja. Und in der Neuzeit das Frankreich Napoleons, das Emporwachsen Englands als koloniales Weltgroßreich, die Entstehung der nordamerikanischen föderalistischen Großmacht, der Auf-schwung Rußlands als europäisches Reich, die Vereinigung Italiens und sein Streben, das Mit-telmeer zu beherrschen, der Aufstieg Preußens und des neuen Deutschen Reiches, das moderne Japan – kurz überall und zu allen Zeiten sieht man den geschichtlichen Prozeß der Schaffung großer Weltreiche.

Das besondere Streben nach politischer Macht äußert sich auch in den kleinen Staaten; unser alter böhmischer Staat war eine Zeitlang relativ weltpolitisch orientiert, dasselbe kann man von Polen, Bulgarien, Serbien sagen – ja, überall und immer findet man dieses Streben, über seine Grenzen hinauszuwachsen, andere Völker und Staaten in sich zu organisieren.

Für die Entstehung der Weltreiche hatten geopolitische Faktoren eine beträchtliche Bedeu-tung: Gebirge, große Ströme – der Nil, die Donau, der Rhein – und vor allem das Meer. Für den Westen ist das Mittelländische Meer von besonderer politischer Wichtigkeit. Schon sein Name besagt, was für eine Bedeutung es für die Verbindung der an seinen Ufern niedergelasse-nen Völker hat, vor allem für die Griechen, Römer, Phönizier. Schon Plato erfaßte den Wert dieses Meeres für die damalige Zeit. Auch die östlichen Staaten waren nach dem Mittelmeer hin orientiert: Babylonien, Assyrien, Persien und auch Ägypten.

Erst in neuerer Zeit öffnet die nautische Technik den Atlantischen Ozean, die Verbindung Europas mit Amerika. Für heute und die Zukunft erlangt der Stille Ozean Bedeutung, die Verbindung Amerikas mit dem Fernen Osten. China, Japan und Indien werden durch das Meer Nachbarn Europas und Amerikas.

Die Großreiche – wir sagen Großmächte – entstanden hauptsächlich aus politischem Streben, aus Herrschsucht und Eroberungssucht, aus der Unterwerfung eines Staats durch den andern, einer Nation durch die andere; manchmal führt auch Hunger und Übervölkerung zur Expansi-on – bona terra, mali vicini. In nationaler Beziehung waren diese großen Staaten doppelnational und vielnational und durch eine führende Nation organisiert. Und da unter den einzelnen und den Nationen eine Verständigung nötig war, entstanden Vermittlungs- und Staatssprachen. In alten Zeiten gab es nicht das moderne Nationalgefühl; mit der fremden Herrschaft nahm man auch die Sprache an – durch die Vermittlung der Administrative, der Armee, des Handels, der Religion und der Kultur. Mit den Weltstaaten entwickeln sich auch die Weltsprachen. Dazu führte nicht nur die politische Vorherrschaft, sondern auch das Bildungsbedürfnis; daher nahm man die fremden Sprachen der kulturell höherstehenden Nationen an. Seit Anbeginn war die Kultur ein Bindemittel zwischen Völkern und Staaten und entwickelte sich zum kulturellen Austausch. Und der Geist reichte weiter als die Waffen.

Die erste, ich möchte sagen, Kulturmacht dieser Art war Griechenland. Man muß sich der besonderen Stellung der alten Griechen bewußt werden: sie waren in gleichem Maße ein euro-päisches wie kleinasiatisches Volk und daher seit ältesten Zeiten die Vermittler zwischen Asien und Europa; sie hatten sich auch in Süditalien, in Ägypten, in der Kyrenaika niedergelassen und besaßen ihre Emporien im ganzen Mittelmeer. Noch vor der hellenischen Kultur liegt als älteste asiatisch-europäische Kultur die ägäische, kretomykenische, also auch griechische Kultur; da ist der Zusammenhang älter als die Geschichte selbst.

In der Blüte ihrer Kultur übten die Griechen einen durchdringenden Einfluß auf die Völker der alten Welt aus; unter Alexander und nach ihm wurde Griechisch die Weltsprache in Europa, Asien und Afrika; kulturell unterwarf sie sich auch die weltbeherrschenden Römer und wurde durch ihre Kulturkraft für sie de facto die zweite Staatssprache. Ich erinnere mich des Rates eines römischen Dichters: vos exemplaria graca nocturna versate manu, versate diurna. Man sieht, daß Bildung schon damals übernationale, weltliche Geltung hatte.

Ebenso verhält es sich mit dem Latein bis zum Mittelalter, mit Französisch in der Neuzeit, mit Englisch. Es zeigt sich, daß der wechselseitige Einfluß der Nationen nicht nur eine Frage der politischen Macht ist; nicht nur das Schwert, auch der Geist erobert die Welt; der Austausch von Natur- und Industrieerzeugnissen führt zum Handel – wieder eine andere Seite der internationalen Wechselseitigkeit. So war es von Anfang an. Betrachten Sie diesen unaufhörlichen geschichtlichen Prozeß und was er bedeutet: die Völker und Staaten können nicht isoliert leben. Neben ihrer inneren Organisation streben sie nach einer Organisation der Beziehungen untereinander, nach einer zwischenstaatlichen und internationalen Verbindung. Die Menschheit organisiert sich allmählich als Ganzes, die Geschichte der Expansionen, der Reiche, Kulturen und Sprachen geben Zeugnis davon. Für uns ist die letzte Phase dieser Entwicklung der Weltkrieg und die Zeit danach.

Es fragt sich, ob diese Organisation der Staaten, Völker und Kontinente gewalttätig vor sich gehen soll, das heißt durch Expansion, durch Eroberung, wie man heute sagt, imperialistisch, oder friedlich, föderativ, durch dazu nötige politische, wirtschaftliche und kulturelle Abkommen?

Das Programm einer nicht gewalttätigen Organisation der ganzen Welt wurde nach dem Kriege durch den Völkerbund, durch die Bemühungen um Paneuropa und hunderterlei Korporationen und Aktionen für die Annäherung der Völker ausgedrückt. Man kann sagen, daß wir erst an der Schwelle einer wirklichen Weltorganisation stehen.

Ich bin etwas weit geraten, aber der Blick in die Vergangenheit besagt viel für unsere Zeit, für uns, für unsern Staat und unser Volk. Man kann da manches lernen. Vor allem können wir aufs neue Kollars Idee der Wechselseitigkeit und Palackýs Idee der weltpolitischen Zentralisation schätzen lernen. Palacký leitete aus diesen Erkenntnissen für uns sein politisches Programm ab. Ich freue mich darüber, daß schon unsere ersten Erwecker, unsere ersten Kulturführer das alles frühzeitig begriffen und verkündet haben. Wir können es ein Stück unserer politischen Tradition nennen.

Die Entwicklung der Menschheit äußert sich tatsächlich und in vollem Sinne des Wortes als Entwicklung der wechselseitigen Beziehungen, als kultureller, sprach- und bevölkerungsmäßiger Synkretismus. Am Anfang der historischen Entwicklung bestand dieser Synkretismus, soweit es keine festere und breitere staatliche Organisation gab, zwischen den Nachbarstämmen und dehnte sich sozusagen von Gau zu Gau aus; die anfängliche Stammesorganisation breitete sich dann zur Staatsorganisation aus, und am Ende bekamen manche Staaten das politische Übergewicht über die Staaten der Umgebung – es entstanden Weltstaaten.

Hand in Hand mit den politischen Beziehungen der Nationen wuchs auch der kulturelle und bevölkerungsmäßige Synkretismus. Die Kulturen mischten sich, es mischten sich auch die Rassen und Nationen. Die Rassenmischung können wir überall verfolgen, bei uns wie anderswo. Es gibt kein sogenanntes reines Blut, wir haben keines, sind keine reinblütigen Slaven, so wie es auch keine reinblütigen Deutschen, Franzosen, Engländer und andere gibt. Das Reden über reine oder übergeordnete Rassen ist ein politischer Mythos. Das Europäertum und die Europäerherrschaft entstanden eben durch die Mischung, durch die gegenseitige Bereicherung des Blutes und des Geistes.

Ebenso allgemein ist der kulturelle und dadurch auch der sprachliche Synkretismus. Beispiele gibt es genug – die englische, französische, italienische, spanische oder irgendeine andere Sprache, der Einfluß des Deutschen auf uns, die Germanismen in unserer Sprache. Es handelt sich nicht um gegenseitige lexikalische Einflüsse, um die Übernahme und Übersetzung einzelner Worte, sondern auch um Einflüsse der Syntax und dessen, was man den Geist der Sprache nennt.

Volk lernte von Volk, das läßt sich nicht verhindern. Ein großes Beispiel ist, wie die Gallier und die Deutschen von den Römern lernten, obwohl sie fortwährend gegen sie kämpften; aber die Menschen nehmen Lehren auch im Kampfe gegen die Gegner an, denn selbst der physische Kampf ist de facto ein Austausch.

Eine weitere Lehre ist, daß die nationalen und Rasseminderheiten schon von allem Anfang der Entwicklung der Menschheit bestanden. Jeder europäische Staat hat sprachliche Minderheiten; kleine Staaten und Völker sind Minderheiten unter größeren Staaten und Völkern, die größten Staaten und Völker letzten Endes eine Minderheit im Vergleich mit der Menschheit. Daher ist die richtige Lösung der Minderheitenpolitik eine Voraussetzung der besseren und weltpolitischen Organisation der Welt.

Ein Stück Kosmopolitismus und Polyglottie gehört zum Rüstzeug des modernen Menschen. Man muß die anderen Nationen kennen, um die Eigentümlichkeit und Persönlichkeit der eigenen Nation besser zu erkennen. Die eigene Nation nur darum loben, weil die anderen uns fremd und unbekannt sind, ist – blinde Liebe. Selbstverständlich wollen wir die anderen Nationen nicht nachäffen. Der kulturelle Universalismus schließt die innige Liebe zur eigenen Nation und das Bestreben, ihre kulturelle Eigentümlichkeit zu bewahren, nicht aus.

»Ein Beweis dafür ist, wie eine so weltliche und kosmopolitische Nation wie die Engländer ihr Eigenleben achten und bewahren konnte.«

Ja, darauf kommt es an: bei aller Weltoffenheit das Seine bewahren. Und eine weitere große Lehre aus der Geschichte: die Kultur, die Bildung ist eine mächtige politische Kraft, dauerhafter als die staatliche, militärische und wirtschaftliche. Ich kenne keine schlimmere Kleinmütigkeit als das heutige Gerede über den Untergang der europäischen Kultur. Wenn sie untergeht, so wird es ein Eingehen in die Weltkultur sein.

Und was bedeutet demnach heute der Völkerbund, die Bemühungen um ein Paneuropa und all die übernationalen Organisationen? Es gibt schon mehrere Hundert von wissenschaftlichen, juristischen, sozialen und anderen internationalen und Weltinstitutionen – ja, auch der Sport ist heute weltumfassend. Man sieht, daß die Nationen anfangen, das Wichtigste zu begreifen, daß sich nämlich die notwendige Wechselseitigkeit durch friedliche und vernünftige Mittel, gewaltlos, durch Föderation, durch die Organisation selbständiger Staaten und Völker verwirklichen läßt. Auch der Weltkrieg war die Föderation zweier großer Gruppen. Heute geht es darum, der friedlichen Vereinigung der Kontinente und der ganzen Menschheit nachzuhelfen. Es wird nicht gleich und leicht gelingen, schwerlich wird einer von uns die völlige Vereinigung erleben; ich zitiere nochmals die Mühlen Gottes.

Ich denke daran, wozu Napoleon auf St. Helena gelangte; daß in Europa kein anderes Gleichgewicht möglich sein werde als ein Bund der Nationen. Napoleon glaubte, Europa mit Waffengewalt bezwingen zu müssen, aber heute muß Europa überzeugt werden; es gibt keinen Grund, unter den Völkern den Haß zu erhalten ... Nun, ich denke mir: wieviele Napoleons und Napoleönchen werden noch zur Vernunft kommen müssen?

Wechselseitigkeit, Internationalität, Weltoffenheit – wir haben dafür ein inhaltvolleres Wort: Humanität. Die Entwicklung zielt auf Welthumanität ab, auf reines Menschentum, wie es Kollar geheißen und Palacký geglaubt hat.

Die Geschichte und wir

»Wie aber, kann ein kleines Volk, wie wir es sind, in dieses, wie Sie sagen, Weltgeschehen eingreifen?«

Es kann; gerade in unserer Geschichte findet man Beispiele übergenug dafür; ich habe Ihnen gesagt, daß ich an unserer Geschichte Politik gelernt habe, theoretisch und praktisch. Ich habe mich immer mit ihr beschäftigt; trotzdem schrieb ich gegen den Historismus, gegen die übermäßige Heraufbeschwörung glorreicher vergangener Zeiten. Die sogenannte Gegenwart ist auch Geschichte; nicht das Geschehen selbst, sondern die Dinge, die sich entwickeln, sollen Gegenstand unseres Studiums sein – daher der »Realismus«. Ob der Historiker will oder nicht, er kommt in die Vergangenheit aus der Gegenwart, mit und in der er lebt.

Ich brauche mich nicht mit der Frage zu beschäftigen, woher und wann wir unsere Gegend bezogen haben; unser Staatsleben beginnt im siebenten Jahrhundert; wir waren so wie die Deutschen und andere auf verschiedene Gebiete verteilt. Politisch und kulturell standen wir hinter den westlichen Staaten zurück und waren daher von ihnen abhängig. Der römische Einfluß machte sich begreiflicherweise am stärksten in den romanischen Ländern geltend; auch die Deutschen lebten schon mehrere Jahrhunderte vor uns unter römischem Einfluß und waren im zehnten Jahrhundert so weit, das römische Reich erneuern zu können. Unser Beginn und unsere Entwicklung waren anders; daher war auch in unserer Literatur der Humanismus nicht so entscheidend wie bei den Deutschen, die früher und stärker in die römische Weltkultur eingeschaltet worden waren.

Unser Staat bildete seit den ältesten Zeiten unter der guten Führung der Přemysliden einen Teil des erneuerten römischen Imperiums; es ist Sache unserer Historiker, das Verhältnis unserer Länder zum Deutschen Reich richtig darzustellen. Eine Zeitlang wurden unsere Könige geradezu römisch-deutsche Kaiser, unser Verhältnis zum mittelalterlichen römischen Reich war demnach sehr intim; ich erinnere daran, um hervorzuheben, wie Rom politisch auch auf uns eingewirkt hat. Unsere Könige versuchten durch Expansion und dynastische Politik in der Mitte Europas eine mächtige staatliche Organisation zu schaffen; Břetislav I., Wenzel II., Přemysl Otakar II. und die Luxemburger übten eine Art von Imperialismus aus, unser Reich erstreckte sich damals eine Zeitlang bis Krakau und Posen, Ungarn, Steiermark und Kärnten, Lausitz und Brandenburg. Daraus ist ersichtlich, daß man schon damals das Problem Mitteleuropas empfunden hat und daß es politisch zeitweise ziemlich intensiv gelöst wurde. Das war eine im wahren Sinne des Wortes europäische Politik, eine Politik, bei der es ebenso um unsere Eingliederung in die Gesamtheit Europas wie um unsere Sicherung an der exponierten Kreuzung zwischen Westen und Osten, Süden und Norden ging. Die europäische Konzeption hatte ihre Höhe- und Tiefpunkte; sie erreichte den Gipfel unter Karl IV., als die böhmische Königsdynastie sich dem römischen Kaisertum verband und unsere Nation sich kulturell enger an den Westen anschloß – das goldene Zeitalter unserer Gotik.

Unsere Lage in der Mitte Europas wurde vom Volkskönig Georg politisch gut erfaßt; ihm schwebte ein Friedensbund der christlichen Herrscher vor, die mittelalterliche Vorwegnahme des Völkerbundes. Man vertiefe sich nur in unsere Geschichte und man wird sehen, daß es sich da nicht nur um örtliches, sondern auch um Weltgeschehen handelte. Analog ist unsere religiöse Entwicklung. Die Entstehung und Verbreitung des Christentums hatte bei uns wie überall eine ungeheure gesamtkulturelle Bedeutung. Die mittelalterliche Kirche wurde auch unsere Lehrerin und Führerin; der Einfluß von Byzanz war nicht dauernd, bald und mit Recht entschieden wir uns für den Westen. Es ist überhaupt notwendig, zu begreifen, daß im Mittelalter außer dem Staat die Kirche die Gesellschaft führte und sie auch politisch organisierte. Das Mittelalter war eben theokratisch.

So wie zu uns vom Westen her, aus Deutschland, der Katholizismus kam, so kam aus dem Westen auch der Antrieb zur Reformation zu uns, aus England: Wiclif – Hus. Zwar gab es schon seit dem dreizehnten Jahrhundert Versuche um eine Reform der Sitten in der Kirche, aber breiter und tiefer leitete unser Volk die Reform ein, eben als ganzes Volk. Über den Wert unserer hussitischen und Brüder-Reformation übernehme ich das Urteil Palackýs. Unser Hussitismus brach den Reformationen in den übrigen Ländern die Bahn; Luther nannte sich mit Recht einen Hussiten. Unsere Kirchenreformation war ein wahres Weltereignis.

Dann die Gegenreformation: auch sie hat einen europäischen und weltumfassenden Zug. Der Dreißigjährige Krieg vernichtete unsere politische Selbständigkeit und festigte im großen und ganzen Europa auf Jahrhunderte. Die römische Kirche wurde durch die revolutionäre Reformation gezwungen, ihre Lehre auf dem Konzil von Trident genauer zu formulieren; sie mußte selbst Reformen durchführen; sie begann der Erziehung, der Schule und der Kulturpropaganda eine besondere Aufmerksamkeit zu widmen. Unser Komenský bedeutet den Höhepunkt unserer Reformation.

Durch die Entdeckung der Seewege macht sich Europa, bis dahin Asien zugewendet, auf den Marsch nach Westen und bemächtigt sich allmählich der ganzen Welt. Dadurch entstanden neue internationale Kräfte und politische Konfigurationen. Diese Entwicklung, unser intimes Verhältnis zum deutsch-römischen Kaiserreich, unsere Reformation und Gegenreformation brachten Österreich hervor; die Vereinigung Österreichs, Böhmens und Ungarns geschah nicht ohne unsere starke Teilnahme, Österreich entstand nicht über Nacht. Und es entstand nicht nur zur Verteidigung gegen die Türken: es war weder die erste noch die letzte Lösung des mitteleuropäischen Problems.

Österreich führte die Gegenreformation mit Gewalt durch, nicht ohne Hilfe unserer eigenen Leute; es unterdrückte die böhmische Reformation und schwächte und zerstörte unsere politische Selbständigkeit; die Zeit unseres Verfalls begann. Eine seltsame Fügung: damit Österreich das Volk rekatholisieren konnte, nahm es ihm den Adel und die Häupter; dadurch verwandelte es unser Volk im Kern und in der Schale zu einer demokratischen Nation, die bei der ersten Gelegenheit das Joch des Absolutismus und der Monarchie von sich warf. Eine geschichtliche Gerechtigkeit!

Die kirchliche Reformation und Gegenreformation, die Renaissance und der Humanismus, dann die Entfaltung der Wissenschaften und die neue Philosophie verursachten in Europa Unruhe und eine revolutionäre Stimmung; aus ihnen entsprangen die Aufklärung, die im Wesen kirchenfeindlich war, und die französische Revolution. Die Aufklärung, namentlich die französische und die deutsche, gab unserer nationalen Erweckung die kulturellen Mittel; man erinnere sich nur, wie sehr es unseren Erweckern der Nation um die Hebung der Bildung und der Kultur überhaupt ging. Da sind Dobrovský, Šafařík, Kollar, Palacký, Havlíček und andere. In dieser unserer Erweckung ist wieder ein starkes westliches Element, ein Element der neuen Weltoffenheit: mit dem neuen Nationalbewußtsein verbindet sich die Konzeption der Wechselseitigkeit, vor allem das Slaventum – Kollar; Palacký weist auf die weltpolitische Zentralisation hin – unsere nationale Erweckung war zugleich eine demokratische und weltbürgerliche Erweckung. Die Revolutionen – die große und die weiteren kleinen Revolutionen – erweckten uns politisch; und wenn wir uns praktisch nur in geringem Maße an ihnen beteiligen konnten, so sind doch unsere politischen Ideen von ihnen abgeleitet.

»Das sieht man auch daran, daß fast alle unsere politischen Pläne und Tendenzen vom Jahre 1918 bei uns schon 1848 ausgesprochen worden sind, die Enteignung des Großgrundbesitzes, die sozialen Reformen, die nationale Kirche, die Gleichberechtigung der Frauen und so weiter.«

Ja. Das Jahr 1848 gebar auch die ersten politischen Parteien und Richtungen. Es beginnt das Zeitalter des konstitutionellen Regimes, allerdings nach Wiener Fasson; nach einem fragwürdigen Versuch von Abstinenzpolitik – wir waren auf aktive Politik nicht vorbereitet genug und legten uns daher den Deckmantel der Abstinenz zurecht – entschieden wir uns für die aktive Politik, für die Konkurrenz mit den Deutschen und Magyaren auf dem Kampfplatz des Parlaments und der Delegationen zu einer Zeit, in der sich die europäische Konflagration vorbereitete.

Im Weltkrieg erreichten wir unsere politische Selbständigkeit; aber der Weltkrieg war nicht nur ein Krieg, sondern auch eine Weltrevolution; sie brachte drei Kaiserreiche zum Scheitern, die drei letzten großen Stützpunkte des Absolutismus; die Welt näherte sich der Demokratie. Daß es in manchen Staaten zur Reaktion und zur Einsetzung des Absolutismus in dieser oder jener Form kam, kann uns nicht beirren; das alte Regime weicht dem neuen allmählich, und allmählich entwickelt sich das neue Regime; die Demokratie liegt noch in den Windeln.

Das ist also im Extrakt unsere tschechische und slovakische politische Entwicklung. Sie sehen, daß in ihr seit allem Anfang Kräfte entschieden und manchmal auch entstanden, die das Weltgeschehen bewegten. Ein kleines Volk, ja; aber auch unsere Erdkugel ist klein, und doch wird sie von kosmischen Kräften gelenkt.

Von der Theokratie zur Demokratie

»Sie haben gesagt, daß der Weltkrieg auch eine Weltrevolution war. Glauben Sie, daß die Weltrevolution eine der letzten ist?«

Revolutionen gab es immer; aber die Neuzeit ist gleichsam eine Revolution in Permanenz. Denken Sie, abgesehen von der revolutionären Reformation, an den Kampf der Holländer um die Freiheit, die englische Rebellion, den amerikanischen Krieg und vor allem die große französische Revolution. Die Kämpfe gegen Napoleon dienten der gegenrevolutionären Reaktion zur Unterdrückung der Grundsätze der französischen Revolution; gegen diese Reaktion kam es zu den Revolutionen der Jahre 1830, 1848 und so weiter. Italien nimmt in der Revolutionierung Europas eine hervorragende Stelle ein. Wir leben de facto in einem revolutionären Zeitalter, der Revolutionismus ist geradezu eine Gewohnheit geworden. Der Weltkrieg war ein Kind dieses Revolutionismus und selbst eine große Revolution. Ich habe lange genug gelebt, um Zeuge vieler politischer, aber auch kultureller, literarischer und anderer Revolutionen zu sein; der Revolutionismus der Zeit beschränkt sich ja nicht auf das politische Gebiet: die politischen Umwälzungen werden in hohem Maße durch revolutionäre Ideen hervorgerufen.

Ob die Weltrevolution die letzte ist – ich möchte es wünschen, und nach der Gesamtsituation wäre es möglich. Es ist eine ungeheure politische Errungenschaft, daß sich die Staaten in Genf und anderswo fortlaufend über akute Fragen beraten. Daß die Menschen nicht Geduld genug haben, wenn ein großes Werk, eines der größten, nicht »eins-zwei-drei« gelingt, darin sehe ich eine der politischen Zeitschwächen und einen ziemlich starken Überrest des geistigen ancien régime.

Ich wiederhole: Revolutionen – ich denke an blutige Revolutionen – werden überflüssig sein, sobald wir die Bedrückung einer Nation durch die andere, einer Klasse durch die andere und die gewaltsame Herrschaft der einen über die Seelen der anderen überwunden haben. Die Revolutionen mögen zu Ende gehen, aber der Revolutionismus wird bleiben. Sprechen wir denn nicht von revolutionären Entdeckungen und ist nicht jeder neue große Gedanke auf seine Weise eine Umwälzung?

»Das bestätigen auch die Naturwissenschaften; sie zeigen, daß die Entwicklung nicht nur durch allmähliche Wandlung vor sich geht, sondern auch sprungweise, durch Mutationen – kurzum revolutionär.«

Richtig. Eine Revolution war die Reformation – eine religiöse Revolution; aber weil die Religion sittlich den Einzelnen und die Gesellschaft leitet, so war sie auch eine gesellschaftliche und politische Revolution. Die katholischen Staaten sind, weil sie nicht so stark durch die religiöse und kirchliche Revolution hindurchgegangen sind, politisch noch revolutionärer und radikaler, der Gegensatz zwischen Kirchenreligion und kirchenfeindlicher Aufklärung hält in ihnen eine größere geistige und somit auch politische Spannung aufrecht. Das sehen Sie im rechtgläubigen Rußland und am chronischen Revolutionismus der romanischen Staaten; oder an dem Unterschied zwischen dem englischen protestantischen Temperament und dem irischen katholischen. Bei uns und in uns kämpft das katholische mit dem protestantischen, das radikale mit dem reformatorischen Temperament; diesen Konflikt und den gegenseitigen Ausgleich beider kann man auch in unserer gegenwärtigen Politik beobachten. Unsere Politik war auch in unserer Erweckung wesentlich rationalistisch, aufklärerisch. Darin ähneln wir Frankreich – daher die natürliche Sympathie für Frankreich.

»Sie pflegen zu sagen, daß die protestantischen Länder demokratischer seien als die katholischen.«

Nun, ja. Der Protestantismus machte doch dem aristokratischen Priestertum, dem Zölibat, der katholischen Hierarchie ein Ende; dadurch demokratisierte er die Kirche und die ganze Gesellschaft. Durch den Hinweis auf die Bibel veranlaßte er die Vertreter der Kirche, nachzudenken und sich zu schulen; dadurch, daß er in Sachen des Glaubens das individuelle Gewissen zur letzten Instanz machte, festigte er den Individualismus, den Subjektivismus, die persönliche

Freiheit und die persönliche Autorität. Durch all dies bereitete der Protestantismus die politische Demokratie vor.

»Würden Sie auch heute sagen, daß die protestantischen Länder demokratischer sind?«

Ich weiß, woran Sie denken; aber wir müssen die weitere Entwicklung abwarten. Wenn ich von protestantischen Ländern rede, meine ich diejenigen, die ich ziemlich gut kenne: England, Amerika. England ist doch durch seinen Parlamentarismus, Amerika durch seine Ausrufung der Menschenrechte Lehrmeister der Demokratie.

»Und Frankreich?«

Frankreich hat seine Reformation auch durchgeführt, nur politisch – durch Aufklärung und Revolution. Der Positivismus ist ein Kind Frankreichs, und das politische und wirtschaftliche Frankreich wird von diesem Positivismus geleitet; das sieht man an seinem Kapitalismus. Der neuzeitliche Kapitalismus, der Industrialismus und die Bourgoisie haben sich doch am frühesten und stärksten in protestantischen, namentlich calvinistischen, puritanischen Ländern entwickelt. Darüber dauert die Diskussion unter dem Einfluß Max Webers fort. Das ganze System und der Geist des Protestantismus führte dadurch, daß er den Wunderglauben und den Sakramentalismus schwächte, aber die individuelle Initiative stärkte, zur Anerkennung des persönlichen Einsatzes und der Kleinarbeit. Der moderne Kapitalismus und die Demokratie entwickelten sich gleichzeitig und aus derselben Quelle. Und beide hängen wieder mit der neuzeitlichen Wissenschaft und Philosophie zusammen; es ist kein Zufall, daß die moderne wissenschaftliche und philosophische Richtung in den protestantischen Ländern energischer war. Auch die Volkswirtschaft als Wissenschaft entwickelte sich wirksamer in England. Kein Zufall ist es, daß in England der marxistische Sozialismus, der sich vom französischen oder russischen Sozialismus unterscheidet, wissenschaftlich zur Reife kam: er ist wissenschaftlich orientiert, während die andern politischer, utopistischer sind. Marx und Engels haben am Ende – unter dem Einfluß Englands – die demokratische, parlamentarische Taktik im Vergleich zum Radikalismus des Revolutionsjahres 1848 als richtiger anerkannt. Es gibt auf diese Weise zweierlei Marx – das gilt bis heute. Lenin hielt sich mehr an den jüngeren, unausgegoreneren, revolutionäreren Marx als an den älteren, reiferen; auch Bakunin tat es.

Selbstverständlich stelle ich Katholizismus und Protestantismus einander nicht schroff gegenüber. Im Reformationskonflikt hat sich der Katholizismus ja auch selbst innerlich reformiert, und seit damals besteht zwischen diesen beiden christlichen Richtungen eine starke Wechselseitigkeit – eine polemische, aber um so wirkungsvollere. Mir geht es nur darum, abermals die tiefe Beziehung zu betonen, die zwischen Religion und Politik, Kirche und Staat besteht. Die Kirche hat geistig die Gesellschaft und dadurch auch den Staat geführt; andererseits schützte der Staat Recht und Gesetz, die im Wesen auf Sittlichkeit und dadurch auch auf Religion beruhen. Der Katholizismus stellte durch seine großartige Kirchenorganisation den höchsten Typus der Theokratie, den Papocäsarismus, auf. Die Rechtgläubigkeit war cäsaropapistisch, ebenso Reformation und Gegenreformation – das wird in dem Grundsatz cuius regio eius religio ausgesprochen. Der moderne Staat verweltlicht sich immer mehr, übernimmt die Kontrolle der ganzen gesellschaftlichen Organisation; anfangs absolutistisch und autoritär, wie die Theokratie war, geht er immer mehr in das konstituierende, halbdemokratische und demokratische Regime über. Somit ist also die Demokratie, die moderne Staatstendenz, die Nachfolgerin des theokratischen Regimes geworden. Die Theokratie leitet alle staatliche und politische Macht vom Willen Gottes, die Demokratie vom Volke ab; das Volk und das von ihm gewählte Parlament ist die Quelle aller Macht und höchste politische Autorität. Aber man soll nicht vergessen, daß schon die Scholastiker die politische Macht des Volkes anerkannten und daß es schon katholische und protestantische Rechtsgelehrte und Theologen gab, die das Recht auf Revolution und den Tyrannentod verkündeten.

»Glauben Sie nicht, daß die Religion eher zum Monarchismus als zur Demokratie führt?«

Die Religion nicht, wohl aber die Theokratie. Hat sich denn der Monarchismus nicht darauf berufen, daß er von Gottes Gnaden sei? Der Monarchismus ist die staatliche Form des Aristokratismus, und es gab nicht nur einen politischen, sondern auch einen religiösen Aristokratismus:

die Hierarchie. Der Aristokratismus sagt: Ich Herr – du Diener oder Sklave; der Demokratismus sagt: Ich Herr – du Herr. Die Lehre Jesu, die Lehre der Nächstenliebe und der allgemeinen Gleichheit ist gewiß nicht aristokratisch, im Gegenteil. Aus der Liebe zum Menschen, aus dem Sohnestum Gottes ergibt sich mir, möchte ich sagen, der wahre Demokratismus.

die Hierarchie. Der Aristokratismus sagt: Ich Herr – du Diener oder Sklave; der Demokratismus sagt: Ich Herr – du Herr. Die Lehre Jesu, die Lehre der Nächstenliebe und der allgemeinen Gleichheit ist gewiß nicht aristokratisch, im Gegenteil. Aus der Liebe zum Menschen, aus dem Sohnestum Gottes ergibt sich mir, möchte ich sagen, der wahre Demokratismus.

Demokratie

»Wie würden Sie also Ihre eigene und tiefste Begründung der Demokratie formulieren?«

Das tiefste Argument für die Demokratie ist der Glaube an den Menschen, an seinen Wert, an seine Geistigkeit und seine unsterbliche Seele; das ist die wahre, metaphysische Gleichheit. Ethisch ist die Demokratie als politische Verwirklichung der Nächstenliebe gerechtfertigt. Das Ewige kann dem Ewigen nicht gleichgültig sein, das Ewige kann das Ewige nicht mißbrauchen, kann es nicht ausbeuten und vergewaltigen.

»Sie sehen demnach die wahre Grundlage der Demokratie letztes Endes in der Religion. Wenn ich so sagen darf, so sind Sie eigentlich auch Theokrat.«

Ich habe keine Angst vor den Worten, und so habe ich nichts gegen diese Formulierung einzuwenden, wenn Sie Theokratie wörtlich als Gottesherrschaft nehmen. Ich fasse Staat, Staatsleben und Politik wie das gesamte Leben tatsächlich sub specie aeternitatis auf. Die wahre, auf Liebe und Achtung zum Nächsten und zu allen Nächsten beruhende Demokratie ist die Verwirklichung der Gottesordnung auf Erden.

Die Demokratie ist nicht nur eine Staatsform, nicht nur das, was in den Verfassungen geschrieben steht; die Demokratie ist Lebensanschauung, sie beruht auf dem Vertrauen in die Menschen, in Menschlichkeit und Menschentum, und es gibt kein Vertrauen ohne Liebe, keine Liebe ohne Vertrauen.

Ich habe einmal gesagt, daß die Demokratie Diskussion sei. Aber echte Diskussion ist nur dort möglich, wo die Menschen einander vertrauen und redlich die Wahrheit suchen. Demokratie ist ein Gespräch zwischen Gleichen, die Erwägung freier Bürger vor der ganzen Öffentlichkeit – das Wort »Parlament« hat einen schönen Sinn, man muß es nur Wirklichkeit werden lassen! Ich sage: Zwischen Gleichen. Ich weiß, daß die Menschen nicht gleich sind; nirgends auf Erden, weder unter den Menschen noch in der Natur, gibt es Gleichheit – es gibt Vielfältigkeit; nur als unsterbliche Seelen sind wir wahrhaft gleichwertig. Liberté, Egalité, Fraternité – auch die französische Revolution hat de facto das Gebot Jesu, das Gebot der Nächstenliebe angenommen. Es klingt wie ein Paradoxon, ist aber wahr: auch die französischen Rationalisten waren – Theokraten, wenn sie auch Gott nur als Höchstes Wesen kannten.

Das demokratische Ideal ist nicht nur politisch, sondern auch sozial und wirtschaftlich. Den Kommunismus lehne ich ab. Ohne Individualismus, ohne begabte und erfinderische Einzelmenschen, ohne fähige Führer, ohne Genien der Arbeit kann die Gesellschaft nicht vernünftig und gerecht organisiert werden. Die Demokratie bedeutet in sozialer Hinsicht die Überwindung des degradierenden Elends; in der Republik, in der Demokratie darf es nicht möglich sein, daß Einzelne oder Stände ihre Mitbürger ausbeuten, in der Demokratie darf der Mensch dem Menschen nicht Mittel sein. Die natürliche Vielfältigkeit muß durch Teilung und Hierarchie der Funktionen und der Arbeit hergestellt werden; eine Organisation der Menschen ist ohne Über- und Untergeordnete nicht möglich, aber es muß eben eine Organisation und kein Privileg sein, keine aristokratische Herrschaft, sondern wechselseitiger Dienst. Die Demokratie braucht Führer, nicht Herren.

Ich nehme die Demokratie auch mit ihren wirtschaftlichen und materiellen Folgen an, aber ich gründe sie auf Liebe, auf Liebe und Gerechtigkeit, die die Mathematik der Liebe ist, und auf die Überzeugung, daß wir auf der Welt zur Verwirklichung der Gottesordnung, zur Synergie aus dem Willen Gottes beitragen sollen.

Ich weiß, daß die Grundsätze der Demokratie heutzutage oft vom Materialismus abgeleitet werden; der Materialismus ist zwar wissenschaftlich überwunden – man braucht nur einen Blick in die modernen Wissenschaften zu werfen, um zu merken, was sie über die Materie sagen – aber er dauert in der Überschätzung der materiellen Lebensbedingungen fort. Ich weiß, es gab und gibt einen materiellen Druck, aber der ist nur ein Teil des moralischen Druckes. Man wendet gegen den Theismus ein, daß der Glaube an die Unsterblichkeit und die Liebe zum Nächsten sich mit der Philanthropie, mit dem Almosen zufrieden geben, daß sie nicht zur modernen, sozialistischen Forderung der rechtlichen und gesetzlichen Beseitigung des Elends führen. Ich weiß nicht, warum sie das nicht tun sollten. Der Theismus, die Religion überhaupt ist doch nicht nur eine persönliche Attitüde, sondern eine kollektive Ordnung und trachtet stets und immer danach, eine Organisation zu werden. Die vernünftige Liebe, die von Verstand geleitete Religion wird die Humanität durch das Gesetz verwirklichen, uns aber niemals der sittlichen Verpflichtung der persönlichen Teilnahme und Hilfe entbinden. Das wäre überhaupt eine merkwürdige Demokratie, die keinen Platz für die sittliche individuelle Initiative ließe.

»Sie sprechen von einer vollkommenen Demokratie; heute ist es eher Gewohnheit, die Fehler der Demokratie zu suchen und von ihrer Krise zu reden.«

Krise der Demokratie! Ich bitte Sie, was befindet sich heute nicht alles in der Krise? Wir leben eben in einer Übergangszeit; wie Sie wissen, sagte Švehla, daß der Krieg fortdauert, wenn auch nicht geschossen wird. Wir befinden uns – alle Staaten und Völker – in einer schweren Regenerierung: man kann nicht gleich ein vollendetes, ewiges Werk verlangen. Das bedeutet nicht, daß unsere Demokratie, unsere Ordnung überhaupt, nicht besser sein könnte, als sie ist. Die Demokratie hat ihre Mängel, weil die Bürger ihre Mängel haben. Wie der Herr, so das Gescherr.

Sehen Sie: Jahrhundertelang hatten wir keine eigene Dynastie, hatten – bis auf unbedeutende Ausnahmen – keinen nationalbewußten Adel, keine reichen und großen Herren; wir sind durch Geschichte und Natur zur Demokratie bestimmt. Kulturell gehören wir zum europäischen Westen: das ist ein weiterer Hinweis auf den aufgeklärten Demokratismus. Wir sind durch Leib und Seele ein demokratisches Volk; wenn unsere Demokratie ihre Unzulänglichkeiten hat, so müssen wir die Unzulänglichkeiten, nicht aber die Demokratie überwinden.

Man sagt zum Beispiel, das Parlament genüge nicht mehr. Nicht: nicht mehr, sondern noch nicht. Das Parlament wird durch die Wähler gewählt – wer hat die Wähler politisch und moralisch erzogen? Das alte Regime. Während der Republik herangewachsene Abgeordnete haben wir noch nicht. Die Demokratie darf nicht nur auf dem Papier der Verfassung und im Mund der Demagogen sein. Selbst das beste Parlament ist nicht dazu da, um abzustimmen, was Wahrheit, Recht und Sittlichkeit ist; über Wahrheit, die grundlegenden Prinzipien der Politik, Recht und Sittlichkeit kann nicht nach der Mehrheit abgestimmt werden. Die Demokratie allein erzieht die Menschen nicht. Anständige und wahrhaftige Menschen werden durch die Familie, Schulen, Kirchen, die Staatsverwaltung, die Literatur, die Journalistik und so weiter erzogen. Ist die Demokratie ein Hindernis dafür? Ist das nicht ein politischer circulus vitiosus? Die Demokratie wird von Demokraten gebildet, die bessere Demokratie von besseren Demokraten. Gestehen wir es uns ein, daß die sogenannte Intelligenz ihr gerüttelt Maß daran schuld ist, wenn die Demokratie ihre Unzulänglichkeiten hat, die Geistlichen, Lehrer, Schriftsteller, Beamten und überhaupt die Menschen, die die Massen der Bevölkerung erziehen und führen. Die Demokratie ist eine geführte Mehrheit – wer und was für Menschen sind also die Führer? Ein französischer Schriftsteller hat mit Recht unlängst den »Verrat der Intelligenz« festgestellt.

Man klagt über Korruption – gut, man greife sie an! Aber lassen wir uns nicht zu Verallgemeinerungen verleiten und glauben wir nicht den Korruptionisten, die über Korruption klagen. Es gibt stille Korruption genug, jenes geschickte Umgehen der Gesetze, eine fast legale Korruption; es genügt nicht, sie negativ zu bekämpfen, sondern man muß ihr positiv entgegentreten: durch erhöhte Achtung der Gesetze und des Staates! Ja, ich denke an bürgerliche Moral, an Loyalität im englischen Sinn.

Ebenso wie über Korruption klagt man über politische Mängel, über die Unfähigkeit der Abgeordneten, der Regierung und aller möglichen öffentlichen Faktoren. Gewiß, wir begehen Fehler, ich habe ihrer selbst genug begangen, wir können noch nicht alles. Die Republik, die Demokratie, unser Staat ist jung, und wir haben ihn fast ohne Preis errungen. Wir haben keine Tradition in der Politik und in der Verwaltung und begehen daher Fehler.

Ich spreche nicht gegen die Kritik, im Gegenteil, ich wünsche, daß alle Mängel und Irrtümer kritisiert werden; nur soll die Kritik nicht der Demagogie dienen, sondern der Belehrung und Besserung. Wir brauchen gebildete und ehrliche Kritiker, Kritiker, die bürgerlichen Mut und

Männlichkeit haben; wahre Kritik ist nicht Verneinung noch Abwälzung der Verantwortung auf andere, sondern Zusammenarbeit und gemeinsame Verantwortlichkeit.

Man klagt über die politischen Parteien. Mit Recht, soweit die Parteien dem parteilichen Egoismus nachgeben. Aber die Parteien sind nicht und können nicht anders sein als der Durchschnitt ihrer Wähler, und dieser hängt wieder von der Presse und der bürgerlichen Erziehung ab – immer wieder das Problem der Führung! Eines müssen wir stets von den Parteien fordern: daß sie anständige, politisch fähige und gebildete Männer und Frauen zu ihren Abgeordneten und Vertretern wählen. Für mich ist Politik und Demokratie etwas unendlich Ernstes: Arbeit der besten und erlesensten Menschen.

Wenn wir wirklich für die Besserung unserer Angelegenheiten sorgen, so werden wir den politischen Nachwuchs nicht vergessen – das ist eine so wichtige Frage für den Staat, für seine Regierungen und Parteien! Das alte Problem der Väter und Kinder! Und wieder der verzauberte Kreis: sind sich dessen unsere Geistlichen, Lehrer, Schriftsteller und Journalisten hinlänglich bewußt? Denken die Regierungen, Parteien und Abgeordneten daran?

»Und was bedeuten die Stimmen, die nach einem Ständestaat oder einer Diktatur rufen?«

Nun, Sie werden von mir nicht eine ganze Staatswissenschaft verlangen; wir sind einfach von den gegebenen politischen Verhältnissen ausgegangen und haben das und jenes zur Besserung unserer öffentlichen Angelegenheiten gesagt. Ich weiß, daß es auch bei uns Leute gibt, die die Augen von den Stände- oder Diktaturstaaten nicht lassen können ...

»Aber nur von den großen und mächtigen. Die kleineren geben kein so verführerisches Beispiel mehr.«

Natürlich. Den Leuten gefällt die Macht, aber die Macht läßt sich doch nicht nachahmen; kein Regime macht aus einem kleinen Staat eine Großmacht. Die Menschen bedenken wenig, was uns gemäß ist; oft wird nur das Fremde nachgeäfft, statt daß man vom Fremden lernt. Vor allem abwarten, wie es sich bewährt! Fünf, zehn Jahre sind noch wenig für ein historisches Argument. Sagen wir also: Stände statt Parteien, ein Ständestaat? Im Mittelalter gab es überall Ständestaaten. Ich frage: Warum haben die Menschen sie nicht behalten? Waren die Stände weniger eigennützig als die jetzigen Parteien? Und sind die Parteien bei uns nicht zum großen Teil ständisch? Heute gibt es Hunderte und aber Hunderte besonderer Beschäftigungen und ständischer Interessen; wie soll man unter ihnen die Verständigung erreichen, wenn nicht wieder durch irgendein Parlament? Die Diktaturen haben das Parlament aufgehoben, berufen sich aber auf den Willen des Volkes; sie berufen sich also eigentlich auf die Demokratie. Und wiederum: die absoluten Monarchen waren in ihrer Art Diktatoren – warum haben die Menschen sie nicht behalten?

Als der Krieg zu Ende ging, dachte ich, bei uns würde eine Republik entstehen, die aber anfangs diktatorisch geleitet sein würde. Und sehen Sie, unsere Republik kam ohne das aus. Ich habe keine Angst vor den Worten und sage, daß es ohne einen gewissen Grad von Diktatur auch keine Demokratie gibt; wenn das Parlament nicht tagt, so entscheiden die Regierung und der Präsident der Republik uneingeschränkt; aber sie sind durch die Gesetze gebunden und unterliegen der kommenden Kritik und Kontrolle des Parlaments, der Kritik der Zeitungen und der Versammlungen. Das eben ist auch die Grundlage der Demokratie: freie Kritik und öffentliche Kontrolle.

Ich bin ein grundsätzlicher, aber kein blinder Anhänger der Demokratie. Ich kenne die Schwächen des Systems, keine schlechte Erfahrung ist mir entgangen, aber – ich bedauere keinen Augenblick den Entschluß, den ich bei der Rückkehr aus dem Kriege gefaßt habe: der Demokratie und Republik zu dienen.

Die Demokratie ist eine Gewähr des Friedens. Für uns und für die Welt.

Das Volk

Das kleine Volk

»Sie haben gesagt, daß zum Staat und zur Kirche in neuerer Zeit auch das Volk als politischer Hauptfaktor hinzugekommen ist.«

Ja, aber sehr spät. Nationalismus und Sozialismus sind die jüngsten politischen Kräfte; daher ist noch soviel Gährung in ihnen. Früher gab es keine nationalen Fragen; die Kirche verband durch ihren Universalismus alle Nationen, die Staaten waren dynastisch und territorial, aber nicht national. Gewiß, es gab eine Xenophobie, man findet sie schon bei unserem Dalimil Das erste in tschechischer Sprache verfaßte historische Werk, eine gereimte Chronik aus dem 14. Jahrh. (Anm. d. Übers.); aber der bewußte Nationalismus ist erst ein Kind des verflossenen Jahrhunderts. Heute sind alle Staaten im Wesen national; heute gibt es, wenigstens in Europa, nicht mehr das brennende Problem von freien und unfreien Nationen, sondern von großen und kleinen Nationen, von mächtigen und zahlenmäßig schwächeren Staaten.

Ich weiß, daß die Quantität bei einem Volke viel bedeutet. Die Zahl der Soldaten und die Wucht der Zahl sind einleuchtend; auch die wirtschaftliche Kraft hängt von der Anzahl der Arbeitenden ab. Alle Arbeit, die körperliche wie die geistige, läßt sich bei einer größeren Anzahl von Händen und Hirnen besser einteilen; das beeinflußt die Quantität und die Qualität der Erzeugung, die Fähigkeit zum Wettbewerb und so weiter. Und schließlich die Größe des Gebietes – auch ein ausgezeichneter Vorteil!

Dennoch entscheidet die Zahl nicht in allem. Wir haben Beispiele genug, daß kleinere Staaten größeren erfolgreich Widerstand geleistet und sie geschlagen haben; ebenso hängt in der Literatur und Kunst, im ganzen Bereich der Kulturarbeit die Qualität nicht von der zahlenmäßigen Kraft ab. Man weist da auf die Bedeutung der italienischen Städte oder der deutschen Hansa hin, auf das alte Athen, die alten Juden und so weiter. Man hat auch die Frage gestellt, ob die großen oder die kleinen Nationen glücklicher seien; man vergleicht Holland, Dänemark und andere mit Rußland, China, Indien. Aber wer und womit kann man das menschliche Glück messen?

In Europa gibt es fünf Großmächte der großen Nationen, zwei sind mittelgroß und fast dreißig klein. Um es in einem Wort zu sagen: es handelt sich darum, daß die Großen den Kleineren und Kleinen Ruhe geben! Schon vor dem Krieg hat mich das Schicksal der kleinen Nationen angezogen; ich habe nur den einen Weg gesehen – politische Zusammenarbeit und wirtschaftliche und kulturelle Wechselseitigkeit. Während des Krieges hielt ich es für selbstverständlich, daß alle unterdrückten Nationen befreit werden müßten, wenn wir selbst befreit werden sollten; die Frage der kleinen Nationen war mir eben eine Weltfrage. Ich möchte das so sagen: Die großen Staaten und Völker sind Weltstaaten und -völker durch ihre eigene Kraft und Zahlenstärke; die kleineren Völker müssen es eben wegen ihrer relativen Kleinheit und Schwäche sein. Ein gutes Beispiel für das, was ich meine, ist die Kleine Entente, heute auch schon der Balkanbund und anderes.

Wichtig ist, zu verstehen, daß sich das moderne Nationalgefühl gleichzeitig mit dem Gefühl der Internationalität entwickelt hat. Nationalität und Internationalität schließen sich nicht aus, sondern gleichen sich aus. Die Völker sind nicht durch die Internationalität bedroht, sondern durch andere, wie wir zu sagen pflegen, expansive Nationalismen. Die moderne Internationalität, wie sie vom Völkerbund und anderen Organisationen vorgestellt wird, ist ein bedeutungsvoller Vorteil gerade in nationalem Betracht.

Große und kleine Nationen sind schließlich nicht mit unwandelbarer Gültigkeit gegeben; die großen können mit der Zeit relativ klein werden, die kleinen größer und groß. Wir haben heute schon verheißungsvolle Anfänge wissenschaftlicher Bevölkerungspolitik; die Statistik bietet den Staatsverwaltungen, Staatsmännern und Historikern wichtige Zahlen. Heute läßt sich

Verwaltung und Politik nicht mehr aufs Geratewohl betreiben; wir müssen damit rechnen, wieviel und was für Einwohner da sind, wieviel Arbeiter, wieviel Arbeitslose, wieviel Einwohner jährlich auswandern können und so weiter. Wir spüren bereits, daß Amerika nicht mehr unsere Emigranten aufnimmt wie früher; an Italien, Japan, Deutschland sehen wir, wie die Furcht vor Übervölkerung sich auswirkt. Heute kann kein Staatsmann und Administrator den Bevölkerungsproblemen aus dem Weg gehen, auch Ethiker, Geistliche und Ärzte befassen sich mit ihnen. Das ist ein weiterer Beweis dafür, daß die Politik, ob sie will oder nicht, wissenschaftliche Politik werden muß.

Vor dem Krieg berechnete man, wie die einzelnen Nationen in fünfzig, hundert Jahren sich vermehrt haben würden, die Franzosen wurden als ein zahlenmäßig niedergehendes Volk angesehen. Heute weisen Statistiker, und zwar gerade deutsche, darauf hin, daß die zahlenmäßige Stärke der deutschen Nation auch bereits sinke; das künftige Europa werde überwiegend slavisch sein. Für uns ist es wichtig, daß in der Slovakei die Bevölkerung schneller zunehmen wird als in den historischen Ländern; unsere Deutschen sind etwas weniger fruchtbar als die Tschechen. Das alles hat für die nicht ferne Zukunft eine beträchtliche politische Bedeutung, und voraussehende Regierungen werden daran denken.

»Rechtfertigt diese zahlenmäßige Zunahme der Slaven ein panslavisches Programm?«

Vorsicht mit dem Wort: Programm. Gewöhnlich pflegt es schrecklich unbestimmt zu sein – schon Neruda hat »das slavische Geschwätz« mißfallen. Es gibt ja soviel Gegensätze unter den slavischen Völkern; auch wir haben sie. Heute sind alle slavischen Völker bis auf die Lausitzer frei, wir werden uns deshalb jeder vor allem um die Hebung seines Volkes kümmern. Als selbständiger Staat werden wir uns um die Freundschaft mit den Slaven bemühen; dazu zwingt uns auch der Umstand, daß wir gemeinsame Gegner haben.

Ich unterschätze nicht den Gefühlswert der slavischen Wechselseitigkeit; aber ich sehe in ihm eine Stufe zu einer breiteren und der breitesten Wechselseitigkeit. Schon Kollar verkündete neben der slavischen auch die Wechselseitigkeit mit den nichtslavischen Nationen!

Die Liebe zum Volke

»Oft wird bei uns die Frage nach unserem nationalen Charakter gestellt. Die Romantiker sprachen von der Taubennatur; heute legt man mehr Nachdruck auf die nüchternen, praktischen Züge unseres Wesens. Wie sind wir also eigentlich?«

Das ist schwer zu sagen. Ich bin skeptisch gegenüber den geläufigen Definitionen des nationalen Charakters; auch denen gegenüber, die andere Nationen von sich geben. Waren Žižka oder Hus, Chelčický und Komenský echte Tschechen? Dobrovský, Palacký und Havlíček oder Hanka und Jungmann? Ich habe das Buch eines Schweizer Autors über das »doppelte Frankreich« gelesen. Man klagt über unsere Zwietracht, als wäre sie bezeichnend tschechisch und slovakisch, aber die Deutschen erheben wörtlich dieselbe Klage und so weiter. Das Problem wird verwickelter, wenn wir fragen, wo und wie sich der nationale Charakter in verschiedenen Zeiten ändert und ob es charakteristische Eigenschaften gibt, die unverändert bleiben. Auch fällt ins Gewicht, daß seit den ältesten Zeiten bis heute die Völker und Rassen sich stark vermengen.

Und weiter: wie und bis zu welchem Grade schafft der nationale Charakter die wirtschaftlichen Verhältnisse, Wohlstand, Armut, Ernährung und Beschäftigung, Technik, Kultur, Religion und Sittlichkeit, Hygiene und so weiter? Und andererseits muß man überlegen: wie sind die wirtschaftlichen Verhältnisse, wie Religion und Sittlichkeit, wie die Kultur überhaupt und bis zu welchem Grade durch den Nationalcharakter bestimmt? Ist zum Beispiel die Mathematik national bestimmt, hat die französische oder englische Mathematik irgendeinen bestimmten Wesenszug und welchen? Ist der Katholizismus wesentlich romanisch, der Protestantismus germanisch, die Rechtgläubigkeit slavisch?

Ich bestreite nicht, daß die Völker ihren geistigen und körperlichen Charakter haben, aber ich halte die anthropologischen und ethnologischen Erkenntnisse noch nicht für sicher genug, um aus ihnen die Geschichte der Völker zu erklären und die richtige Politik aufzubauen.

In unserer Geschichte fehlen vor allem fast drei Jahrhunderte des vollen und freien politischen und geistigen Lebens; daraus erkläre ich mir eine gewisse Unfertigkeit unserer Politik; ich führe unsere Mängel in der Politik nicht auf den Charakter des Volkes zurück.

»Dann: als Gesellschaft sind wir ohne Tradition. Die populäre Bauerntradition ist gebrochen, und eine andere haben wir nicht. Fast alle sind wir aus Bauernhütten hervorgegangen und hatten bisher keine Zeit, uns zu formen.«

Und weiter: wie lange ist es her, daß die Mähren sich für etwas anderes hielten als die Tschechen und daß man vom mährischen Volk gesprochen hat? Und jetzt sind die Slovaken zu uns gekommen, und man spricht von zwei Völkern. Es handelt sich nicht nur um die Erfassung des Charakters der Nation, sondern auch des Charakters verschiedener Gegenden. Was für ein Unterschied ist zum Beispiel zwischen einem mährischen Wallachen und einem Hanaken? Ich wiederhole deshalb: Wir haben in Unfreiheit gelebt, und jede Unfreiheit hindert den Charakter, sich nach seinem inneren Gesetz voll zu entwickeln und zu entfalten.

»Das sieht man auch in unserer Literatur. Wir haben eine gute Lyrik, aber Roman und Drama fehlen uns. Zur Lyrik genügt das persönliche Leben; Roman und Drama setzen die gesammelte Erfahrung von Generationen voraus; Romane sind das Werk eines ganzen Jahrhunderts.«

Ja – ein kleines Gedicht, das aus einem echten starken Gefühl quillt, gelingt vielen Dichtern. Aber es ist eben nur der Ausdruck eines bestimmten persönlichen Gefühls; etwas anderes ist der Roman und das Drama, auch das Epos, das die künstlerische Beobachtung des Volkes, der Gesellschaft, der Klassen, Stände und so weiter voraussetzt. Ausländer sagen von uns, daß wir begabt, praktisch, arbeitsam seien – nun Gott sei Dank auch dafür. Unser Bauer und unser Arbeiter gehören wirklich zu den besten; die städtischen und intellektuellen Schichten sind noch unfertig; aber wir Tschechen haben ja erst vor sechzig, achtzig Jahren angefangen, uns zu verstädtern. Ich erinnere mich noch, was das für bescheidene Anfänge waren und kann sagen, was für ein beträchtliches Stück Weges wir seither zurückgelegt haben.

Wir brauchen fünfzig Jahre ungestörter Entwicklung, um dort zu sein, wo wir schon heute sein möchten. Das ist kein blindes Vertrauen in unsere Fähigkeit und Zähigkeit – unsere

Geschichte, wenn sie auch etwas unregelmäßig ist, die Tatsache, daß wir uns in großen politischen Stürmen gehalten und daß wir im Weltkrieg den Staat zu erneuern verstanden haben, das alles zeugt von unserer politischen Fähigkeit. Ich glaube, nicht zu übertreiben, wenn ich sage, daß unsere Geschichte eine der interessantesten ist; wir sind tüchtige Leute, treten aber häufig daneben. Ich finde bei deutschen Anthropologen Indices von Schädeln und Gehirnen, die uns unter die ersten Nationen einreihen; wir sind begabt, das ist wahr, sind aber etwas unbeständig, nicht besonnen genug und politisch sozusagen grün. Die politische Unerfahrenheit ist ein Nährboden der Demagogie, und von der haben wir mehr als genug. Das Gerede über eine Krise der Demokratie und die Mängel des Parlamentarismus hat in hohem Maße seinen Ursprung in der unzulänglichen Erfahrung; daher auch die Nachäffung fremder politischer »Ismen« – kurzum, man denkt nicht genug selbst und nach eigener Weise. Wir haben uns in Österreich an die Verneinung des Staates gewöhnt, das war eine Folge der Knechtschaft; wir haben uns gar eingebildet, nicht mehr selbständig sein zu können. Das ging zu weit, mit dieser Ansicht habe ich mich niemals befreunden können; aber ich habe gewußt, daß unterdrückte, unfreie, durch Knechtschaft deformierte Menschen nicht leicht und nicht im Handumdrehen auch geistig frei werden. Deswegen negieren noch heute soviel Menschen bei uns den Staat, aus Mißtrauen, aus Abneigung gegen die Staatsverwaltung, aus einem falschen Verhältnis zu ganzen Schichten von Mitbürgern – drastisch gesagt: Es gibt noch Leute, die eher zum Dieb als zum Schutzmann halten. Unsere Menschen haben gewiß eine patriotische Tradition, sind aber oft zu unstaatlich, antistaatlich, geradezu anarchisch; sie werden sich nicht bewußt, daß das der Zustand des alten Österreichertums ist. Sich entösterreichern, das bedeutet, den Sinn für Staat und Staatlichkeit, für die demokratische Staatlichkeit gewinnen. Das müssen wir nicht allein von der Bürokratie und der Armee fordern, sondern von der ganzen Bevölkerung. Und nicht nur von der tschechischen und slovakischen.

Die Demokratie muß lebendiger und flinker sein als das alte Regime, besonders bei uns. Wir müssen immer daran denken, daß wir eine kleine Nation in ungünstiger geographischer Lage sind; praktisch fordert das von uns, wacher zu sein, mehr zu denken, mehr zu können als die anderen oder nach Palacký: jeder bewußte Tscheche und Slovak muß dreimal soviel tun wie die Mitglieder großer, in vorteilhafter Lage befindlicher Nationen. Bedenken Sie nur, daß jeder Gebildete bei uns wenigstens zwei fremde Sprachen lernen muß. Was kostet das an Zeit und Arbeit, aber was ist es auch für ein Gewinn nicht nur für die Bildung, sondern auch für die praktische Beziehung zu den Nationen! Und so ist es mit allem: wenn wir in Ehren bestehen sollen, müssen wir unser großes politisches und kulturelles Streben intensivieren. Das kostet Mühe, aber wer sie sich nicht nehmen will, der rede nicht von Nation und Patriotismus.

Die wahre Liebe zum Volke ist etwas sehr Schönes; bei einem anständigen und ehrenhaften Menschen versteht sie sich von selbst; darum redet er nicht viel von ihr, so wie ein anständiger Mann seine Liebe zur Frau, zur Familie und so weiter nicht in die Welt hinaustrompetet. Die echte Liebe gewährt Schutz, bringt Opfer – und vor allem arbeitet sie. Zur Arbeit für Nation und Staat bedarf es eines klaren, vernünftigen, politischen und kulturellen Programms, das bloße Eifern und Sichaufregen genügt nicht. Es ist ja ein Unterschied zwischen Patriotismus und Patriotisiererei.

Unsern Patriotismus müssen wir jetzt in bewußter Staatlichkeit äußern. Zwar gehört der Staat uns, ist unser nach dem historischen Recht, nach dem Mehrheitsprinzip und aus dem Titel, daß wir ihn errichtet haben, doch haben wir bedeutende Minderheiten, und deshalb müssen wir uns des Unterschieds zwischen Staat und Volk bewußt sein. Das Volk ist eine kulturelle Organisation, der Staat eine politische. Wir haben Aufgaben für das Volk und Aufgaben für den Staat. Selbstverständlich können sie nicht im Gegensatz zueinander stehen. Diesen Staat haben wir errichtet, wir müssen ihn führen und verwalten können; es ist unsere Aufgabe, für die Idee unserer demokratischen Republik die Minderheiten, mit denen wir leben, zu gewinnen. Ihre Stärke und Kultur legt uns und ihnen die Notwendigkeit einer demokratischen Verständigung auf. Das Vorgehen gegenüber den Minderheiten ist uns praktisch durch unsere Erfahrung in Österreich-Ungarn vorgezeichnet; was wir nicht wollten, daß uns geschehe, werden wir den anderen nicht antun. Das Programm des Vaters der Nation, Palackýs, gilt für uns und die Zukunft. Unsere Geschichte, die Politik der Přemysliden, des heiligen Wenzel, Karls IV., König Georgs muß das Vorbild unserer Politik gegenüber unseren Deutschen sein. Die Tatsache, daß wir rings vom großen deutschen Nachbar umgeben sind, nötigt den denkenden Tschechen zu einer umsichtigen und geradezu weisen Politik.

»Gibt es nicht manchmal einen Konflikt zwischen der Liebe zur Nation und der Humanität oder sagen wir anders: zwischen dem Nationalismus und humanitären Idealen wie Pazifismus, Völkerverständigung und dergleichen?«

Zwischen der Liebe zum Volke, der Liebe zum Vaterland und der Humanität besteht kein Gegensatz; zwischen modernem Nationalismus und der Humanität kommt er vor. Schon das fremde, neue Wort deutet an, daß der Patriotismus, wie unsere Erwecker ihn gefordert und gelebt haben, etwas anderes ist als der heutige Nationalismus.

Was unser nationales Programm betrifft, so erinnern Sie sich dessen, was ich Ihnen über die Entwicklung Europas und unserer Geschichte gesagt habe, daß wir nämlich Weltpolitik treiben müssen, also in lebendiger und freundschaftlicher Beziehung stehen zu den anderen Nationen. Unsere nationale Erweckung ist ein Kind der Aufklärung und der späteren Romantik, sie wurde aus den Humanitätsidealen des 18. und 19. Jahrhunderts geboren, die in Frankreich, Deutschland und überall verkündet wurden. Die Humanität ist unser nationales Programm, das Programm Dobrovskýs, Kollars, Palackýs, Havlíčeks und schon Komenskýs, der Könige Georg und Karl und des Heiligen Wenzel.

Die Humanität schließt die Liebe zur Nation nicht aus, noch schwächt sie sie; ich kann, ja ich muß mein Volk positiv lieben, muß aber deswegen nicht andere Nationen hassen. Echte Liebe wird nicht durch Haß, sondern nur durch Liebe bewiesen. Die Menschheit ist die Zusammenfassung der Nationen, sie ist nicht etwas außerhalb ihrer und über ihnen. Die Humanität, die Liebe nicht nur zu den Nachbarn, sondern zur Menschheit – wie soll ich mir diese Menschheit konkret vorstellen? Ich sehe ein armes Kind, dem ich helfen kann – das Kind ist mir die Menschheit. Die Gemeinde, mit der ich ihre Sorgen trage, das Volk, mit dem ich durch Sprache und Kultur verbunden bin – sie sind die Menschheit. Die Menschheit ist einfach die größere oder kleinere Zusammenfassung der Menschen, für die wir faktisch, durch die Tat und nicht nur durch Worte etwas tun können. Menschlichkeit liegt nicht darin, daß wir uns über die ganze Menschheit ereifern, sondern daß wir stets menschlich handeln. Wenn ich von der Politik fordere, sie solle der Menschheit dienen, so sage ich dadurch nicht, sie solle nicht national, sondern sie solle gerecht und anständig sein. Das ist alles.

Sowohl als Einzelmenschen als auch als Nationen sind wir nicht nur dazu da, unseren egoistischen Zwecken nachzugehen. Ein Volk, das nur für sich leben würde, wäre ebenso erbärmlich wie ein Mensch, der nur für sich lebt. Ohne Glauben an Ideen und Ideale ist das Leben des einzelnen sowie der Völker nur ein Vegetieren.

»Das ist allerdings das politische Credo eines Idealisten.«

Keineswegs, sondern eines Realisten in der Philosophie und in der Politik. Politisch bedeutet der Realismus für mich: Verliere dich nicht in Erinnerungen an eine ruhmreiche Vergangenheit, bemühe dich um eine ruhmreiche Gegenwart; halte dich nicht nur an Losungen und Worte, sondern an Dinge, denn dann kannst du die Dinge verbessern und in Ordnung bringen; fliege nicht in den Wolken, sondern halte dich an die Erde, sie ist das Sicherste und Unzweifelhafteste. Welcher Sache du auch immer dienst, halte dich an die Realität.

»Nur an die Realität?«

Ja, aber die Realität ist doch auch das Geistige, die Seele, die Liebe, die sittliche Ordnung, Gott und Ewigkeit. Erst mit ihnen leben wir ein volles Leben in voller, ganzer Wirklichkeit, ob es sich nun um das Leben des Einzelnen oder die Geschichte der Nationen handelt. Erst dieses volle Leben ist ohne inneren Widerspruch, erst ein solches Leben hat einen wahren und klaren Sinn ...

»– und ist ein glückliches Leben.«

Jawohl.